板書で見る算数

全単元・全時間の授業のすべて

小学校6年㊦

田中博史 監修
夏坂哲志 編著
筑波大学附属小学校算数部 企画・編集

東洋館出版社

算数好きを増やしたいと願う教師のために

―プロの授業人集団の叡智を結集した『板書で見る全単元・全時間の授業のすべて』―

子どもたちに楽しい算数の授業を届けたいと願う，全国の算数授業人の同志から叡智を集めて，算数の板書シリーズの下巻をここに完成させることができました。

上巻の２年から６年については，算数授業の達人と称される面々に一冊丸ごと執筆してもらいました。２年山本良和，３年夏坂哲志，４年大野桂，５年盛山隆雄（ここまで筑波大学附属小学校），そして６年は尾﨑正彦（関西大学初等部）の各先生です。

いずれも個性派ぞろいで，力強い提案性あふれる作品を仕上げてくださいました。

１年については田中博史が監修し，中田寿幸，森本隆史（ここまで筑波大学附属小学校），小松信哉（福島大学），永田美奈子（雙葉小学校）の各先生の共同執筆で制作しました。

これは複数のメンバーの叡智を集めて構成する下巻の見本となるようにと考えた試みでした。お陰様でいずれの巻も読者の先生方の厚い支持をいただくことができ，発売してすぐに重版することになりました。この場を借りて深くお礼を申し上げる次第です。

さて，冒頭でも述べたように，下巻の各学年のシリーズは全国の先生方の参加をいただいてつくり上げました。それぞれ，全国算数授業研究会をはじめとする諸団体で活躍されている面々です。

ある先生に尋ねると，日々の授業づくりでも，この板書の形式でプランを立てることがとても多いのだそうです。研究授業などでは，指導案の形式でプランを立てるのだけど，それと比較すると板書形式で計画を立てるときは，細かな子どもとのやり取りまでを想起することになるため，表組みの指導案だけのときでは気が付かないこともたくさんあるとのこと。

これこそが，まさしく，我々が板書形式の本をつくろうと思い立った理由の一つでもあるのです。

最初に提示する問題は，どのぐらいのスペースを使って書くと子どもから見やすいのだろうか。子どもがそれをノートに書き写すとしたら，どのぐらいの長さで改行するといいのだろうか。さらにどこまで一気に書き，どこで待つのか。

問題文を書くという行為のところだけでも，ずいぶん考えることがたくさんあることに改めて気が付くと思います。

さらに，子どもたち一人ひとりの問題への取り組みを見つめていると，途中で教師が課題を整理したり，子ども自身に書かせるためのスペースを意識したりと全体のレイアウトにも配慮をしておくことが必要になります。

この場面では，こんな子どものつぶやきが欲しいなと思って，それを吹き出しの形式で書き込んでみると，実はその直前の自分の問いかけでは，そんな声は期待できないなと改めて自分の発問の不備にも気が付く瞬間があります。

一枚の板書に自分の実現したい授業をイメージして投影することで，板書には表れていない教師と子どもの対話もこうして具体的に想起することができる，この教師の地道な準備こそ，多岐にわたる子どもに対応できる力につながるものだと考えるのです。

つまり本来は，板書によるプランづくりから各先生に体験していただくのが理想です。

しかし，全ての先生が算数を専門にしていらっしゃるわけではありません。日々８教科の準備に慌ただしく取り組まなくてはならない先生方がゼロから準備するのでは大変でしょう。ですから本書に示した板書形式による授業プランを，まずはサンプルとして使っていただければいいと考えます。

ここには，実力ある算数教師の足跡が残されていますので，もちろんあるときはそっくりそのまま試してみるだけでも価値があります。でも，書かれている子どもの姿とのずれを感じることもきっとあるでしょう。そのときはそれを本書のそのページに書き込んでおきましょう。またあるときは，目前の子どもに合わせてアレンジし直して使ってみることもできます。

本書の板書のページに自分のクラスの子どものつぶやきなど，想定できるものを赤字で書き込んでみたり，提示の順番の入れ替えを矢印で書き込んでみたり，さらには予想される子どもの反応を加筆したり削除したり……。

こうすることによって，読者の先生方のクラスの子どもの実態により即したものへと変容させることができます。試してみて，やはり元通りがよかったと思えば青いペンで書き込んでおくとか，変えた方がうまくいったなと思ったらそれを赤字で強くマークしておくとか……。このたくさんの書き込みあふれる全単元・全時間の丸ごと一冊の記録を，後輩に引き継いでいくと，本当の意味での算数授業のデータベースづくりになります。

私たちがこの板書シリーズを作成したときのもう一つの目的は，実はこの優れた授業プランのデータベース化でした。１時間だけではなく全時間がそろっていることの大きな価値です。それも表組みではなく，ビジュアルな形式での蓄積がなされれば，役に立つと考えたのです。それぞれの学校の教師の叡智あふれる一冊が続々と誕生していけば，今求められている各校独自のカリキュラム・マネジメントが実現できる教師力の向上にもきっと寄与することでしょう。

本書が日々の授業づくりに役立つだけではなく，明日の，さらには来年のよりよい授業づくりの構築へとつながっていくものになればこんなに素晴らしいことはありません。

最後に，本シリーズの企画から完成までの日々をずっと支え続けていただいた東洋館出版社の畑中潤氏，石川夏樹氏には心より深く感謝申し上げる次第です。

令和２年７月

板書シリーズ算数　総合企画監修

「授業・人」塾　代表　**田中　博史**

前筑波大学附属小学校副校長・前全国算数授業研究会会長

板書で見る
全単元・全時間の授業のすべて
算数 6年下

目　次

板書で見る全単元・全時間の授業のすべて
算数 小学校6年下
目次

11　場合の数　5時間

12　資料の整理　10時間

13　6年のまとめ　25時間

14　数学へのかけ橋　13時間

本書活用のポイント

本書は読者の先生方が，日々の授業を行うときに，そのまま開いて教卓の上に置いて使えるようにと考えて作成されたものです。１年間の算数授業の全単元・全時間の授業について，板書のイメージを中心に，展開例などを見開きで構成しています。各項目における活用のポイントは次のとおりです。

題 名

本時で行う内容を分かりやすく紹介しています。

目 標

本時の目標を端的に記述しています。

本時の板書例

45分の授業の流れが一目で分かるように構成されています。単なる知識や技能の習得のためだけではなく，数学的な見方・考え方の育成の視点からつくられており，活動の中でのめあての変化や，それに対する見方・考え方の変化，さらには友達との考え方の比較なども書かれています。

また，吹き出しは本時の数学的な見方・考え方につながる子どもの言葉となっており，これをもとに授業を展開していくと効果的です。

授業の流れ

授業をどのように展開していくのかを，４～５コマに分けて紹介しています。

学習活動のステップとなるメインの吹き出しは，子どもが主体的になったり，数学的な見方・考え方を引き出すための発問，または子どもの言葉となっており，その下に各留意点や手立てを記述しています。

青字のところは，授業をうまく展開するためのポイントとなっています。予想される子どもの発言例は，イラストにして掲載しています。

本時案　授業DVD

10/15

三角形の面積の変わる様子を表そう

本時の目標

・高さが変化する三角形の面積の変化の様子を表現していく。

授業の流れ

1 三角形 BEC の面積はどうなる？

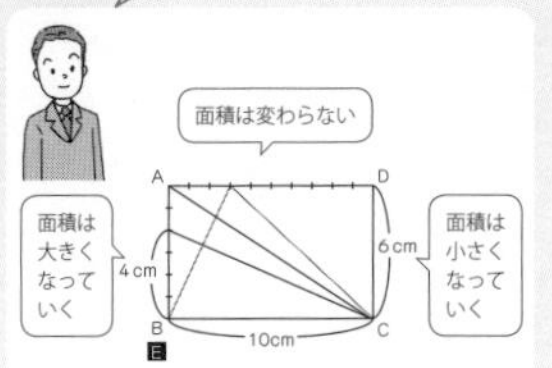

点Ｅが長方形の辺の上を移動するときに「できる三角形 BEC の面積がどうなるのか？」と聞く。

「Ａまでは面積は大きくなっていき，Ａから D までは面積は変わらない。D から C までは小さくなっていく」このようなおおまかな変化について，言葉で表現していく。

長方形 ABCD があります。
点はＥ辺の上を
Ｂ→Ａ→Ｄ→Ｃと
動きます。

できる三角形 BEC の面積はどうなる？

変わらない
面積は大きくなっていく
小さくなっていく
A　D　B　C　E
4cm　6cm　10cm

子どもと一緒に図をかきながら，問題を把握していく。

2 点Ｅを決めて面積を考えよう

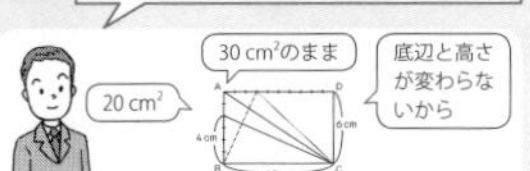

動く点Ｅの位置を決めながら，そのときの面積を求めていく。Ｅが４cm 進むと面積は 20 cm²となる。６cm 進むと面積は30 cm²と増える。９cm 進むと面積は30 cm²で６cm のときと変わらない。なぜなら底辺と高さが変わらないからである。

3 変化の様子を表に表そう

6 cm までは比例
変わらない
5 cm²ずつ減っていく
5 cm²ずつ増える
5 と一緒

面積がどのように変化しているのか，その様子を表にまとめていく。点Ｅが６cm までは１cm 進むごとに５cm²ずつ比例して増えていく。６cm を超えると，面積は30 cm²のまま変わらない。16 cm を超えると面積は１cm 進むごとに５cm²ずつ減っていく。

三角形の面積の変わる様子を表そう
038

実際の板書

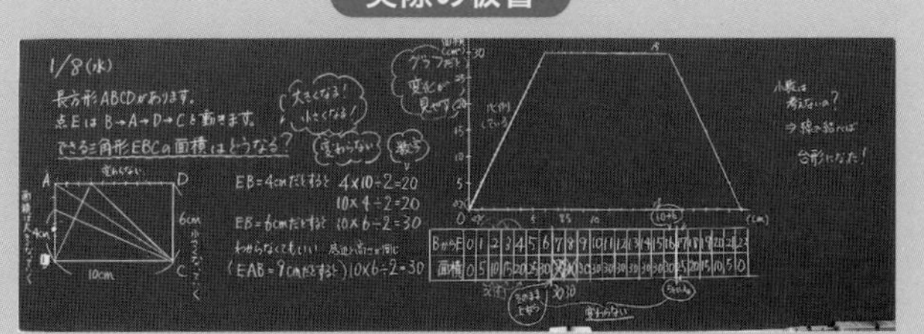

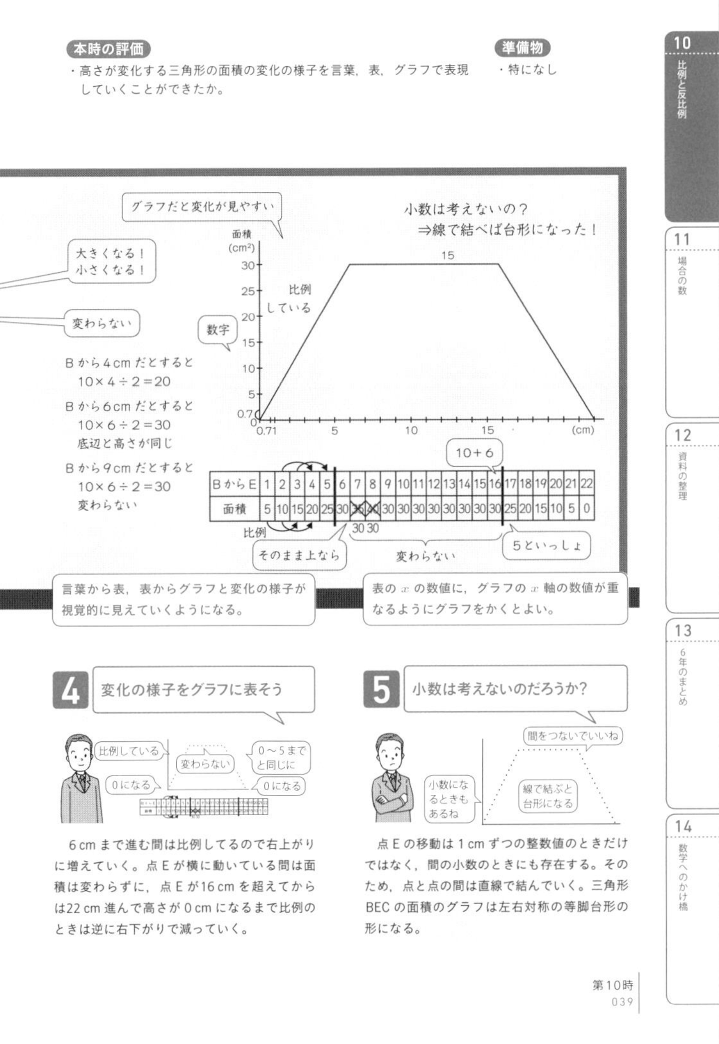

本時の評価

・高さが変化する三角形の面積の変化の様子を言葉，表，グラフで表現していくことができたか。

準備物

・特になし

10 比例と反比例

11 場合の数

12 資料の整理

13 6年のまとめ

14 数学へのかけ橋

BからE	1	2	3	4	5	6	7	8	9	10	11	12	13	14	15	16	17	18	19	20	21	22
面積	5	10	15	20	25	30	~~35~~ 30	~~40~~ 30	30	30	30	30	30	30	30	30	25	20	15	10	5	0

言葉から表，表からグラフと変化の様子が視覚的に見えていくようになる。

表の x の数値に，グラフの x 軸の数値が重なるようにグラフをかくとよい。

4 変化の様子をグラフに表そう

6cm まで進む間は比例してるので右上がりに増えていく。点 E が横に動いている間は面積は変わらずに，点 E が16cm を超えてからは22cm 進んで高さが 0cm になるまで比例のときは逆に右下がりで減っていく。

5 小数は考えないのだろうか？

点 E の移動は 1cm ずつの整数値のときだけではなく，間の小数のときにも存在する。そのため，点と点の間は直線で結んでいく。三角形 BEC の面積のグラフは左右対称の等脚台形の形になる。

第10時
039

評　価

本時の評価について２〜３項目に分けて記述しています。

準備物

本時で必要な教具及び掲示物等を記載しています。

まとめ

本時の学習内容で大切なところを解説しています。授業の終末，あるいはその途中で子どもから引き出したい考えとなります。

特典 DVD

具体的な授業のイメージをより実感できるように，実際の授業を収録した DVD（１時間分）がついています（本書は左の事例）。

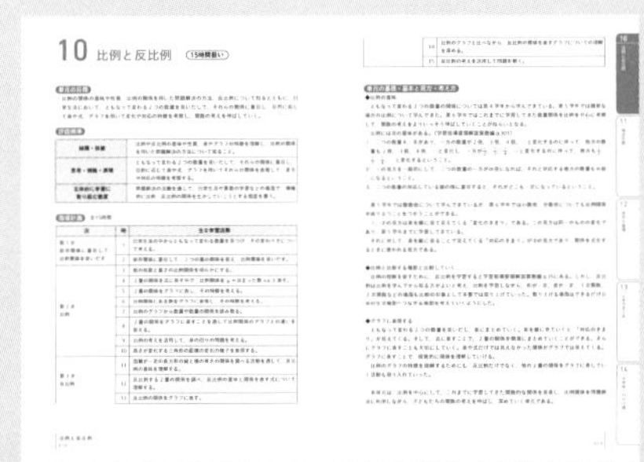

単元冒頭頁

各単元の冒頭には，「単元の目標」「評価規準」「指導計画」を記載した頁があります。右側の頁には，単元の「基礎・基本」と育てたい「数学的な見方・考え方」についての解説を掲載。さらには，取り入れたい「数学的活動」についても触れています。

本書の単元配列／６年下

単元（時間）	指導内容	時間
10　比例と反比例	第１次　依存関係に着目して、比例関係を見いだす	2時間
	第２次　比例	8時間
(15)	第３次　反比例	5時間
11　場合の数	第１次　順列	3時間
(5)	第２次　組み合わせ	2時間
12　資料の整理	第１次　データの分析の仕方を知る	4時間
	第２次　主体的にデータを分析する	5時間
(10)	第３次　資料の整理の活用	1時間
13　６年のまとめ	第１次　数と計算	7時間
	第２次　図形	9時間
	第３次　変換と関係	4時間
(25)	第４次　データの活用	5時間
14　数学へのかけ橋	第１次　数と式	4時間
	第２次　図形	8時間
(13)	第３次　関数	1時間

Ⅰ

第 6 学年の
授業づくりのポイント

1 第 6 学年下巻の内容

第 6 学年の下巻に収められている内容は，次の 5 単元である。

[10] 比例と反比例　[11] 場合の数　[12] 資料の整理
[13] 6 年のまとめ　[14] 数学へのかけ橋

「比例と反比例」は「C 変化と関係」領域，「場合の数」「資料の整理」は「D データの活用」領域の内容である。「A 数と計算」領域，「B 図形」領域の内容は，上巻で全て終わっていることになる。

「6 年のまとめ」「数学へのかけ橋」の中では，6 年間で学習した全ての領域に関わる内容を活用しながら，問題解決に取り組んでいくことになる。

2 授業づくりのポイント

[10] 「比例と反比例」の授業づくり

比例に関しては，第 5 学年で簡単な場合について学習している。第 6 学年では，これまでの学習をもとに，伴って変わる 2 量の関係についてさらに詳しく考察したり，日常生活の中で活用する場を広げていくことができるようにしたりすることが大切である。

そのためには，対応の関係を調べる視点を増やしていけるように留意すべきである。

例えば，表を見るときに横の関係を見るだけではなく，縦の関係にも着目するような場をつくるように心掛ける必要がある。また，表を横に見る場合も，左から右への変化だけではなく，その逆の変化にも着目するとか，整数倍だけではなく小数倍，分数倍の関係を見いだすようにしたい。

対応の関係や，変化の様子をより分かりやすくするためには，表だけではなく，式やグラフに表すことも有効である。そして，比例の式やグラフの特徴（式は $y = a \times x$ という形になること。グラフは原点を通る直線になること。）について捉えさせるようにする。

そのための 1 つの方法として，比例関係のグラフと，そうではないグラフを比較してみるとよい。

板書「比例と反比例」第 5 時

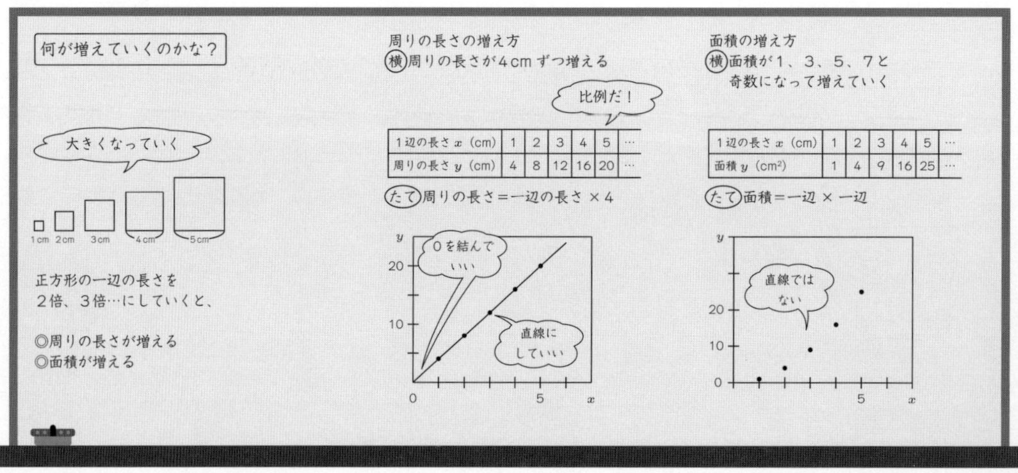

第５時の事例では，正方形の「一辺の長さ」の変化に伴って変化する「周りの長さ」と「面積」の変化の仕方を比較している。正方形の「一辺の長さ」に比例する「周りの長さ」のグラフは原点から出発する直線になるのに対し，「面積」のグラフは原点から出発する右上がりのグラフにはなるが，直線にはなりそうにない。

このようなことを板書に示し，違いを表現させてみたい。また，パソコンや表計算ソフトが使えれば，グラフの作成も簡単に行えるので，様々な関係について調べてみるのも面白い。

反比例においても，比例と同様に，表，式，グラフに表して，その特徴を見いだしていけるようにする。そのときに，表では横の関係，縦の関係に着目する，式では x や y を使った式で一般化を図る，グラフでは整数値だけではなく間の値についても調べてみるというように，子どもがより深く調べてみようとする場をつくることが大切である。

このような活動を充実させることによって，日常生活の中における様々な量の関係に関心をもち，問題解決場面で２量の関係に目を向けて処理していこうとする態度を育むことができると考える。

11 「場合の数」の授業づくり

場合の数の学習では，落ちや重なり無く，全ての場合を数え上げていくための方法について考えていく。そのための方法として，樹形図や総当たり戦の表などの方法があるが，これらを教えて使えるようにすることが目的ではない。どのように並べたら，落ちや重なりが無いことが確認できるのかを考えながら整理していった結果が，樹形図などの形になっていくことが望ましい。

板書「場合の数」第１時

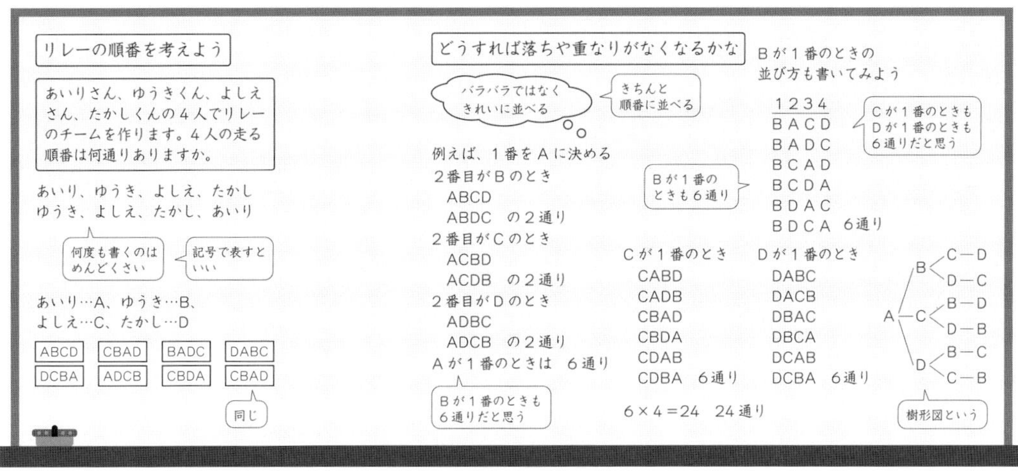

この板書の左下には，短冊カードが貼られている。このカードに書かれている「ABCD」「CBAD」…は，リレーで走る順番を子どもが思いつくままに言ったことを書き留めたものである。

この枚数が多くなってくると，「同じ並び順が２回出ていないだろうか」「まだ出ていない並び順は何だろう」ということが気になり出す。そうなったときに，落ちや重なりを調べるために，「まず，１番目にA（あいり）が走るカードを集めてみよう」「その中で，２番目にB（ゆうき）が走るカードを先に並べよう」というように，カードを並び替えたくなる。そうして並べ替えた結果が，板書の中央に整理されているものである。

このように整理していく過程を大切にしたいのだが，思いつくままに言わせたときに，黒板に直接書いたのでは，後で並べ替えることができない。だから，事前に，短冊カードを用意しておき，それに書き込むのである。

今の例は，順列について考える場面だが，組み合わせについても同じである。

例えば，４チームの総当たり戦の試合数を考えるときに，表に整理することがある。この表も，下のように「A 対 B」「C 対 D」「A 対 C」「B 対 D」「B 対 A」「B 対 C」のような組み合わせを思いつくままに書いたカードを，落ちや重なりがないかどうかを調べるために並べ替えていくとできあがる。

整理していくときに出される子どものアイディアを楽しみながら，授業を展開していきたい。

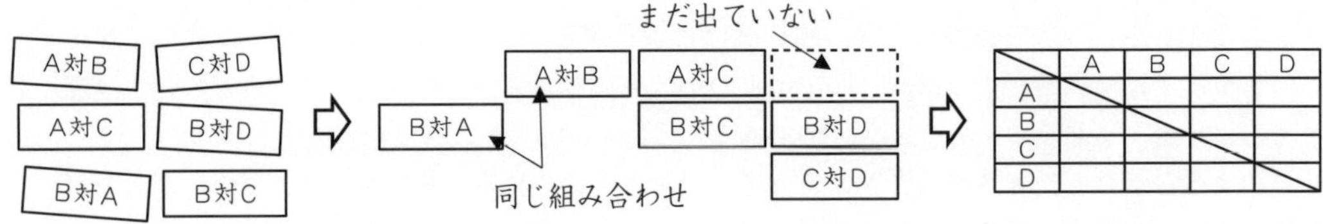

12 「資料の整理」の授業づくり

本単元では，柱状グラフや度数分布表などについて学習する。

表やグラフの作り方やその読み取り方を理解させることは大切だが，一方的な説明や作業に終始するようなことがないようにしたい。「傾向が知りたい」「ばらつき具合が知りたい」というような子どもの問題意識を引き出し，それを明らかにしていくための方法として，度数分布表や柱状グラフがあることを理解できるようにしていきたい。そして，実際の生活場面で，身の回りの問題を解決するときに，これらの表やグラフを適切に使えるようにしていくことが大切である。

本書で紹介している事例では，第１時から第４時まで，「じゃがいも取りゲーム」の結果をもとに学習を進めている。

第１時では，実際に「じゃがいもとりゲーム」を行い，「なんで A さんのジャガイモの方が強いの？」という子どもの声を引き出している。この「なんで？」に対する答えを明らかにするために，子ども達はいろいろな方法を考えていく。

板書「資料の整理」第２時

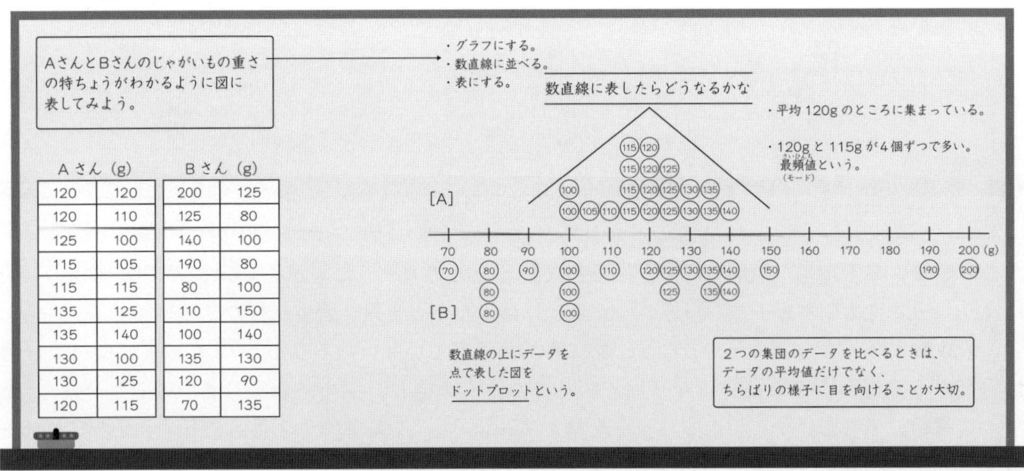

A さん (g)		B さん (g)	
120	120	200	125
120	110	125	80
125	100	140	100
115	105	190	80
115	115	80	100
135	125	110	150
135	140	100	140
130	100	135	130
130	125	120	90
120	115	70	135

その１つが，数直線上にじゃがいもの絵を置いてみるという方法である。上に示した板書はその授業のものである（第２時）。じゃがいもの絵を数直線上に置いていくと，ドットプロットができあ

がるわけである。

さらに，第３時では度数分布表に整理し，第４時（下の板書）では柱状グラフに表す学習へとつながっていく。このように，子どもの問題意識をもとにした活動が連続していくようにしたいものである。

板書「資料の整理」第４時

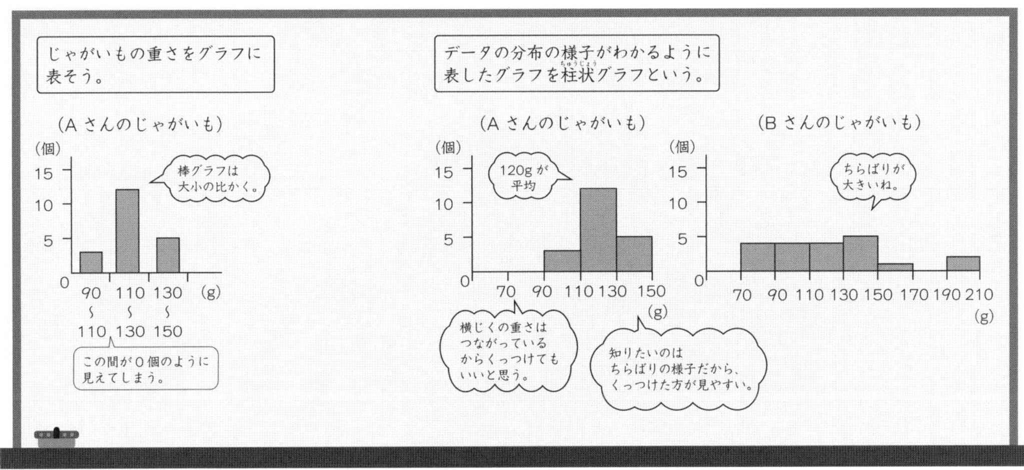

13 「６年のまとめ」の授業づくり

本単元では，１つの問題について考えていくときに，小学校の６年間で学習した様々な知識や技能，考え方が使われるような問題を扱いたいと考える。

例えば，第１時から第３時では，「かけ算九九表」の中にある数の合計を求める問題を紹介している。

板書「６年のまとめ」第３時

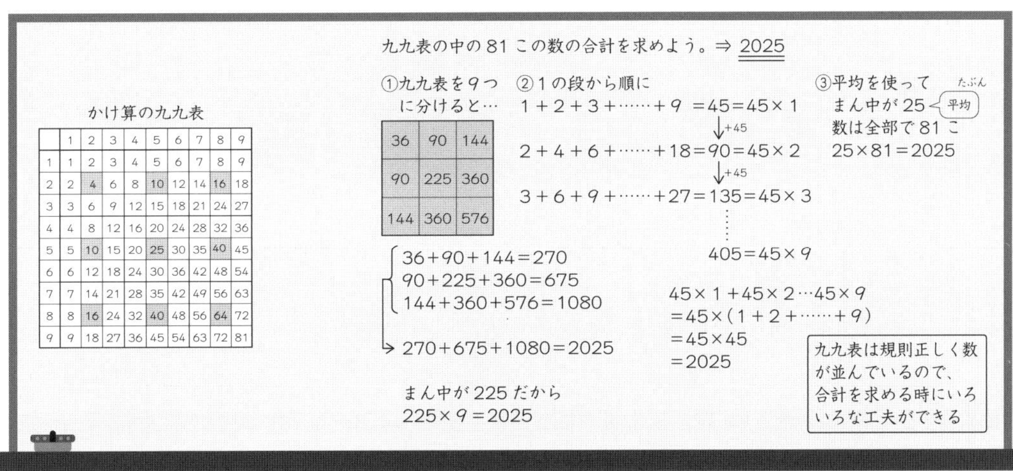

１の段の数の合計を求めようとしたとき，そのまま左から順に足していっても答えは得られるが，ここで子ども達は様々な工夫をすると思われる。

例えば，次のアのように和が10になる組み合わせを考える子もいれば，イのように和が９になる組み合わせを考える子もいるだろう。こうすることによって，かけ算が使えるようになる。

ア　1＋2＋3＋4＋5＋6＋7＋8＋9＝(1＋9)＋(2＋8)＋(3＋7)＋(4＋6)＋5＝10×4＋5＝45

イ　1＋2＋3＋4＋5＋6＋7＋8＋9＝(1＋8)＋(2＋7)＋(3＋6)＋(4＋5)＋9＝9×5＝45

あるいは，この数の個数の俵が積んでいる絵を思い浮かべれば，台形の面積の求積公式が使えることに気付く子もいるかもしれない。そうすると，ウのような計算もできる。

ウ　1＋2＋3＋4＋5＋6＋7＋8＋9＝(1＋9)×9÷2＝45

また，９つの数を均したときに５になる（つまり，平均が５）ことに気付けば，エ５×９＝45でも求められる。

続いて，２の段，３の段……の数の和を求めるとするならば，数の組み合わせを１の段と同じように見ることによって，上記のアからエの計算方法を使うことができる。

さらに，２の段の数の和を求めるときに，別の答えの求め方をする子もいる。

例えば，１の段と２の段の数を比べてみると次のような増え方をしていることに気付く。このことを使えば，次のように求めることもできる。

〔１の段〕　1　2　3　4　5　6　7　8　9

↓+1　↓+2　↓+3　↓+4　↓+5　↓+6　↓+7　↓+8　↓+9　⇨　全部で１＋２＋…＋９＝45増えている

〔２の段〕　2　4　6　8　10　12　14　16　18

あるいは，分配法則を使えば，次のように計算することもできる。

2＋4＋6＋8＋10＋12＋14＋16＋18＝2×1＋2×2＋2×3＋…＋2×9＝2×(1＋2＋3＋…＋9)＝2×45

どの方法も，６年間の学習内容を活かしたものである。

このような活動を通して，６年間の学習事項を振り返っていけるようにしたい。

14　「数学へのかけ橋」の授業づくり

本単元で扱う内容は，中学校数学科のものである。けれども，小学生らしい発想で取り組んでみてもらいたい。ここでの経験が，中学校での学習の素地として役立つことを願っている。

板書「数学へのかけ橋」第４時

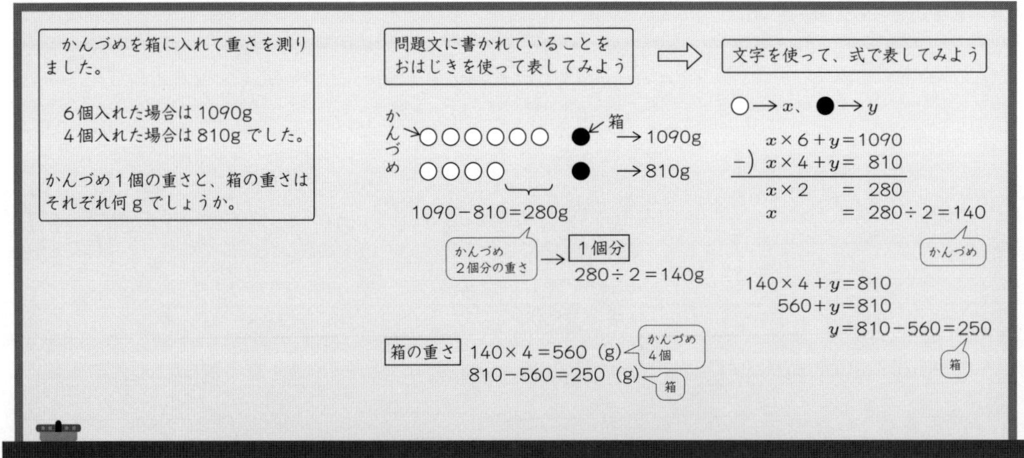

Ⅱ

第 6 学年の算数
全単元・全時間の板書

10 比例と反比例 （15時間扱い）

単元の目標

・比例の関係の意味や性質，比例の関係を用いた問題解決の方法，反比例について知るとともに，日常生活において，ともなって変わる２つの数量を見いだして，それらの関係に着目し，目的に応じて表や式，グラフを用いて変化や対応の特徴を考察し，関数の考えを伸ばしていく。

評価規準

知識・技能	○比例や反比例の意味や性質，表やグラフの特徴を理解し，比例の関係を用いた問題解決の方法について知ること。
思考・判断・表現	○ともなって変わる２つの数量を見いだして，それらの関係に着目し，目的に応じて表や式，グラフを用いてそれらの関係を表現して，変化や対応の特徴を考察する。
主体的に学習に取り組む態度	○問題解決の活動を通して，日常生活や算数の学習などの場面で，積極的に比例・反比例の関係を生かしていこうとする態度を養う。

指導計画 全15時間

次	時	主な学習活動
第１次 依存関係に着目して，比例関係を見いだす	1	日常生活の中からともなって変わる数量を見つけ，その変わり方について考える。
	2	依存関係に着目して，２つの量の関係を捉え，比例関係を見いだす。
第２次 比例	3	紙の枚数と重さの比例関係を明らかにする。
	4	２量の関係を式に表す中で，比例関係を y ＝決まった数 ×x と表す。
	5	２量の関係をグラフに表し，その特徴を考える。
	6	比例関係にある数をグラフに表現し，その特徴を考える。
	7	比例のグラフから数量や数量の関係を読み取る。
	8	２量の関係をグラフに表すことを通して比例関係のグラフとの違いを捉える。
	9	比例の考えを活用して，身の回りの問題を考える。
	10	高さが変化する三角形の面積の変化の様子を表現する。
第３次 反比例	11	面積が一定の長方形の縦と横の長さの関係を調べる活動を通して，反比例の意味を理解する。
	12	反比例する２量の関係を調べ，反比例の意味と関係を表す式について理解する。
	13	反比例の関係をグラフに表す。

	14	比例のグラフと比べながら，反比例の関係を表すグラフについての理解を深める。
	15	反比例の考えを活用して問題を解く。

単元の基礎・基本と見方・考え方

◆比例の意味

ともなって変わる２つの数量の関係については第４学年から学んできている。第５学年では簡単な場合の比例について学んできた。第６学年ではこれまでに学習してきた数量関係を比例を中心に考察して，関数の考えをよりいっそう伸ばしていくことがねらいとなる。

比例には次の意味がある。（学習指導要領解説算数編 p.301）

① 二つの数量Ａ，Ｂがあり，一方の数量が２倍，３倍，４倍，…と変化するのに伴って，他方の数量も２倍，３倍，４倍，…と変化し，一方が$\frac{1}{2}$，$\frac{1}{3}$，$\frac{1}{4}$，…と変化するのに伴って，他方も$\frac{1}{2}$，$\frac{1}{3}$，$\frac{1}{4}$，…と変化するということ。

② ①の見方を一般的にして，二つの数量の一方がｍ倍になれば，それと対応する他方の数量もｍ倍になるということ。

③ 二つの数量の対応している値の商に着目すると，それがどこも一定になっているということ。

第５学年では整数倍について学んできているが，第６学年では小数倍，分数倍についても比例関係が成り立つことをつかうことができる。

①，②の見方は表を横に見て見えてくる「変化のきまり」である。この見方は同一のものの変化であり，第５学年までに学習してきている。

それに対して，表を縦に見ることで見えてくる「対応のきまり」が③の見方であり，関係を式化するときに使われる見方である。

◆比例と比較する場面と比較していく

比例の理解を促すために，反比例を学習すると学習指導要領解説算数編 p.35にある。しかし，反比例は比例を学んでから知る方がよいと考え，比例を学習しながら，和が一定，差が一定，１次関数，２次関数などの場面も比較の対象として本書では取り上げていった。取り上げる場面はできるだけ日常の生活場面へつながる場面を考えていくようにした。

◆グラフに表現する

ともなって変わる２つの数量を見いだし，表にまとめていく。表を縦に見ていくと，「対応のきまり」が見えてくる。そして，式に表すことで，２量の関係を簡潔にまとめていくことができる。さらにグラフに表すことも大切にしていく。表や式だけでは見えなかった関係がグラフでは見えてくる。グラフに表すことで，視覚的に関係を理解していける。

比例のグラフの特徴を理解するためにも，反比例だけでなく，他の２量の関係をグラフに表していく活動も取り入れていった。

本単元は，比例を中心にして，これまでに学習してきた関数的な関係を見直し，比例関係を問題解決に利用しながら，子どもたちの関数の考えを伸ばし，深めていく単元である。

本時案

変わると，何が変わる？

本時の目標

・絵をもとに，ともなって変わる２つの量を見いだし，何が変わると，何が変わっていくのかについて考える。
・比例は分数倍のときにも，整数倍のときと同じことが言えることを理解する。

授業の流れ

1 変わると，何が変わるかな？

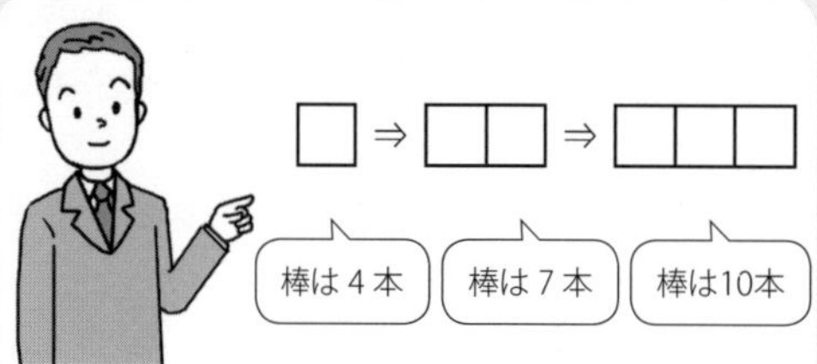

「変わると，何が変わるかな？」と板書する。さらに「４本の等しい長さの棒を使って，正方形を作りました」と言いながら正方形をかく。矢印をつけて正方形を２個，３個と増やしていく。正方形の数が変わると，棒の数が変わっていくことが見えてくる。

拡大コピーした絵を３枚はる。そして「正方形の数を変えると，棒の数が変わっていったように，ともなって変わる２つの量を見つけていきましょう」と伝え，板書する。

変わると、何が変わるかな？

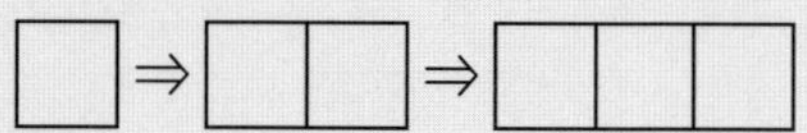

正方形の数を増やすと
⇒棒の数が増える

正方形を黒板にかいていくときには，「変わると，何が変わるか」を子どもが考えながら見ていけるようにする。

2 妹の年齢が増えると……

妹の誕生日の日の写真で，姉と一緒に写っていることを伝える。

妹の年齢が増えると，姉の年齢もともなって増えていくことが読み取れる。身長や体重はともなって変わっていくものではないことを確認しておく。

3 時間が増えると……

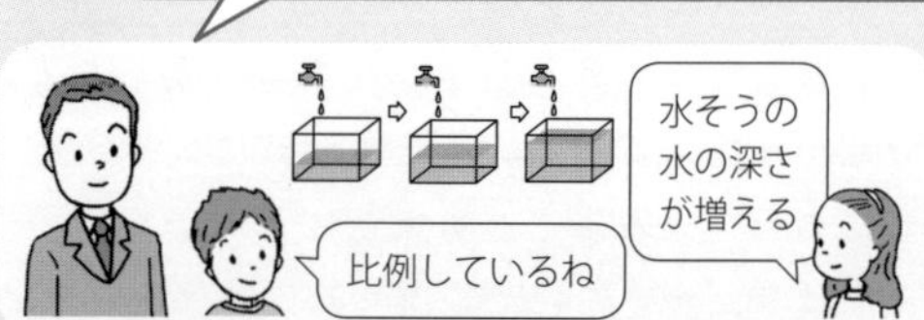

時間を増やすと，水槽の水の深さが増える。x が増えると y が増える関係である。比例していることに気付いていく。そこで，表を書いて確かめてみる。x が２倍，３倍……になると，それにともなって y も２倍，３倍……になっていく。

本時の評価

・絵をもとに，ともなって変わる２つの量を見いだすことができたか。
・何が変わると，何が変わっていくのかについて考えることができたか。

準備物

・黒板提示用３枚の絵の拡大コピー

ともなって変わる２つの量

増えると増える

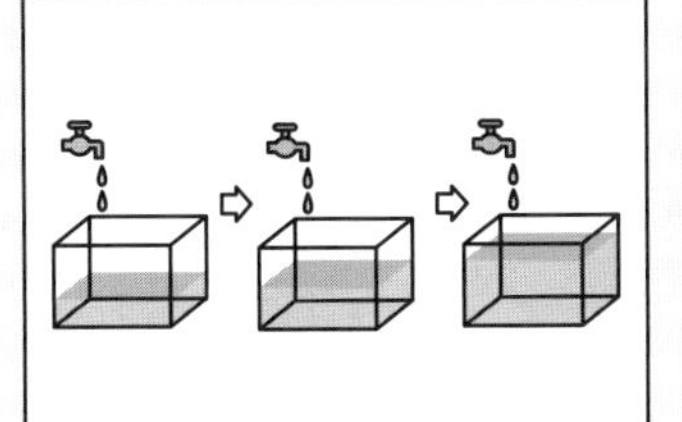

増えると減る

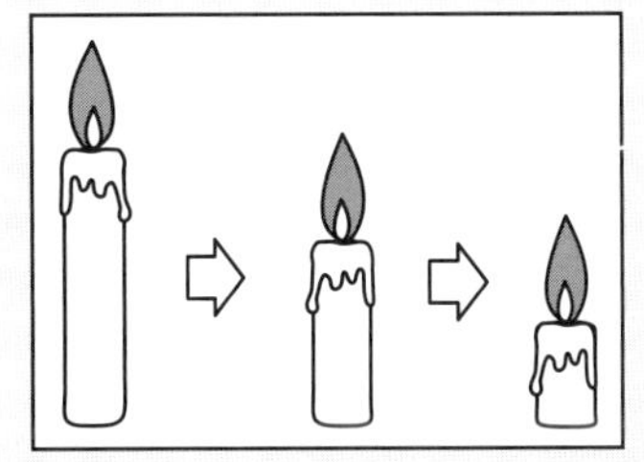

妹の年れいが増えると
⇒姉の年れいが増える

時間が増えると
⇒水の深さが増える

時間が増えると
⇒ろうそくの長さが減る

比例している

xが２倍、３倍…になると
yが２倍、３倍…になる

時間 x（分）	1	2	3	4	5	6	…
深さ y（cm）	3	6	9	12	15	18	…

$\frac{5}{3}$倍　$\frac{5}{3}$倍　分数倍

xが$\frac{5}{3}$倍になると
それにともなって
yも$\frac{5}{3}$倍になる

あらかじめ３枚の絵を裏返しに貼っておくことで，この日にどれだけのことを学習していくのかの見通しをもつことができる。

4 分数倍にもなるんだね

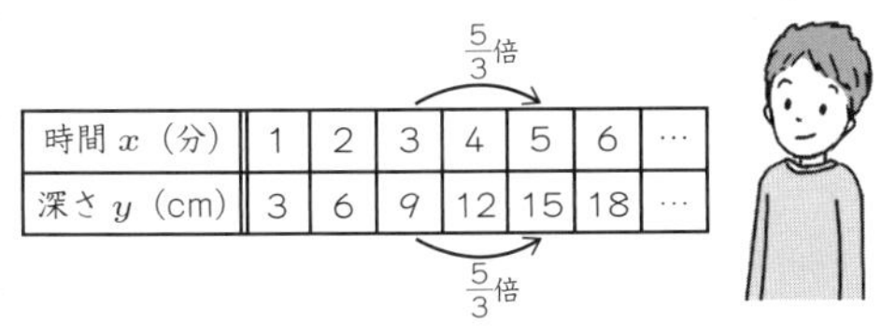

時間 x（分）	1	2	3	4	5	6	…
深さ y（cm）	3	6	9	12	15	18	…

$\frac{5}{3}$倍　$\frac{5}{3}$倍

xが３から５に変わるとき，yが何倍になっているかを考える。xは５÷３で$\frac{5}{3}$倍になっている。それにともなってyも12から20と変わっている。20÷12で$\frac{5}{3}$倍となる。

5 最後だけ，増えると減るね

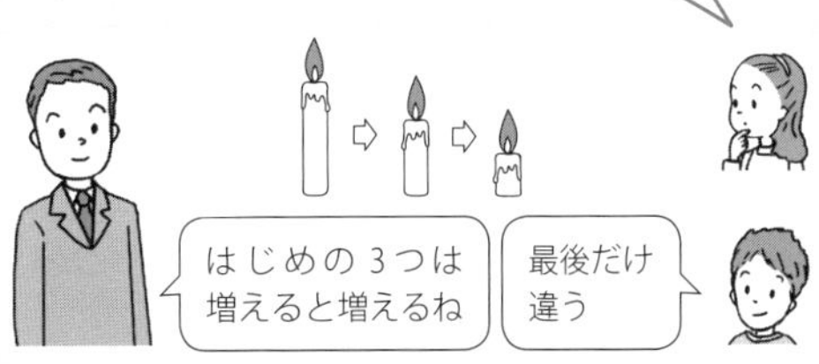

時間が経過することで，ろうそくの長さが短くなっていく。溶けたろうそくの長さが増えると残りのろうそくの長さが減るとも考えられる。先の３つと違い，増えると減る関係になっていることを確かめる。

本時案

変わり方を詳しく調べよう

本時の目標

・ともなって変わる２つの量を表にまとめ，どのように変わっているのかを捉えることができる。

授業の流れ

1 変わり方を調べよう

前時の４つの場面の絵をはり，３枚は「増えると増える」，１枚は「増えると減る」関係にあることを確かめる。

比例である水槽の場面は表を書いて詳しく調べていった。そこで，他の場面もそれぞれがどのように変わっていくのかを表を書いて詳しく調べていくこととする。

正方形

(横) 正方形の数が１増えると
棒の数は３ずつ増える

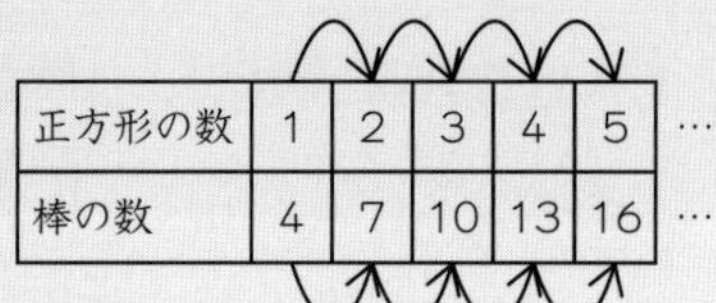

正方形の数	1	2	3	4	5	…
棒の数	4	7	10	13	16	…

(たて) 正方形の数 ×３＋１

表の縦の見方を表の下に書くために，表の横の見方は表の上に書いておくようにした。式の見方が出てきたときには，下に加えていくとよい。

2 変わり方を表にまとめていこう

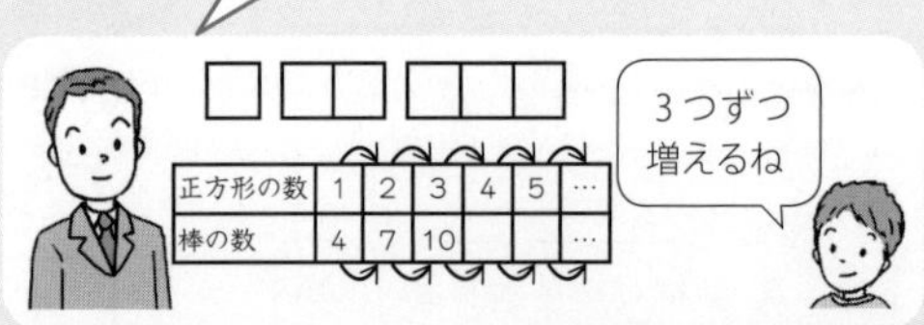

正方形が１つのときには，棒の数は４本，２つのときは７本，と表にまとめていく。３つ，４つ，５つのときを自分でかき入れていく。「どのように変わっているかな？」と聞き，棒の数が３本ずつ増えていることを確かめる。

3 妹と姉はいつも３歳違うね

妹の年れいが１増えると
姉の年れいも１増える

妹の年れい	1	2	3	4	5	6	…
姉の年れい	4	5	6				…

姉妹の年齢を妹を基にして表にまとめる。年齢差は３歳の場面とする。年齢の変わり方は姉妹それぞれが１歳ずつ増えていくことは分かる。妹と姉の年齢の差が一定になっていることは表を縦に見ると分かることに気付いていく。

本時の評価

・ともなって変わる２つの量を表にまとめることができたか。
・ともなって変わる２つの量がどのように変わっているのかを捉えることができたか。

準備物

・黒板提示用４枚の絵の拡大コピー

姉妹	水そう	ろうそく

（横）妹の年れいが１増えると
姉の年れいも１増える

（横）時間が１分増えると
深さが3cm 増える

時間が 1.5 倍、2.5 倍になると
深さも 1.5 倍、2.5 倍になる

（横）もえた長さが1cm 増えると
残りの長さが1cm 減る

妹の年れい	1	2	3	4	5	…
姉の年れい	4	5	6	7	8	…

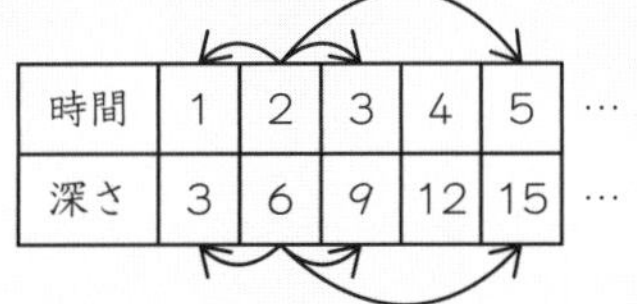

時間	1	2	3	4	5	…
深さ	3	6	9	12	15	…

もえた長さ	1	2	3	4	5	…
残っている長さ	11	10	9	8	7	…

（たて）姉－妹＝3

差がいつも３

（たて）時間 ×３＝深さ
深さ ÷ 時間＝３

比例している

整数、小数、分数も入る

（たて）もえた長さ ＋ 残っている長さ ＝12

和がいつも12

y が x に比例しているとき、x が□倍になっていると、y も□倍になる。

4 比例の関係になっている

（横）１分増えると深さが3cm 増える
時間が 1.5 倍、2.5 倍…になると
深さも 1.5 倍、2.5 倍…になる

時間（分）	1	2	3	4	…
深さ（cm）	3	6	9	…	

水槽の場面は比例関係になっており，小数倍で変わっていくところも見てとれる。比例している場合，「x が□倍になると，y も□倍になる」ことをまとめる。□には整数だけでなく，小数，分数も入ることを確かめる。

5 1 cm 増えると 1 cm 減るね

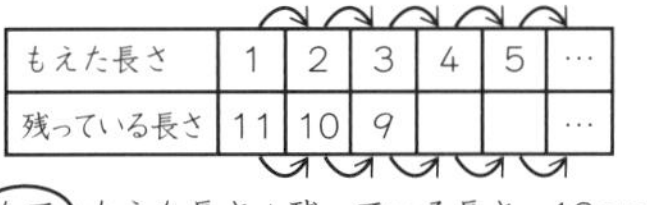

もえた長さ	1	2	3	4	5	…
残っている長さ	11	10	9			…

（たて）もえた長さ＋残っている長さ＝12cm

ろうそくの変わり方は和が一定になる場面を取り上げたい。燃えたろうそくの長さが 1 cm 増えれば，残っているろうそくの長さは 1 cm ずつ減っていく。

合わせたら 12 cm になる縦の見方（和が一定）も見えてくるとよい。

本時案

コピー用紙の枚数を調べる

本時の目標

・紙の枚数と重さ，紙の枚数と厚さが比例の関係にあることを使って，紙の枚数を調べる。

授業の流れ

1 紙は3000枚あるのかな？

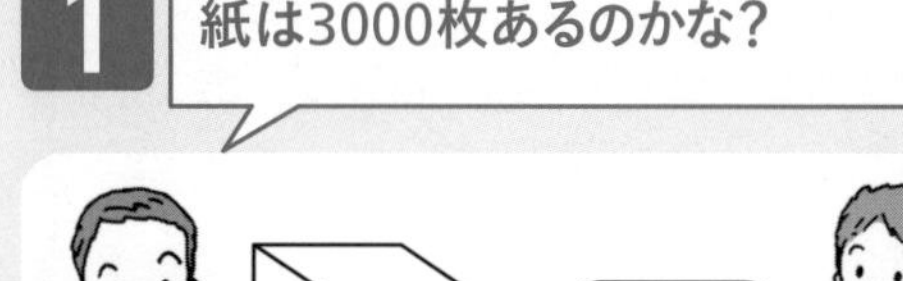

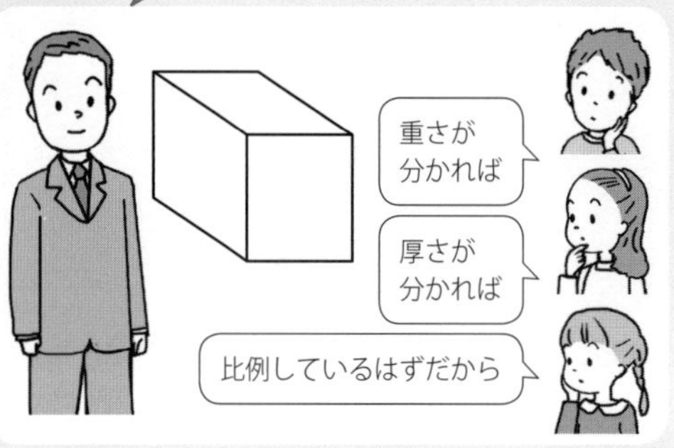

コピー用紙の山を提示して，「このコピー用紙は3000枚あるかな？」と尋ねる。「全部数えるのは大変」「比例しているから，１枚の重さと，全部の重さを測ればだいたいの枚数は分かる」「厚さも比例しているから厚さを測っても大体の枚数が分かる」と見通しをもつ。

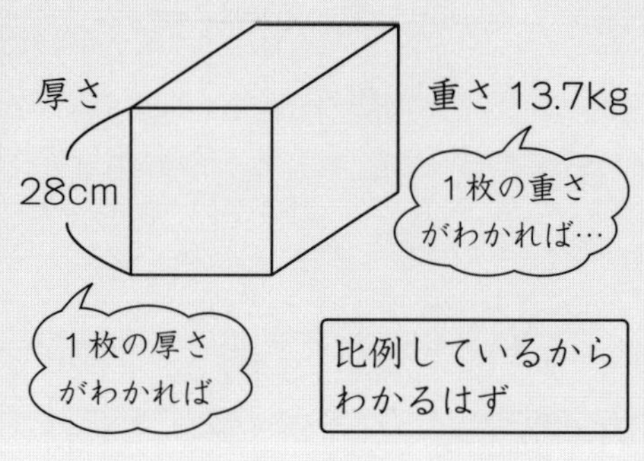

紙は上から押さえると厚さが変わる。27 cm あれば，3000枚は超える。教材の準備にも比例関係が使える。

2 紙の枚数と重さを表に表そう

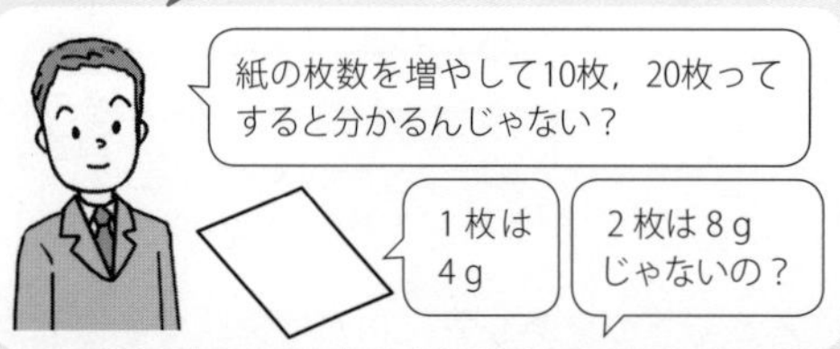

紙の山は13.7 kg であった。１枚の重さは秤量20 kg のはかりでは測れない。そこで，目量１ｇのデジタルはかりで測ると４ｇと分かる。２枚だと８ｇだと思ったが実際は９ｇであり，枚数を増やして重さを調べ，表にまとめていく。

3 50枚だと215 g のはずなのに？

紙の枚数	1	2	3	…	10	20	…	50
重さ（g）	4	9	13	…	43	86	…	214

10枚の重さは43ｇだったので，１枚は4.3ｇと考えた。20枚，30枚のときには比例していたが，50枚では１ｇずれた。そこで，より正確にするために100枚の重さを測る。428ｇとなり，１枚は4.28ｇと考えることにする。

本時の評価

・紙の枚数と重さ，紙の枚数と厚さが比例の関係にあることが分かったか。
・比例関係を使って，紙の枚数を調べることができたか。

準備物

・コピー用紙3200枚ほど。
・秤量20 kg のはかり
・目量１g のデジタルはかり

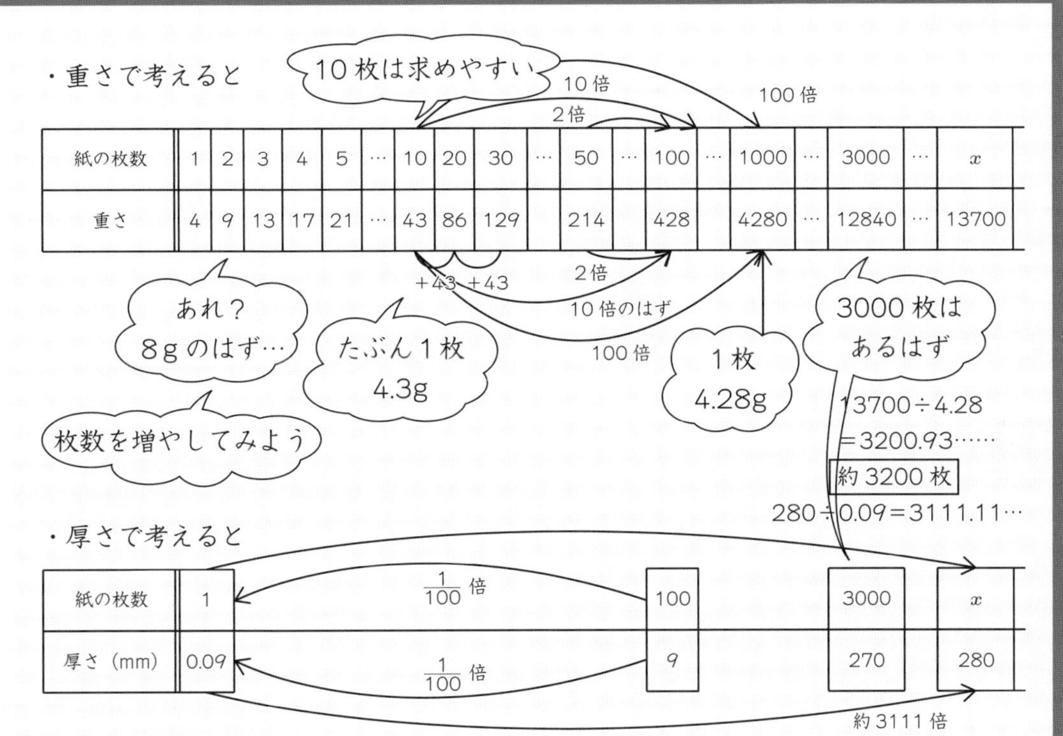

１枚の重さを修正しながら，少しずつ正確になっていく過程で，比例の関係を確かめていくことができる。ただし比例の関係を使えば，１枚でなくても，10枚，100枚を基にして紙の枚数を求めていくことができる。

4 重さ13.7 kg は何枚なの?

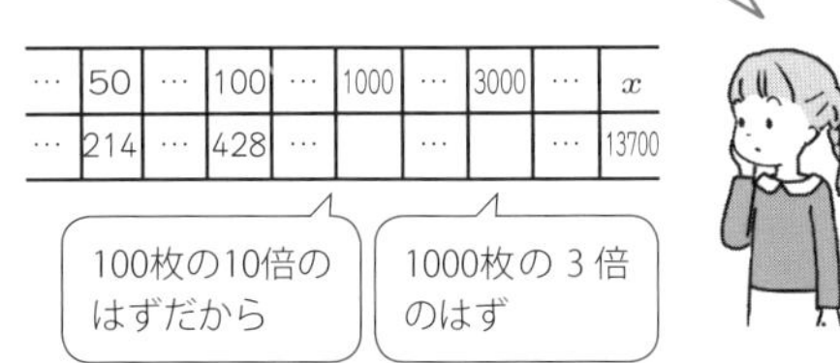

紙の枚数と紙の重さは比例しているので，100枚が428 g だから1000枚で4280 g，3000枚で128400 g だから，13.7 kg の紙は3000枚以上あると考えられる。では13.7 kg の紙は何枚なのか？　と問いができ求めていくことができる。

5 厚さも比例しているから……

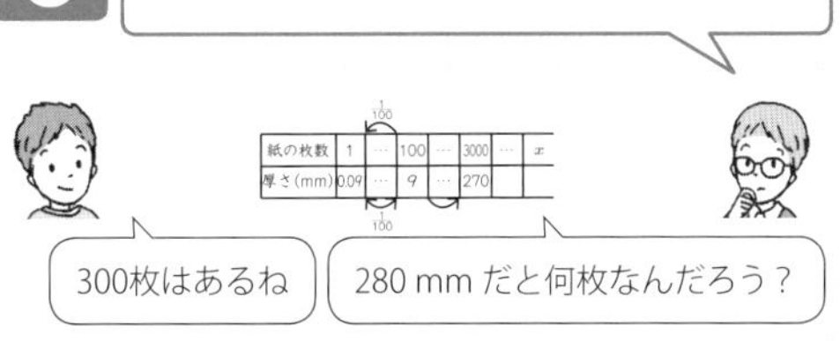

比例の関係にある重さを使って考えたことと同様に，比例関係にある厚さを使っても枚数を考える。100枚の高さがおよそ９mm であることから，１枚の厚さを0.09 mm と考え，28 cm の紙の山はおよそ3111枚と計算で求めることができる。

本時案

ともなって変わる２つの量を式で表そう

4/15

本時の目標

・比例の関係を y ＝決まった数 ×x と式に表すことができる。
・他のともなって変わる２つの量の関係を式に表すことができる。

授業の流れ

1 ともなって変わる２つの量を式で表そう！

前時までにともなって変わる２つの量を表に表しながら，どのように変わっていくのかをみてきた。いくつかの関係は式に表せた。そこで，これまでに学習してきた「ともなって変わる２つの量」を式で表していくことを本時の課題とする。

ともなって変わる２量の関係を式で表そう

（1）紙の枚数と重さ ＜比例

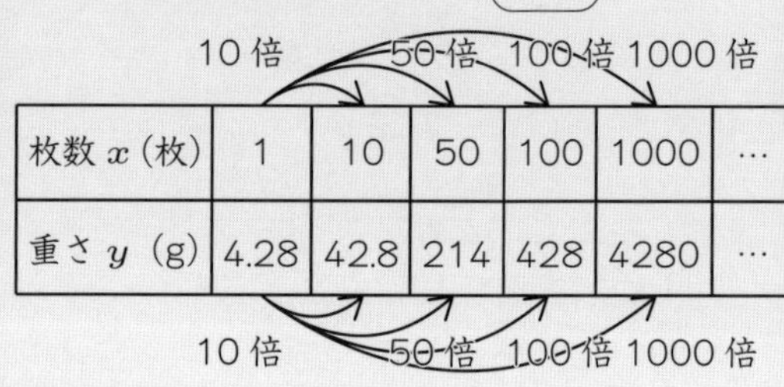

枚数 x（枚）	1	10	50	100	1000	…
重さ y（g）	4.28	42.8	214	428	4280	…

10 倍　50 倍　100 倍　1000 倍

（たて）重さ ÷4.28＝枚数
y÷4.28＝x
y ＝4.28×x

これまでに学習してまとめてきた表を用意しておき，５枚はってから考え始めると，先の見通しが持てる。

2 比例の関係を式で表そう

y ＝4.28× x　y ＝0.09× x
y ＝３× x

どれも決まった数に x をかけているね

比例の関係にあった２つの量を x と y として「紙の枚数と重さ」「紙の枚数と厚さ」「時間と水の深さ」を式に表していく。表の縦を見ていくと，どれも決まった数に x をかけると y になる。比例の式は y ＝決まった数 ×x とまとめられる。

3 増やすと増える関係を式に表そう

正方形の棒の数は y ＝ x ×３＋１

比例の式に１足したみたいになっているね

増えると増える関係を式に表していく。表を縦に見ていくと，正方形の棒の数 y は x×３＋１となる。比例の式に１足した形となっている。姉妹の年齢は，姉（y）－妹（x）＝３となる。y ＝ x ＋３と表すと y が増えていくことが分かる。

本時の評価

・比例の関係を y ＝決まった数 ×x と式に表すことができたか。
・比例以外のともなって変わる 2 つの量の関係を式に表すことができたか。

準備物

・これまでに学習してきた表（その場でかいてもよい）

（2）紙の枚数と厚さ ＜比例

100 倍　3000 倍　3111 倍

枚数 x（枚）	1	…	100	…	3000	…	3111	…
厚さ y（mm）	0.09	…	9	…	270	…	280	…

100 倍　3000 倍　3111 倍

（たて）厚さ ÷0.09＝枚数

$y \div 0.09 = x$

$y = 0.09 \times x$

比例の式　y＝決まった数 ×x

（3）時間と水の深さ ＜比例

時間 x（分）	1	2	3	4	5	…
深さ y（cm）	3	6	9	12	15	…

（たて）深さ＝3 × 時間

$y = 3 \times x$

（4）正方形の棒の数

正方形の数 x	1	2	3	4	5	…
棒の数 y	4	7	10	13	16	…

正方形の数 ×3＋1＝棒の数

$x \times 3 + 1 = y$

（5）姉妹の年れい

妹の年れい x	1	2	3	4	5	…
姉の年れい y	4	5	6	7	8	…

姉－妹＝3，$y - x = 3$，$y = x + 3$

（6）ろうそく

もえたろうそくの長さ x	1	2	3	4	5	…
残っているろうそくの長さ x	11	10	9	8	7	…

もえたろうそくの長さ＋残っているろうそくの長さ＝12

$x + y = 12$，$y = 12 - x$

縦の関係を見ていくことで，「決まった数」が見えてくる。式の表し方は様々あるが，x を増やすことで y が決まっていくので，y を求めていく式にまとまっていくとよい。

できた式を振り返ることで比例の式の理解が深まるようにしていきたい。

4 増えると減る関係を式に表そう

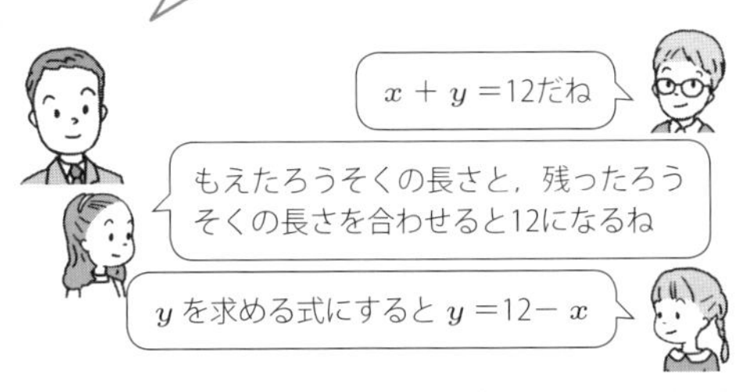

表を縦に見ていくと，x ＋ y ＝12の式ができてくる。この式を残っているろうそくの長さ y を求める式にすると，y ＝12－ x となり，x が増えると y が減っていくことが分かる。

5 できた式を振り返ろう

増やすと増える関係の式はかけ算やたし算，あるいは両方を合わせた式になっている。それに対して，増やすと減る関係の式はひき算の式になっている。ここでわり算の式になる関係はないかという考えが出れば触れておくとよい。

本時案

ともなって変わる2つの量をグラフで表そう 5/15

本時の目標

・比例の関係をグラフに表すことができる。
・比例でないともなって変わる2つの量の関係をグラフに表すことができる。

授業の流れ

1 何が増えていくのかな?

一辺が1cmの正方形を黒板にかく。辺の長さを示した後，辺の長さを2倍，3倍……とした正方形をかく。

「正方形の一辺の長さを増やしていくと何が増えるのか」を聞く。増えるのは面積と周りの長さの2つが出てくる。

何が増えていくのかな?

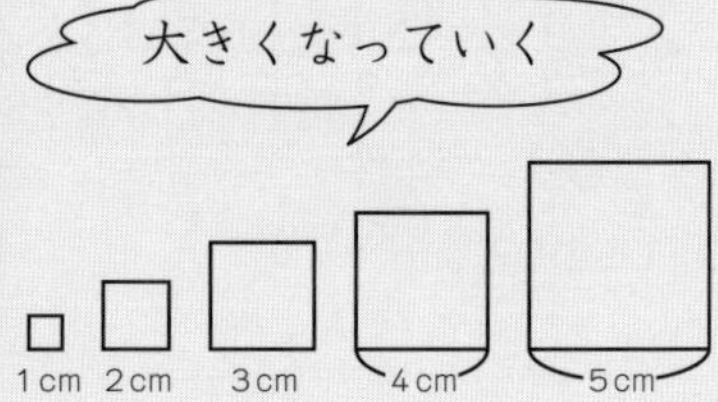

正方形の一辺の長さを
2倍、3倍…にしていくと、

◎周りの長さが増える
◎面積が増える

正方形を工作用紙等で作って提示していくのもよい。

2 周りの長さの増え方は?

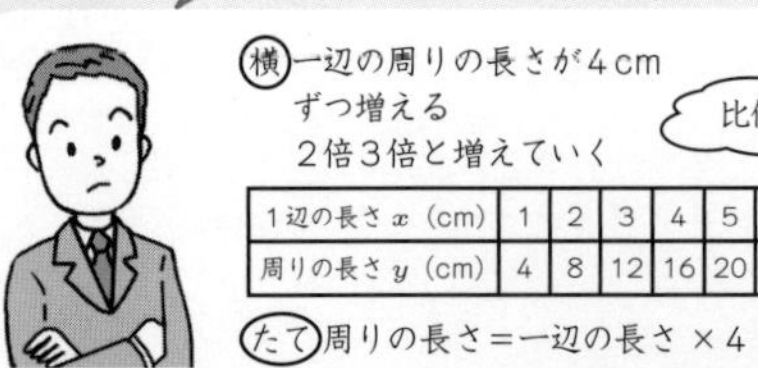

1辺の長さ x (cm)	1	2	3	4	5	…
周りの長さ y (cm)	4	8	12	16	20	…

たて 周りの長さ＝一辺の長さ × 4

周りの長さがどのように増えているかを表にして調べていく。比例関係になっていることに気付く子どもがいるだろう。表を横と縦で見ていきながら，一辺と周りの長さの関係を式 $y = 4 \times x$ と表していく。

3 面積の増え方は?

面積の増え方
横 面積が1、3、5、7と
奇数になって増えていく

1辺の長さ x (cm)	1	2	3	4	5	…
面積 y (cm²)	1	4	9	16	25	…

たて 面積＝一辺 × 一辺

面積がどのように増えているかを表にして調べていく。表を横と縦で見ていきながら，一辺と面積の関係を式 $y = x \times x$ と表していく。比例と違って，x を1増やすと y が大きく増えることに気付いていく。

本時の評価

・比例の関係をグラフに表すことができたか。
・比例でないともなって変わる２つの量の関係をグラフに表し，比例のグラフと比べることができたか。

準備物

特になし

周りの長さの増え方
(横)周りの長さが4cmずつ増える

1辺の長さ x（cm）	1	2	3	4	5	…
周りの長さ y（cm）	4	8	12	16	20	…

(たて)周りの長さ＝一辺の長さ ×４

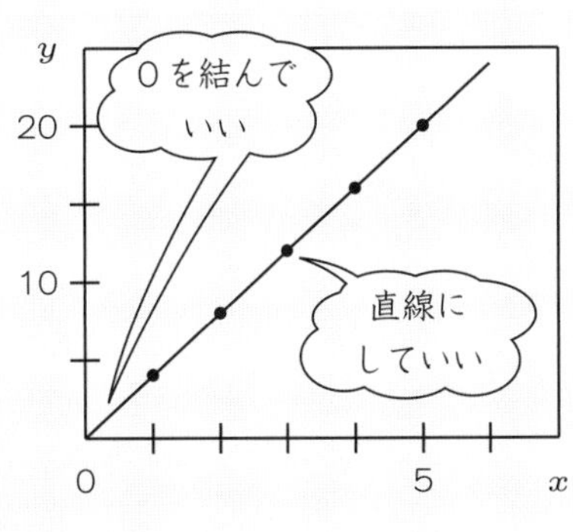

面積の増え方
(横)面積が１、３、５、７と奇数になって増えていく

1辺の長さ x（cm）	1	2	3	4	5	…
面積 y（cm²）	1	4	9	16	25	…

(たて)面積＝一辺 × 一辺

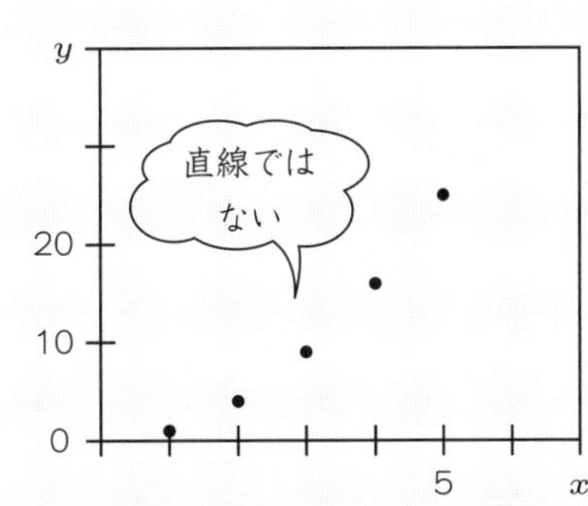

比例のグラフを直線でつなげてよいかを考える際には，間の小数の計算をしていくとよい。１辺が0.5 cmや0.1 cmのときを考え，直線で結んでいくとよい。

4 増え方をグラフに表そう

点をつなげていいのかな

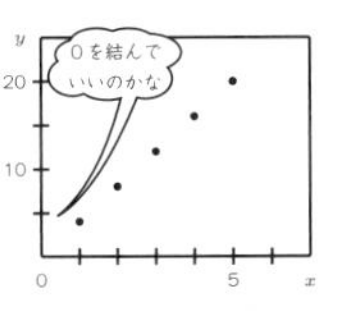

増え方の違いをグラフに表していく。表にある数値をグラフにプロットすると点だけのグラフとなる。この点をつなげてもよいのかを考える。表にはなくても間にも数値があり，連続して増えていることから直線にしてよいことが分かる。

5 面積の増え方をグラフに表そう

点をつなげていいのかな

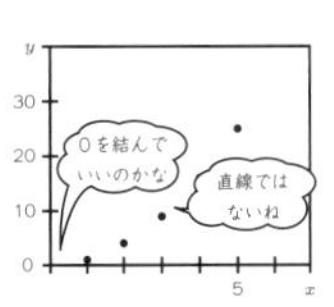

面積の増え方を表す数値をグラフにプロットする。点の間にも数値があることを小数の計算をして求めていってもよい。線で結びながら，１本の直線にはなっていないことを確かめ，比例とは違う増え方をしていることを理解していく。

本時案

比例の関係をグラフに表そう

本時の目標

・比例の関係をグラフに表し，その特徴を捉える。

授業の流れ

1 比例の関係をグラフに表そう！

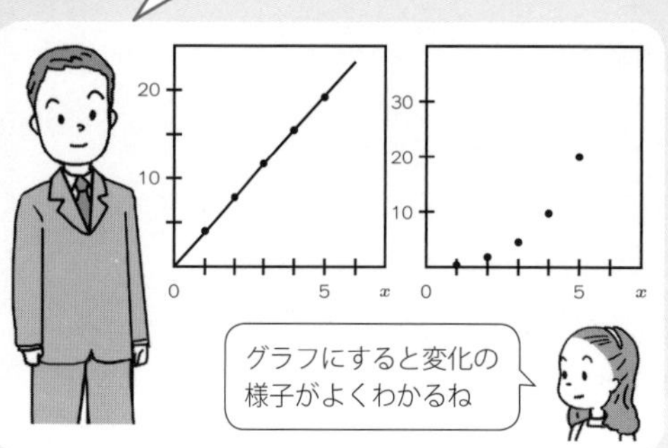

前時に正方形の一辺の長さと周りの長さ，面積の関係をグラフに表すと変化の様子がよく分かった。そこで，これまでに学習してきた比例の関係もグラフに表していく。

比例していた「時間と水の深さ」「紙の枚数と重さ」「紙の枚数と厚さ」の表と式を提示し，グラフに表していく。

正方形の一辺の長さと周りの長さ

正方形の一辺の長さと面積

グラフは変化の様子がわかる

比例の関係をグラフに表そう！

前時のグラフを提示しながら，グラフに表すと変化の様子がよくわかることを確かめていく。

2 直線でつないでいいのかな？

「時間と水の深さ」の数値をグラフ上にプロットすると，点だけのグラフができる。しかし点の間にも小数の数値がある。そこで実際に小数の計算をして点の間にも数値があることを確かめ，直線で結んでもよいことを確かめる。

3 0と結んでいいのかな？

1分よりも短い時間，0.5分，0.1分，0.01分のときも水の深さは3cmの0.5倍，0.1倍，0.01倍というように比例して無数にある。このことから，直線を0まで延ばして結んでよいことを子どもの言葉で説明させていくとよい。

本時の評価

・比例の関係をグラフに表すことができたか。
・比例のグラフが0の点を通って，右上がりの直線になることを理解できたか。

準備物

・前時のグラフ2枚
・数値の入っている表3枚

時間と水の深さ

時間（分）	1	2	3	4	5	…
水の深さ（cm）	3	6	9	12	15	…

$y = 3 \times x$

右上がり

直線

0と結ぶ

紙の枚数と重さ

紙の枚数	1	10	100	1000	3000	…
重さ（g）	4.28	42.8	428	4280	12840	…

$y = 4.28 \times x$

点がつながっているみたい

直線に並んでる

紙の枚数と厚さ

紙の枚数	1	100	1000	3000	3111	…
厚さ（mm）	0.09	9	90	270	280	…

$y = 0.09 \times x$

比例する2つの量の変化の様子を表すグラフは0の点を通って右上がりの直線になる

連続量のときの比例のグラフは直線になるが，分離量のときには点で表される。しかし，その点は直線上に並んでいて，点の数を増やしていけば，直線と見られるよさを感じさせたい。

4 直線上に並んでいるね

点がつながっているみたいだね

「紙の枚数と重さ」の表と式を提示してグラフに表す。紙の枚数は直線上には並ぶが，子どもは直線では結ばない。しかし，3000枚までが入るグラフを書いていくと，点が連続して直線と同じになってしまうことが分かる。

5 比例のグラフの特徴は？

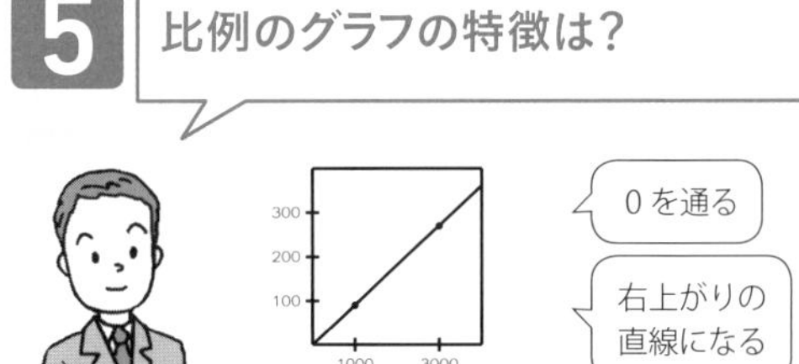

「紙の枚数と厚さ」をグラフに表すと，0と3000枚の点をつなげた直線上に並んでいることが分かる。3つのグラフを見比べ比例のグラフの特徴をまとめると，比例のグラフは「0の点を通って，右上がりの直線になる」とまとめられる。

本時案

比例のグラフを読み取ろう

本時の目標

・比例のグラフから数量や数量の関係を読み取り，速さを比べる。

授業の流れ

1 一番速いロボットはどれでしょう?

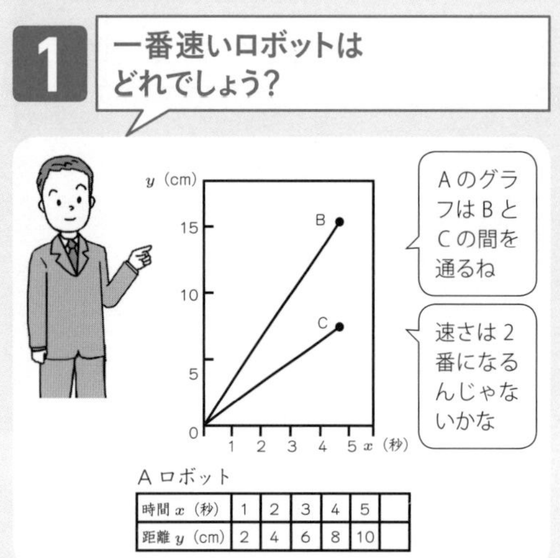

時間 x（秒）	1	2	3	4	5	
距離 y（cm）	2	4	6	8	10	

「ロボット A，B，C が進む速さを比べました」とグラフと表を一緒に提示し，「一番速いロボットはどれでしょう？」と聞く。

表に表されている A をグラフに表す。B と C の間を通るグラフになる。これにより，A は 2 番目の速さになるのではないかと予想できる。

一番速いロボットはどれでしょう？

y（cm）
15
10
5
0
B
C
比例している！
速い！
ゆっくり
1 2 3 4 5 x（秒）

A ロボット

時間 x（秒）	1	2	3	4	5	…
距離 y（cm）	2	4	6	8	10	…

$y = 2 \times x$

B，C のグラフと，A の表を一緒に提示するとグラフ化，表化して比べようとする。

2 B と C ではどちらが速い?

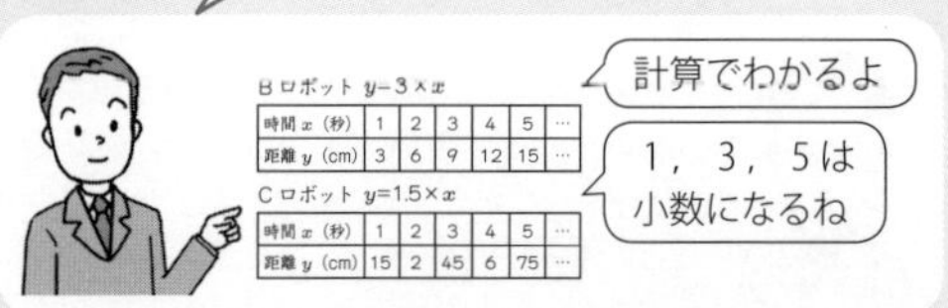

B ロボット $y=3\times x$

時間 x（秒）	1	2	3	4	5	…
距離 y（cm）	3	6	9	12	15	…

C ロボット $y=1.5\times x$

時間 x（秒）	1	2	3	4	5	…
距離 y（cm）	15	2	45	6	75	…

B と C を表に表してみる。1 秒のときの距離，2 秒のときの距離とグラフを読み取りながら順に書き出していく。比例関係を使って，途中から計算で求めていく子どももいるだろう。計算で求めた数値があっているかグラフで確かめる。

3 どうやって比べたかな?

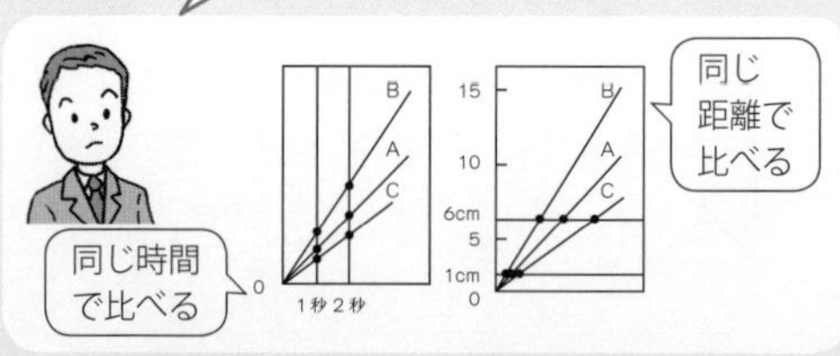

比べ方を聞いていく。1 秒で進む距離，2 秒で進む距離と時間を一定にして進む距離で比べることができる。1 cm 進むのにかかる時間，6 cm 進むのにかかる時間と距離を一定にして時間で比べることもできる。

本時の評価

・比例のグラフから数量の関係を読み取り，ロボットと印刷機の速さを表にまとめることができたか。
・グラフや表からどのようなロボットなのか，印刷機なのかが理解できたか。

準備物

・掲示用拡大グラフ
・児童用グラフ

表に表して比べる

Bロボット　$y=3\times x$

時間 x（秒）	1	2	3	4	5	…
距離 y（cm）	3	6	9	12	15	…

Cロボット　$y=1.5\times x$

時間 x（秒）	1	2	3	4	5	…
距離 y（cm）	1.5	3	4.5	6	7.5	…

どこを見て比べた？

グラフの１秒で比べる
２秒で比べる
１cm で比べる
６cm で比べる

整数になる

どんな印刷機？

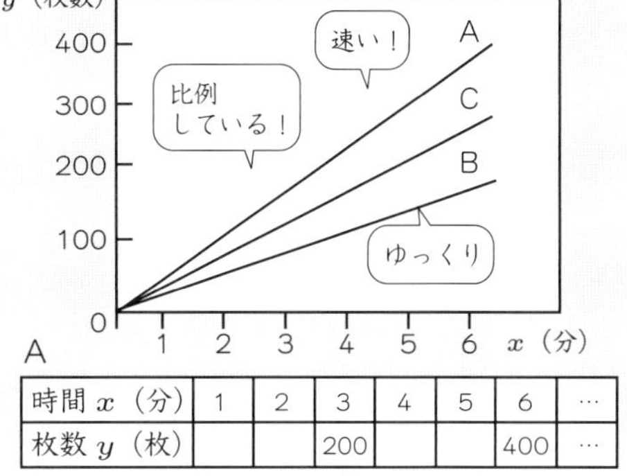

A

時間 x（分）	1	2	3	4	5	6	…
枚数 y（枚）			200			400	…

$y=\frac{200}{3}\times x$

B

時間 x（分）	1	2	3	4	5	6	…
枚数 y（枚）			100			200	…

$y=\frac{100}{3}\times x$

C

時間 x（分）	1	2	3	4	5	6	…
枚数 y（枚）	50	100	150	200	250	300	…

$y=50\times x$

比べるためには，時間，もしくは距離を一定にして比べる。グラフで言えば，同一直線上の数値の並びで比べられる。

4 どんな印刷機でしょう?

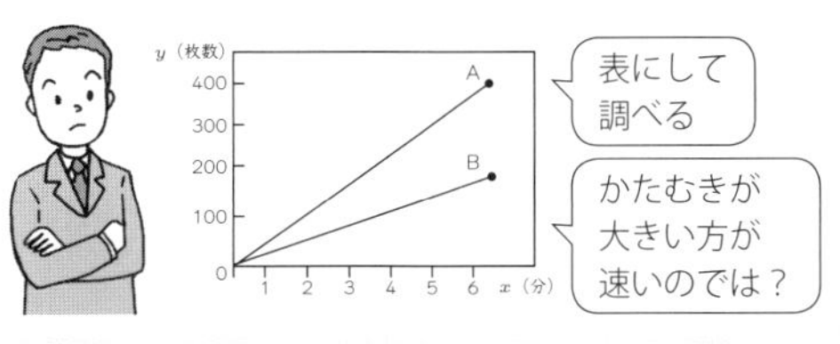

「どんな印刷機でしょう？」と聞いてからグラフと表を貼る。印刷機だから時間を増やすと印刷できる枚数が増えることを表していると考えられる。印刷の速い印刷機はグラフの傾きが大きい方なのか，小さい方なのかを考える。

5 Cの印刷機のグラフを考えよう

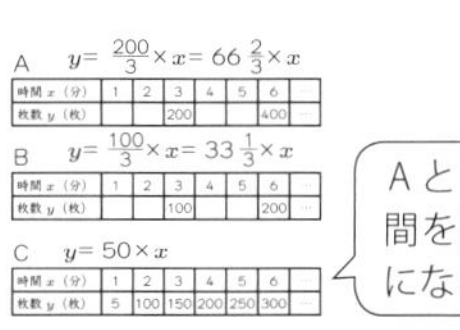

グラフのAとBを表に表して比べる。同じ時間で何枚印刷できるのか，同じ枚数を何分で印刷できるのかをグラフを読み取りながら比べていく。印刷機Cのグラフはどうなるかを考え，グラフに表す。AとBの間を通るグラフになっていく。

本時案

2量の関係をグラフに表そう

本時の目標

・比例関係でない2量のグラフと比べながら，比例関係のグラフとの特徴を捉える。

授業の流れ

1 比例関係をグラフに表そう

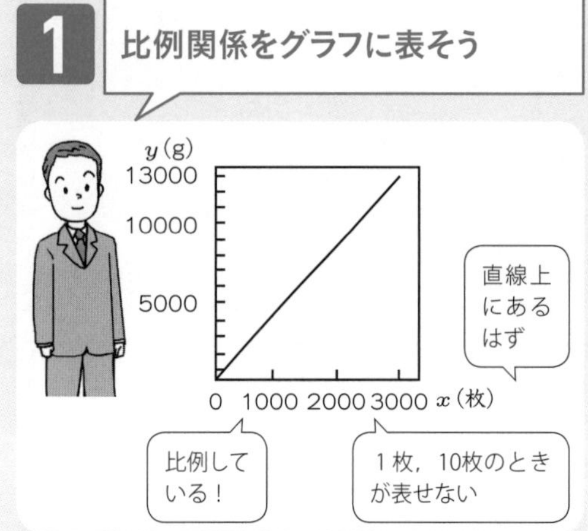

これまでに学習してきた比例関係をグラフに表していく。

水の深さの関係はグラフに表しやすい。紙の枚数と重さの表の x は等しい差になっていない。x が1のとき，10のときなどは細かくてグラフに表し切れない。しかし，比例関係にあるので，直線上にあることを確かめる。

2量の関係をグラフに表そう！

紙の枚数と重さ

紙の枚数 x (枚)	1	10	100	1000	3000	…
紙の重さ y (g)	4.28	42.8	428	4280	12840	…

y (g)
13000
10000
5000
0　1000　2000　3000　x (枚)

細かいところも直線上にあるはず

比例している

2 姉妹の年齢の関係のグラフはどうなる？

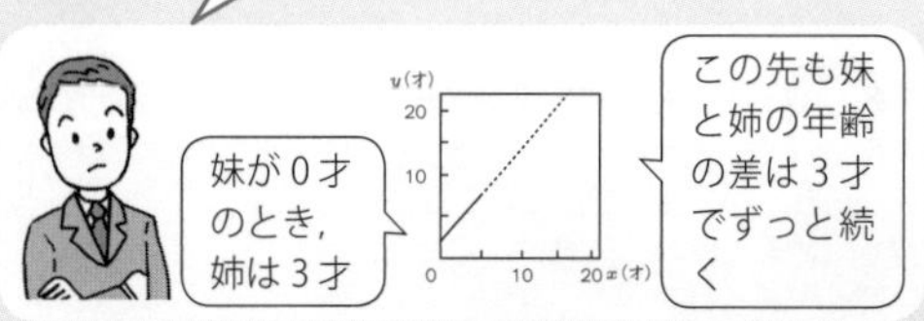

比例していない妹の年齢が1歳から5歳までをグラフに表すと，妹が6歳以上になるときのグラフをどのように表すかが問題になる。表はないが妹が6歳以上でも姉との年齢の差は常に3歳になる。妹が0歳のときには姉が3歳なので，直線を伸ばすことができる。

3 ろうそくの長さのグラフはどうなる？

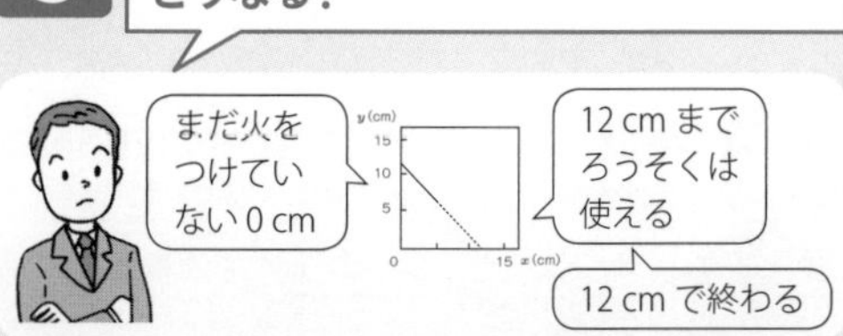

比例していないろうそくの長さのグラフは右下がりになっていく。まだ火をつけていない0cmのときも考えると x が0のときから直線で結べることが理解できる。ろうそくの長さの12cmまで1cmずつ減っていくことを確かめ，直線で結ぶ。

本時の評価

・比例関係でない2量をグラフに表すことができたか。
・比例関係でない2量をグラフと比べることで，比例関係のグラフの理解を深められたか。

準備物

・掲示用の拡大表と拡大グラフ枠
・児童用の表とグラフ枠

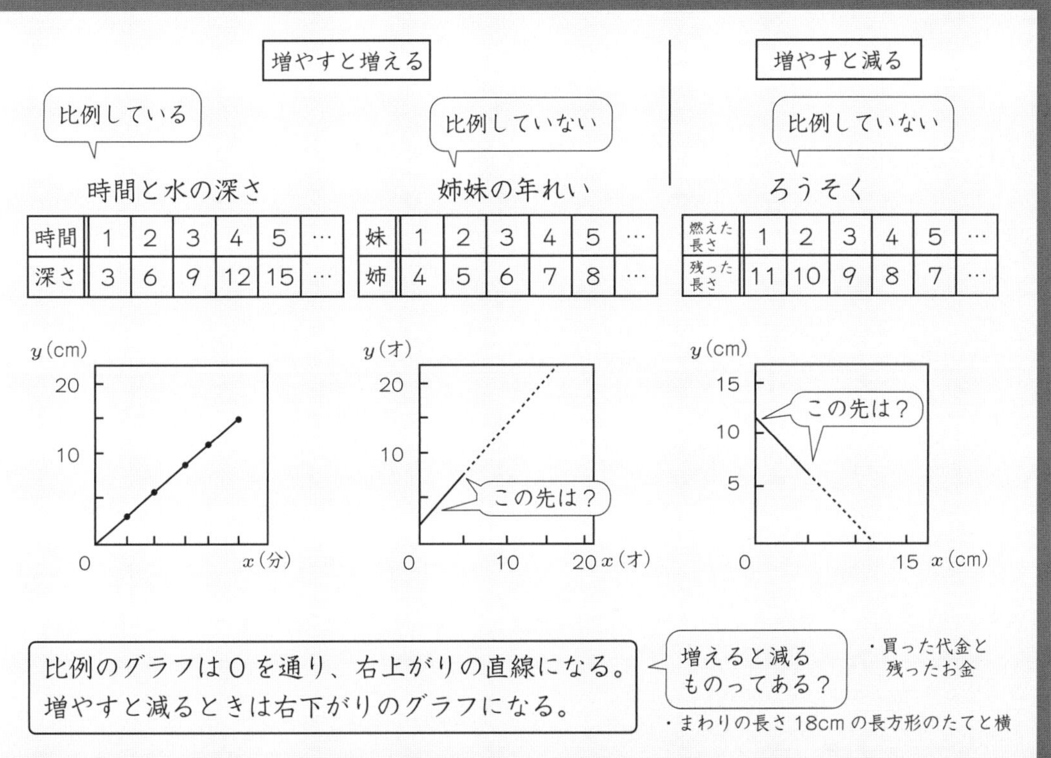

時間	1	2	3	4	5	…
深さ	3	6	9	12	15	…

妹	1	2	3	4	5	…
姉	4	5	6	7	8	…

燃えた長さ	1	2	3	4	5	…
残った長さ	11	10	9	8	7	…

4 比例のグラフと比べると……

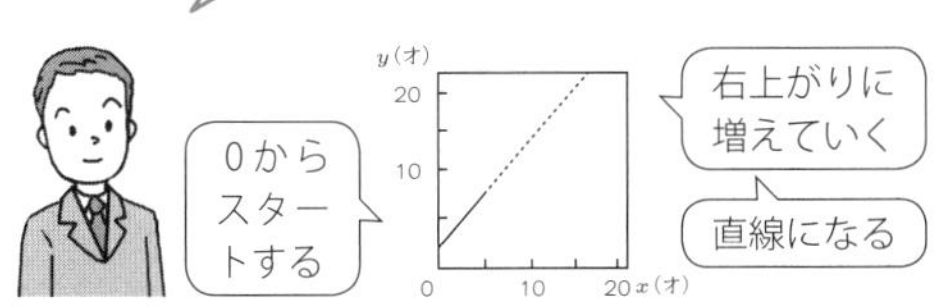

比例のグラフと比例でないグラフを比べていく。どのグラフも x が0のときの y の値が決まる。比例の y は0になるが，比例にならないグラフは y が0にならない。また，増えると減る関係のろうそくの長さは右下がりの直線になることも確かめる。

5 増やすと減る関係にある2つの量にはどのようなものがあるかな？

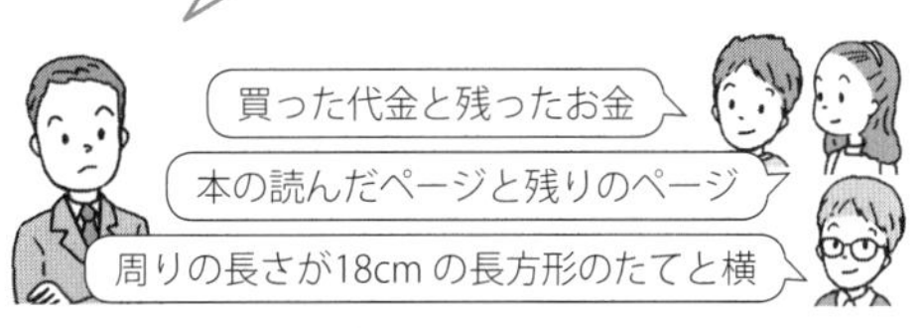

増やすと減る関係にある2量は他にどのようなものがあるのかを考える。

和が一定になるものが考えやすい。例えば，「買った代金と財布に残ったお金」，「周りの長さが18 cm の長方形の縦と横の長さ」などが挙げられる。

本時案

比例を使ってみよう

本時の目標

・比例関係を使って，身の回りの問題を解くことができる。

授業の流れ

1 画鋲はいくつ?

「画鋲はだいたいいくつ入っているでしょう」と尋ねる。口々に予想が出される。「１つずつ数える」「手分けして数える」という子もいる。「全体の重さと１個の重さがわかれば，計算で求められる」という意見が出る。「どうして？」と聞くと，「比例しているから」と答える。

画びょうはだいたいいくつ？

予想 100
200
1000
2000

確かめるには
・１つずつ数える
・手分けして数える

・全体の重さと１個の重さを量って計算で求める。

⇑

比例しているから

比例を使って考える方向に話を絞っていく。

2 １個の重さが量れないよ!

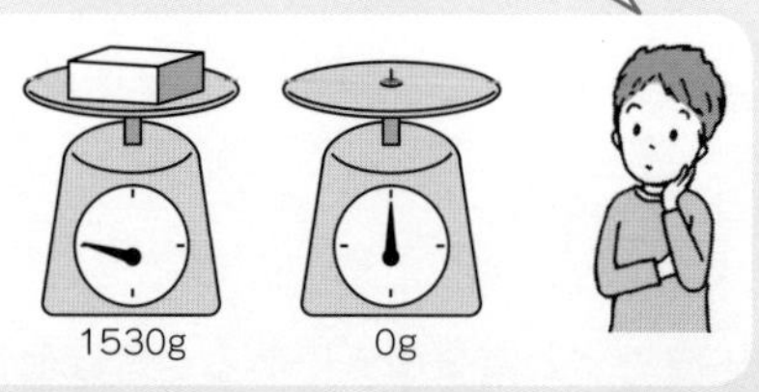

画鋲全体の重さは1530 g。画鋲１個の重さは２kg のはかりでは量りとれない。「このはかりでできないか？」と尋ねると，10個や，100個などのいい数の重さを量って，後で割れば比例しているので１個分の重さが分かると言う。

3 画鋲の重さを表にまとめよう

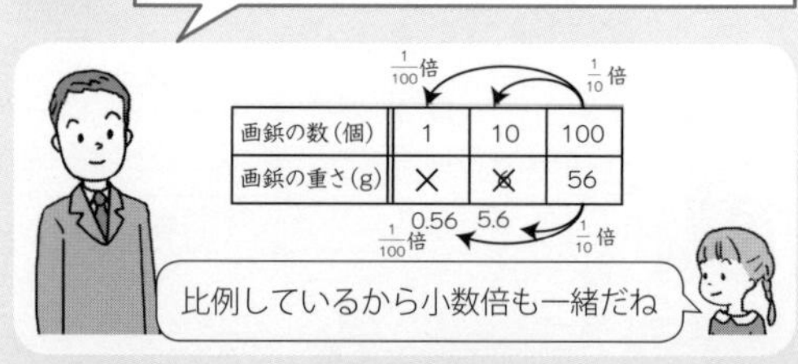

１個，10個，100個のときを表にまとめる。画鋲の数と重さは比例しているので，100個だと56 g，10個だと$\frac{1}{10}$倍で5.6 kg，１個だとさらに$\frac{1}{10}$倍で0.56 g となる。画鋲の全体は1530 g なので，0.56 g で割ると約2732個となる。

本時の評価

・比例関係を使って，画鋲の個数を求めることができたか。

準備物

・画鋲（クリップや釘でもできる）
・はかり

全体の重さ 1530g

1 個の重さ　量れない
10 個の重さ　6g くらい？
100 個の重さ　56g

式　$y = 0.56 \times x$
$y \div 0.56 = x$

全体の重さ ÷ 1 こ分の重さ = 画びょうの数
1530 ÷ 0.56 = 2730（個）

表

2730 倍
$\frac{1}{100}$倍 $\frac{1}{10}$倍　10 倍 20 倍

画鋲の数（個）	1	10	100	1000	2000	x	3000
画鋲の重さ（g）	×	×	56	560	1120	1530	1680

0.56 5.6
$\frac{1}{100}$倍 $\frac{1}{10}$倍　10 倍 20 倍
2730 倍

分数倍も
できるね！

1530 ÷ 0.56 = 2730
2730 個

グラフ

重さ（g）
2000
1530
1500
1000
500
0　1000 2000 3000（個）
x（個）

比例関係なので，矢印が左側に進めば，一方が$\frac{1}{10}$倍，$\frac{1}{100}$倍のときに，もう一方も$\frac{1}{10}$倍，$\frac{1}{100}$倍となっていく。

4 比例の表に付け加えていこう

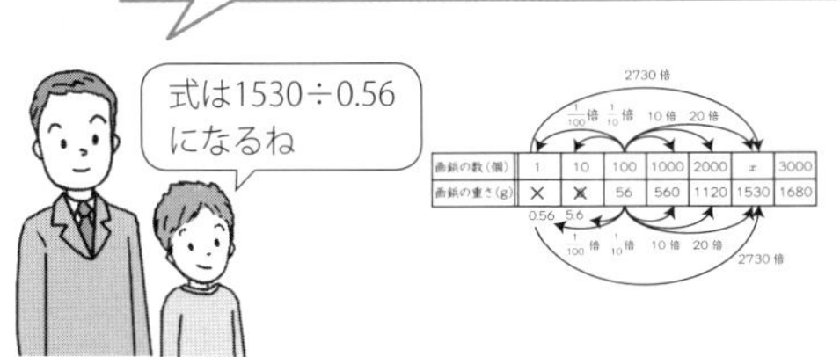

先の表に1000個のとき，2000個のとき，3000個のときを加える。3000個だと1680gであることがわかる。画鋲の重さは1530gなので，2000個以上3000個未満となる。1530gは0.56gの2730倍なので2730個になる。

5 グラフからもわかるよ

xが1000個，2000個，3000個のときをグラフに表す。1530gをグラフの直線に向けて進め，直線に当たったところで個数を見ると，2000gと3000gの間だとおおよそわかる。1530gを画鋲1個当たりは重さで割って，2732個となる。

本時案 授業 DVD

三角形の面積の変わる様子を表そう

10/15

本時の目標

・高さが変化する三角形の面積の変化の様子を表現していく。

授業の流れ

1 三角形 BEC の面積はどうなる?

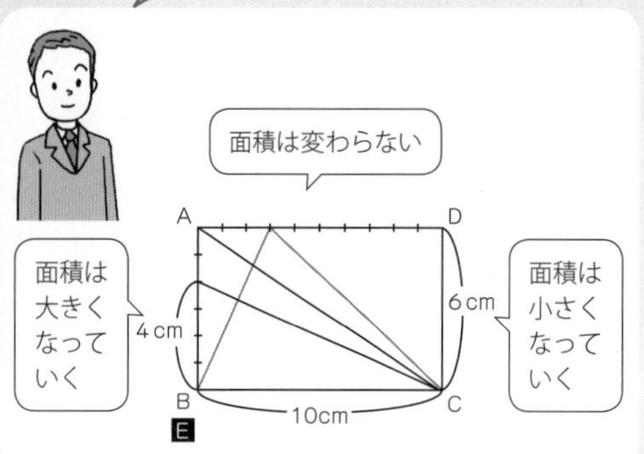

点 E が長方形の辺の上を移動するときに「できる三角形 BEC の面積がどうなるのか？」と聞く。

「A までは面積は大きくなっていき，A から D までは面積は変わらない。D から C までは小さくなっていく」このようなおおまかな変化について，言葉で表現していく。

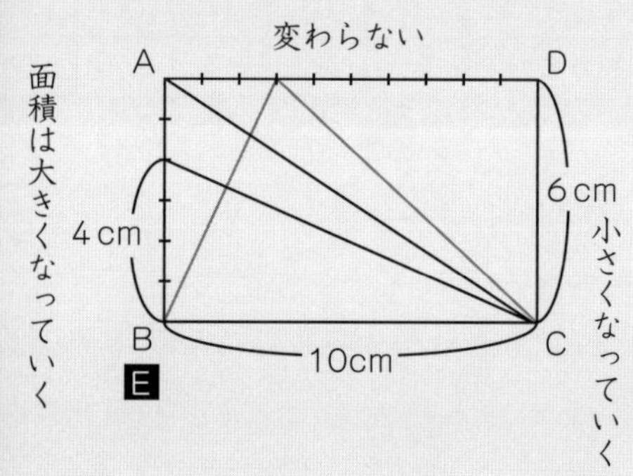

子どもと一緒に図をかきながら，問題を把握していく。

2 点 E を決めて面積を考えよう

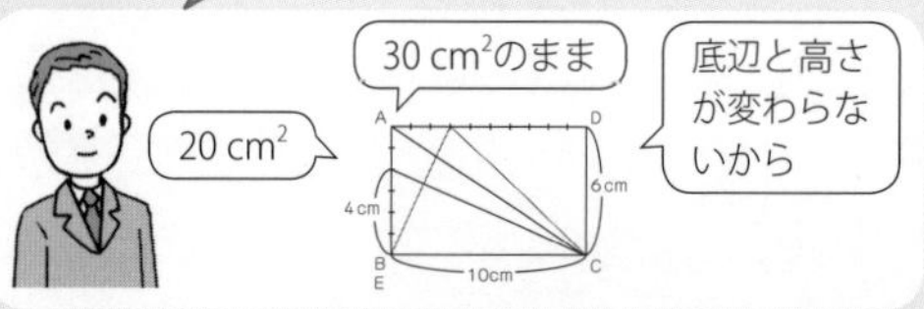

動く点 E の位置を決めながら，そのときの面積を求めていく。E が 4 cm 進むと面積は 20 cm^{2}となる。6 cm 進むと面積は30 cm^{2}と増える。9 cm 進むと面積は30 cm^{2}で 6 cm のときと変わらない。なぜなら底辺と高さが変わらないからである。

3 変化の様子を表に表そう

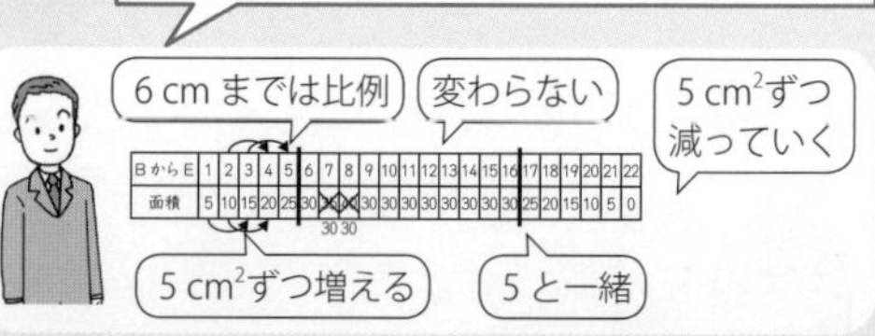

面積がどのように変化しているのか，その様子を表にまとめていく。点 E が 6 cm までは 1 cm 進むごとに 5 cm^{2}ずつ比例して増えていく。6 cm を超えると，面積は30 cm^{2}のまま変わらない。16 cm を超えると面積は 1 cm 進むごとに 5 cm^{2}ずつ減っていく。

本時の評価

・高さが変化する三角形の面積の変化の様子を言葉，表，グラフで表現していくことができたか。

準備物

・特になし

グラフだと変化が見やすい

大きくなる！
小さくなる！

変わらない

数字

小数は考えないの？
⇒線で結べば台形になった！

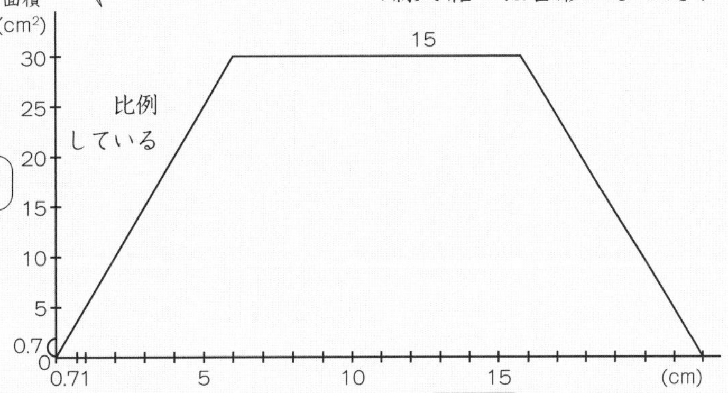

面積 (cm²)
30 25 20 15 10 5 0.7 0
0.71 5 10 15 (cm)
15
比例している

Bから4cm だとすると
10×4÷2＝20

Bから6cm だとすると
10×6÷2＝30
底辺と高さが同じ

Bから9cm だとすると
10×6÷2＝30
変わらない

10＋6

Bから E	1	2	3	4	5	6	7	8	9	10	11	12	13	14	15	16	17	18	19	20	21	22
面積	5	10	15	20	25	30	~~35~~	~~40~~	30	30	30	30	30	30	30	30	25	20	15	10	5	0

30 30

比例

そのまま上なら

変わらない

5といっしょ

言葉から表，表からグラフと変化の様子が視覚的に見えていくようになる。

表の x の数値に，グラフの x 軸の数値が重なるようにグラフをかくとよい。

4 変化の様子をグラフに表そう

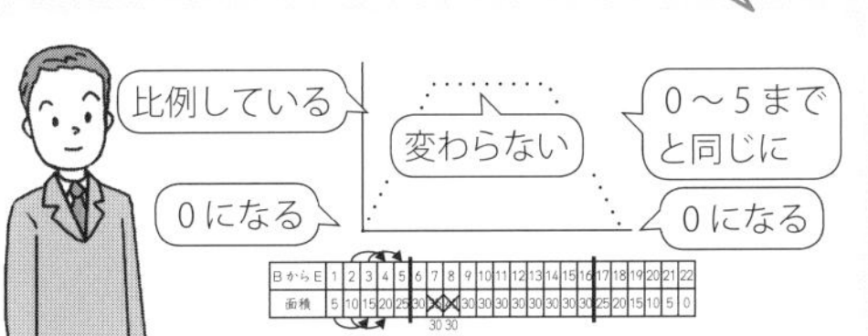

6 cm まで進む間は比例してるので右上がりに増えていく。点 E が横に動いている間は面積は変わらずに，点 E が16 cm を超えてからは22 cm 進んで高さが 0 cm になるまで比例のときは逆に右下がりで減っていく。

5 小数は考えないのだろうか？

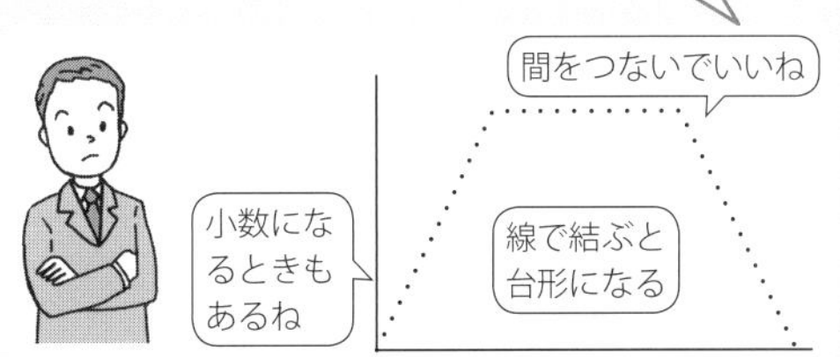

点 E の移動は 1 cm ずつの整数値のときだけではなく，間の小数のときにも存在する。そのため，点と点の間は直線で結んでいく。三角形 BEC の面積のグラフは左右対称の等脚台形の形になる。

本時案

長方形の面積の縦と横の長さの関係を調べる

11/15

本時の目標

・面積が一定の長方形で，反比例の意味を理解する。

授業の流れ

1 縦と横の長さの関係について調べよう

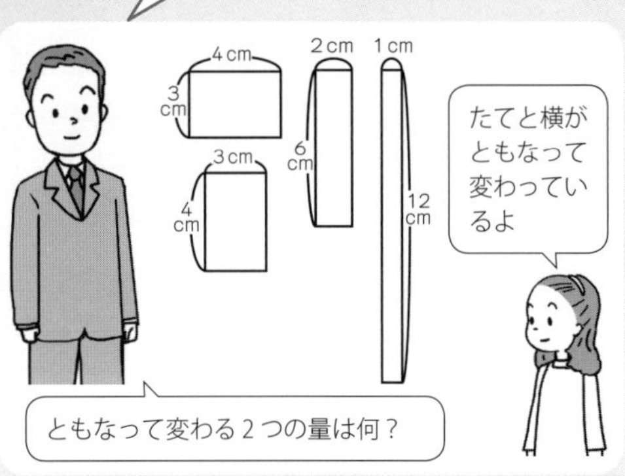

「面積12 cm^{2}の長方形があります」と板書し，面積12 cm^{2}の長方形を発表させる。4つほど出たところで，ともなって変わる2つの量を聞くと，「長方形の縦と横」であることがわかる。そこで，「面積12 cm^{2}の長方形の縦と横の長さの関係について調べよう」と課題が決まる。

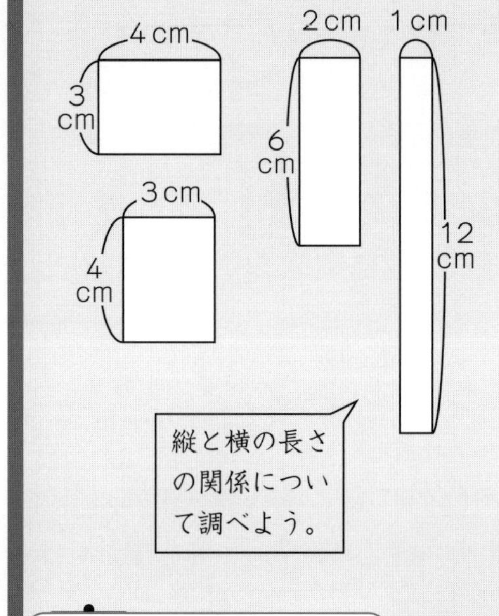

ともなって変わる2つの量に気付かせていく。

2 表にまとめよう

横の長さx(cm)	1	2	3	4	5	6	7	
たての長さy(cm)	12	6	4	3		2		

5 cmのときもかけて12 cm^{2}になればいいから

7にかけて12になるのは，分数でしか表せないね

横の長さを1 cm，2 cm……と変えたときの縦の長さを表にまとめていく。横5 cmのときには縦は2.4cmと小数になる。横7 cmのときには縦は$\frac{12}{7}$cmと分数になる。縦と横の長さの関係は比例ではなく，かけると12になることが見えてくる。

3 きれいに並んでいる！

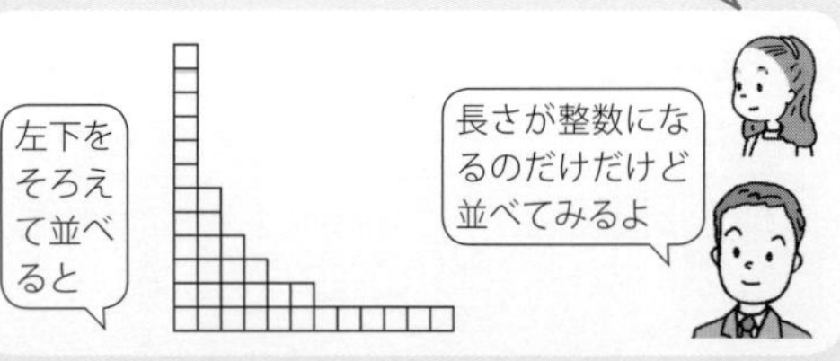

横の長さを1 cm，2 cm，3 cm……と変えていくとき，一緒に長方形も表の下に並べていく。その際，グラフのように並ぶように，長方形の左下をそろえて重ねて示していく。「きれいに並んでいる！」という声が出てくる。

本時の評価

・面積が一定の長方形の，縦と横の長さの関係を調べることができたか。
・反比例の意味をまとめ，定義を理解できたか。

準備物

・面積12 cm^{2}の長方形（黒板にかいてもよい）

2倍、3倍、4倍…

xとyをかけると12になる

横の長さx(cm)	1	2	3	4	5	6	7	8	9	10	11	12
たての長さy(cm)	12	6	4	3	2.4	2	$\frac{12}{7}$	1.5	$\frac{4}{3}$	1.2	$\frac{12}{11}$	1

比例の逆みたい

比例ではない

$\frac{1}{2}$倍、$\frac{1}{3}$倍、$\frac{1}{4}$倍

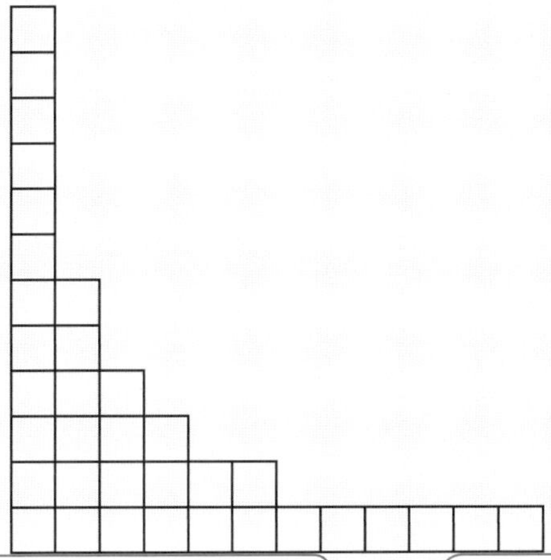

xが増えるとyが減る

ろうそくの減り方とはちがう

ともなって変わる２つの量xとyがあって、xの値が２倍、３倍……になるとyの値が$\frac{1}{2}$倍、$\frac{1}{3}$倍……になるとき、yはxに反比例するといいます。

比例のことを正比例とも言う

表と重ねて並べる長方形は縦の位置を揃えて見せたい。

定義をかきながら，学習したことを振り返っていく。

4 横と縦の長さの関係は?

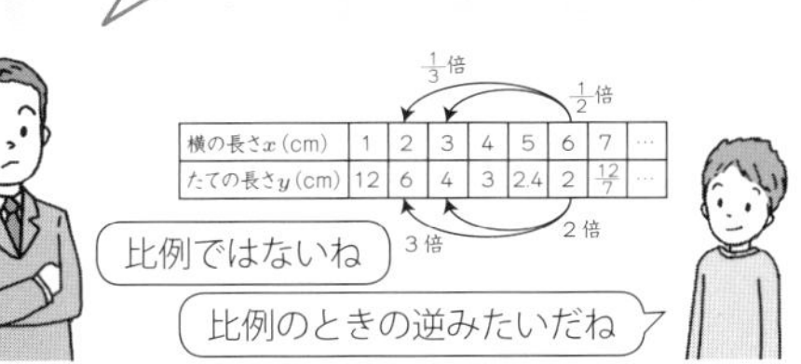

表の数値を詳しく見ていくと，横の長さが２倍，３倍……となると，それにともなって横の長さは$\frac{1}{2}$倍，$\frac{1}{3}$倍……となっていく。また，横の長さが$\frac{1}{2}$倍，$\frac{1}{3}$倍……となると，縦の長さは２倍，３倍……となっていく。

5 言葉でまとめてみよう

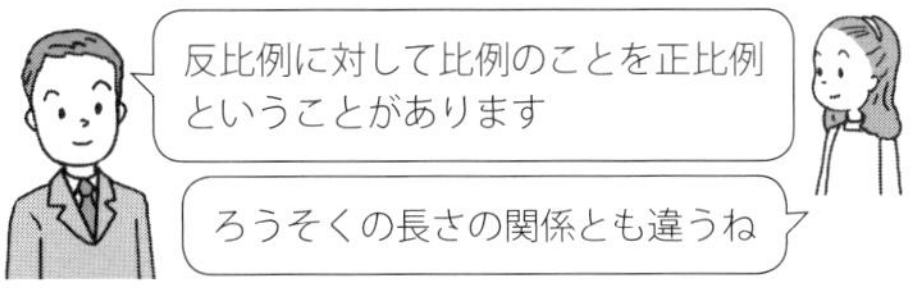

板書のように言葉でまとめていく。また，反比例に対して比例のことを正比例ということがあることを伝える。

xが増えるとyが減る関係ではあるが，これまで学習してきた「ろうそくの長さ」の関係とは違うことも確認させたい。

本時案

反比例の関係を式で表そう

本時の目標

・反比例する2量の関係を調べ，反比例の意味と関係を表す式について理解する。

授業の流れ

1 これは比例の関係だね

時速24 km で x 時間走るときに進む距離 $y$km は比例関係である。表に整理しながら，表を横に見たり，縦に見たりしながら比例の関係を式に表す。このあとの反比例の場面と比較して，反比例の理解を深めるためにはじめに比例を位置づけた。

時速 24km で x 時間走るときに進む距離 y km

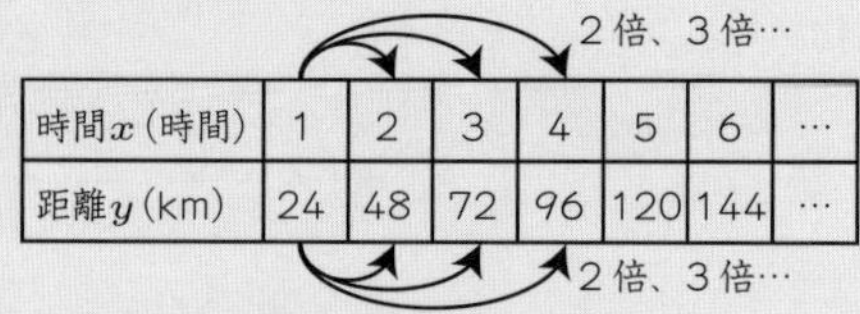

時間x(時間)	1	2	3	4	5	6	…
距離y(km)	24	48	72	96	120	144	…

2倍、3倍…

時間と距離は比例する　$y = 24 \times x$

24km はなれたところへ時速 x km で行くときにかかる時間 y 時間

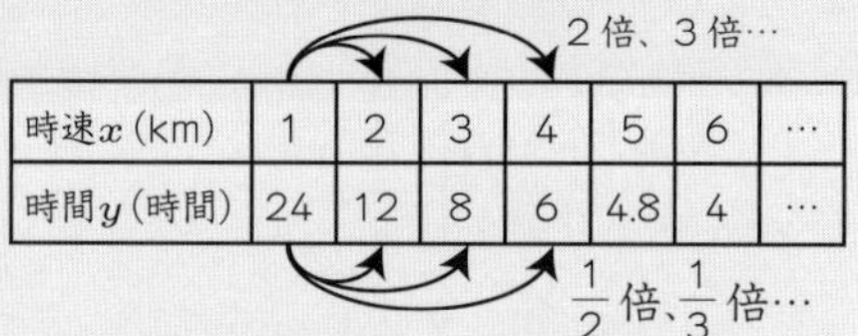

時速x(km)	1	2	3	4	5	6	…
時間y(時間)	24	12	8	6	4.8	4	…

2倍、3倍…　$\frac{1}{2}$倍、$\frac{1}{3}$倍…

時速と時間は反比例する

たてに見ると、時速 × 時間 = 24

$x \times y = 24$

$y = 24 \div x$

比例と比較して，反比例の理解を深める。

2 時速と時間をかけるといつでも24 km になるね

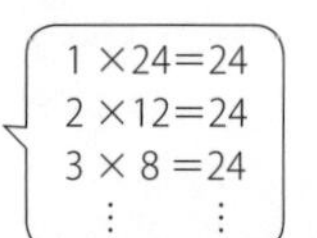

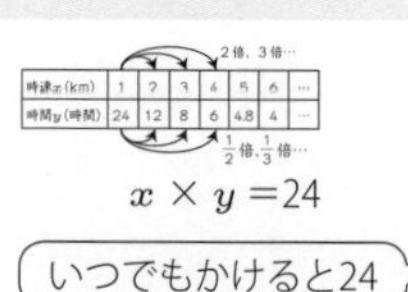

いつでもかけると24

24 km 離れた所へ時速 $x$km で行くときにかかる時間 y 時間の関係を表に整理する。表を横に見ると反比例の関係になっていることがわかる。縦に見ると時速 × 時間が24 km になるので，$x \times y$=24と表すことができる。y=24÷x とも表せる。

3 面積の横と縦をかけるといつも12だったね

横の長さ x (cm)	1	2	3	4	5	6	…
たての長さ y (cm)	12	6	4	3	2.4	2	…

1×12=12
2×6=12
3×4=12

$x \times y$ =12

どれもかけると12になるね

前時に反比例であることを学習した面積12 cm^{2}の長方形の横の長さ x (cm) と縦の長さ y (cm) は，横 × 縦がいつも12 cm^{2}になっていた。そこで，$x \times y$ =12と表すことができる。縦の長さ y (cm) を求める式は y =12÷x となる。

本時の評価

・決まった数を見いだして，反比例を表す式を作れたか。

準備物

・特になし

面積 $12cm^2$ の長方形の
横の長さ x（cm）とたての長さ y（cm）

横の長さ x（cm）	1	2	3	4	5	6	…
たての長さ y（cm）	12	6	4	3	2.4	2	…

横の長さとたての長さは反比例する。

横 × たて = 12
$x \times y = 12$
$y = 12 \div x$

> y が x に反比例するとき、x の値と y の値の積はきまった数になります。
>
> $x \times y$ = きまった数
> y = きまった数 ÷ x

36m のリボンを何人かで等分するときの分ける人数 x 人と 1 人分の長さ ym

分ける人数 x（人）	1	2	3	4	5	6	…
1人分の長さ y（m）	36	18	12	9	7.2	6	…

分ける人数と 1 人分の長さは反比例する

分ける人数 × 1 人分の長さ = 36
$x \times y = 36$
$y = 36 \div x$

定義をかきながら，学習したことを振り返っていく。

表のみを先に見せて，ともなって変わる2つの量の関係を理解させることもできる。

4 定義をまとめよう

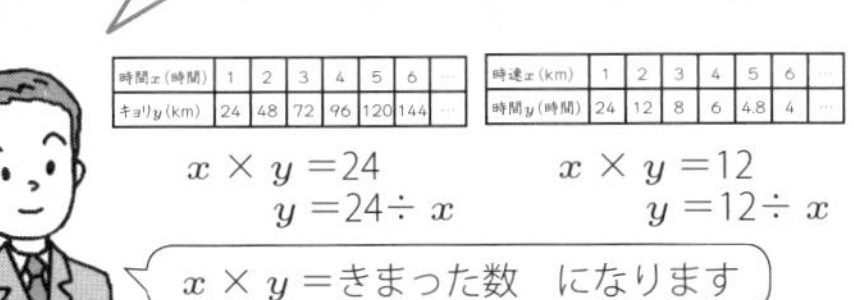

時間 x（時間）	1	2	3	4	5	6	…
キョリ y（km）	24	48	72	96	120	144	…

時速 x（km）	1	2	3	4	5	6	…
時間 y（時間）	24	12	8	6	4.8	4	…

x と y を使って，反比例の定義を言葉でまとめていく。

「y が x に反比例するとき，x の値と y の値の積はきまった数になります」これを式に表すと $x \times y$ =きまった数となり，y =きまった数 $\div x$ とも表される。

5 反比例の他の場面を式にしよう

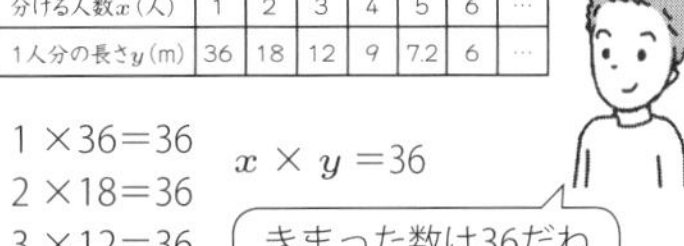

分ける人数 x（人）	1	2	3	4	5	6	…
1人分の長さ y（m）	36	18	12	9	7.2	6	…

36 m のリボンを何人かで等分するときの分ける人数 x 人と 1 人分の長さ ym の関係を表に整理する。分ける人数 × 1 人分の長さがきまった数の36になる。そこで関係を表す式は $x \times y = 36$ となり，$y = 36 \div x$ とも表せる。

本時案

反比例の関係をグラフで表そう

本時の目標

・反比例の関係を表すグラフについて理解する。

授業の流れ

1 反比例の関係をグラフに表そう

前時は反比例の関係を式に表した。本時は比例のときと同じように2量の変わり方をグラフに表して，さらに詳しく変わり方をみていく。面積が24 cm^2 の長方形の横 $x$cm とたて $y$cm の長さの関係をグラフに表すことを課題とする。式は $x \times y = 24$，$y = 24 \div x$ である。

面積が $24cm^2$ の長方形の横 $x$cm とたて $y$cm の長さの関係をグラフに表そう

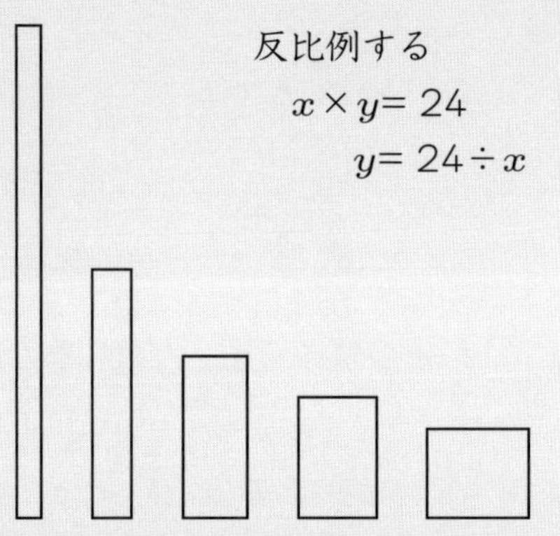

x を1ずつ増やして表をつくることで，y に小数，分数で表さざるを得ない場面をつくる。分数でしか表せない数値は電卓でおおよその小数として考える。

2 まずは表にまとめよう

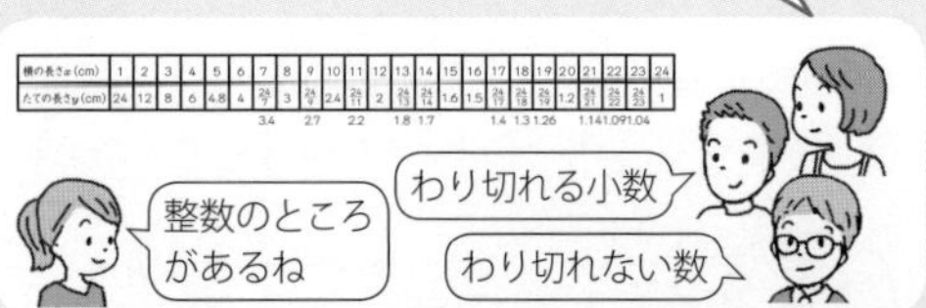

横の長さ x(cm)	1	2	3	4	5	6	7	8	9	10	11	12	13	14	15	16	17	18	19	20	21	22	23	24
たての長さ y(cm)	24	12	8	6	4.8	4	$\frac{24}{7}$	3	$\frac{24}{9}$	2.4	$\frac{24}{11}$	2	$\frac{24}{13}$	$\frac{24}{14}$	1.6	1.5	$\frac{24}{17}$	$\frac{24}{18}$	$\frac{24}{19}$	1.2	$\frac{24}{21}$	$\frac{24}{22}$	$\frac{24}{23}$	1
							3.4		2.7		2.2		1.8	1.7			1.4	1.3	1.26		1.14	1.09	1.04	

横の長さ x を1，2，3……と1ずつ増やしながら表にまとめていく。y が整数になるところはすぐにできる。わり切れて小数になるところもある。分数にしかならないところは電卓を使って小数にする。途中からは小数第2位まで求めないと違いがわからなくなってしまう。

3 グラフに表そう

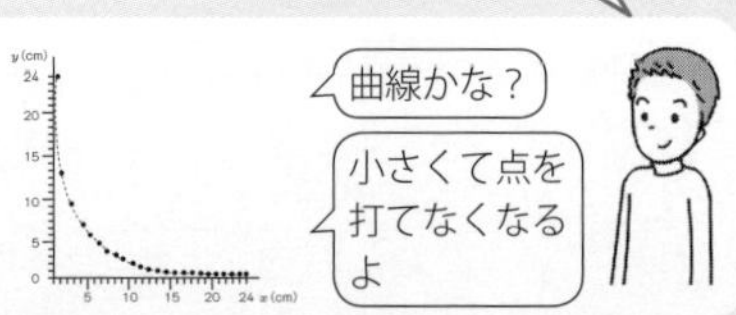

表の数値をグラフにプロットしていく。x が12まではプロットしやすいが，13を過ぎると，y の値が0.1ずつしか変わらなくなる。19を過ぎると小数第2位まで求めて，だいたいでプロットしていくようになる。その際，曲線を子どもは見いだしていく。

本時の評価

・反比例のグラフをかくことができたか。

準備物

・方眼黒板
・子ども用電卓

横の長さx(cm)	1	2	3	4	5	6	7	8	9	10	11	12	13	14	15	16	17	18	19	20	21	22	23	24
たての長さy(cm)	24	12	8	6	4.8	4	$\frac{24}{7}$	3	$\frac{24}{9}$	2.4	$\frac{24}{11}$	2	$\frac{24}{13}$	$\frac{24}{14}$	1.6	1.5	$\frac{24}{17}$	$\frac{24}{18}$	$\frac{24}{19}$	1.2	$\frac{24}{21}$	$\frac{24}{22}$	$\frac{24}{23}$	1
							3.4		2.7		2.2		1.8	1.7			1.4	1.3	1.26		1.14,	1.09,	1.04	

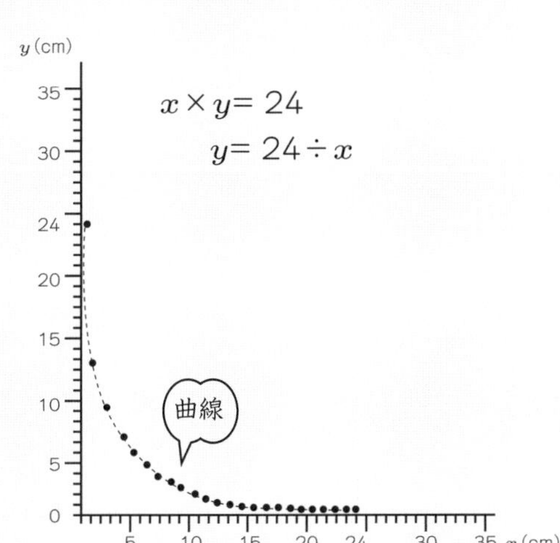

リボン問題

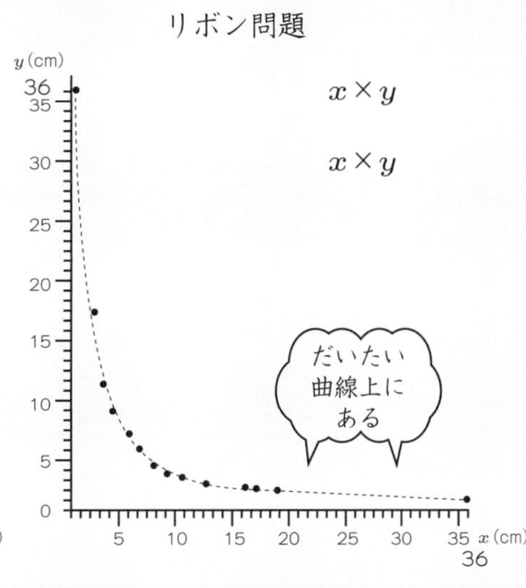

目盛りが細かくなっていくことで，プロットしにくくなり，おおよその曲線が先に見えてくるようになり，その曲線上に点を置くようになる。

4 曲線が見えてくるね

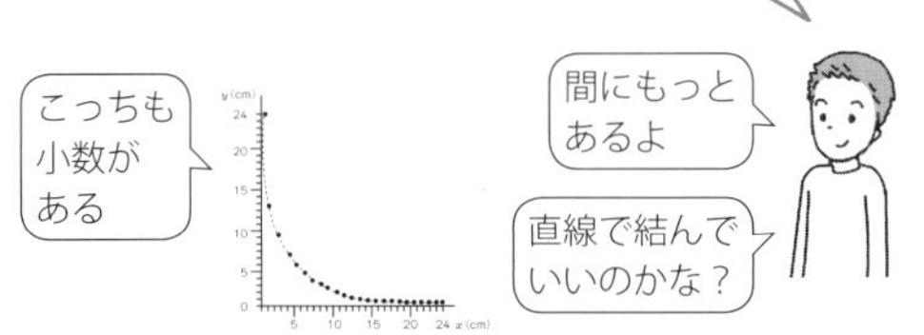

y だけでなく，x も小数のときがある。そこで，x が1.5，2.5，3.5，4.5のときの y の値を求めプロットしていく。点と点の間を直線で結んでも良いという考えが出る。さらに間を調べていくと曲線に近づいていくことがわかる。

5 曲線のところにあるはずだね

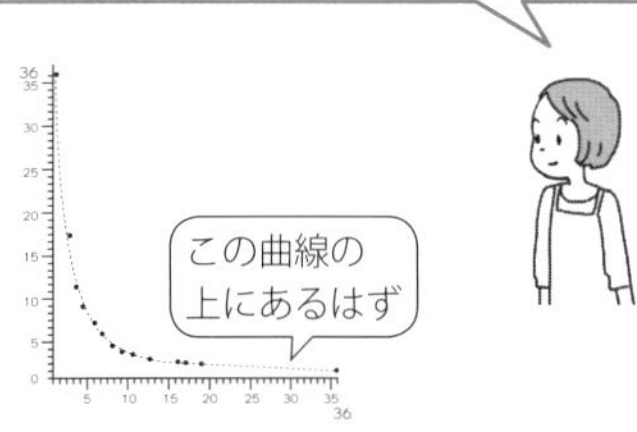

前時の「36 m のリボンを等分するときの分ける人数 x 人と 1 人分の長さ ym の関係」をグラフに表す。整数値をまずプロットし，その後，わり切れる小数値をプロットする。わり切れない分数は曲線上にだいたいで置くようになる。

10 比例と反比例
11 場合の数
12 資料の整理
13 6年のまとめ
14 数学へのかけ橋

本時案

反比例のグラフの特徴を見つけよう

14/15

本時の目標

・反比例の関係を表すグラフについて理解を深める。

授業の流れ

1 反比例のグラフに表そう

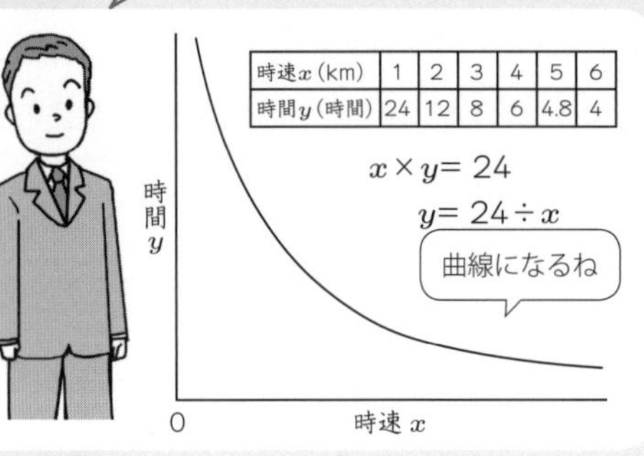

第12時に扱った「24 km 離れた所へ時速 $x$km で行くときにかかる時間 y 時間」の関係を表した表と式をもとに，グラフに表していく。

24km はなれたところへ
時速 $x$km で行くときにかかる
時間 y 時間

時速x(km)	1	2	3	4	5	6
時間y(時間)	24	12	8	6	4.8	4
	12	6	4	3	2.4	2

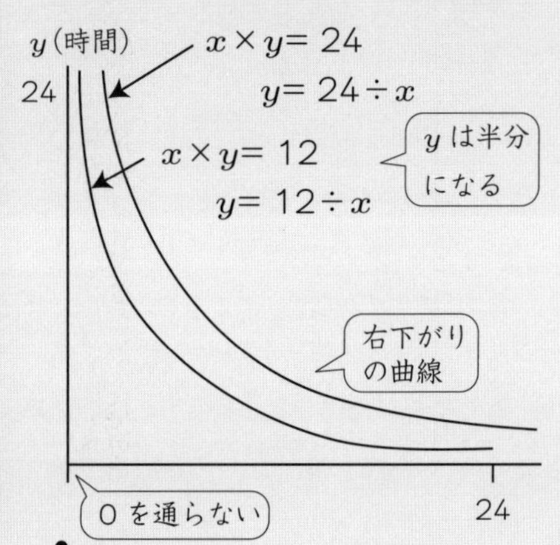

同じグラフに表すことで，同じところが見えやすくなる。

2 同じ速さなら時間が半分になる

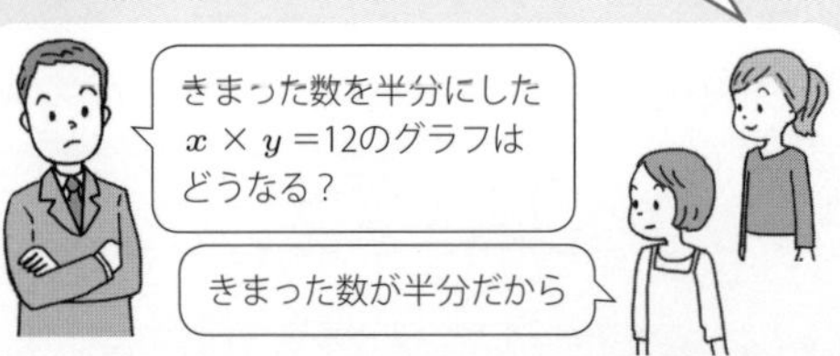

きまった数を半分にした「12 km 離れた所へ時速 $x$km で行くときにかかる時間 y 時間」の関係がどのようにグラフに表れるのか考える。

決まった数が半分になると y も半分になるので，下にずれて下がった曲線になる。

3 スピードを上げるとどうなる?

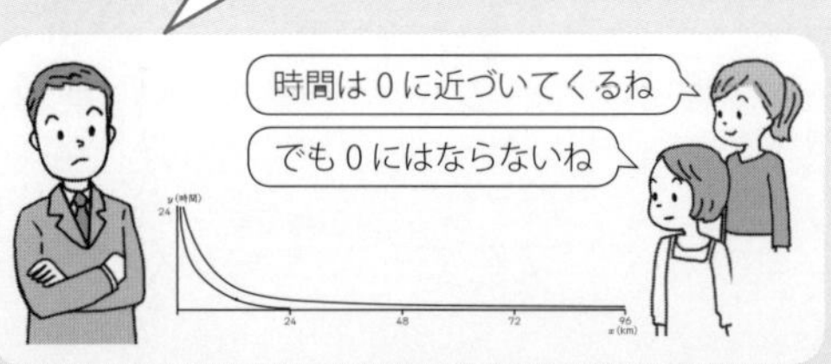

時速24 km を 2 倍の時速48 km にすると時間は$\frac{1}{2}$倍になる。さらに時速72 km，96 km と 3 倍，4 倍にすると時間は$\frac{1}{3}$倍，$\frac{1}{4}$倍となる。グラフは横に長く延びていき，速くなればなるほど時間は限りなく 0 に近づいていく。

本時の評価

・比例のグラフと比べながら，反比例のグラフの特徴を捉えられたか。

準備物

・方眼黒板

反比例のグラフの特ちょうは？

反比例

x が2倍、3倍になると
y は$\frac{1}{2}$倍、$\frac{1}{3}$倍になる
$x \times y =$ きまった数

比例

x が2倍、3倍になると
y も2倍、3倍になる
$y =$ きまった数 $\times\ x$

時速 24km で x 時間走るときに進む距離 y km

時間x(時間)	1	2	3	4	5	6
距離y(m)	24	48	72	96	120	144

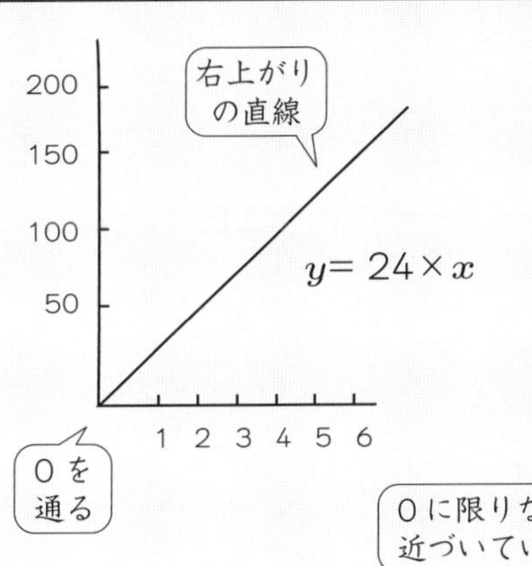

0に限りなく近づいていく

48　72　96
x(km)

反比例と比べることで，比例の理解を深める。

x 軸を伸ばして考えることで，y の値は0に近づくが，0になることはないことがわかる。

4 比例のグラフと比べる

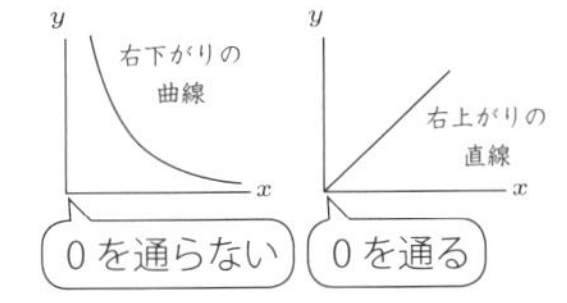

比例である「時速24 km で x 時間走るときに進む距離 $y$km」の関係をグラフに表し，反比例のグラフと比べる。

比例は0を必ず通るが，反比例は0にはならない。比例は右上がりの直線，反比例は右下がりの曲線になる。

5 比例と反比例の違いを振り返る

反比例	比例
x が2倍，3倍になると y が$\frac{1}{2}$倍，$\frac{1}{3}$倍になる $x \times y =$きまった数	x が2倍，3倍になると y も2倍，3倍になる $y =$きまった数$\times x$

比例と反比例のグラフは大きく違っている。しかし，似ているところもある。x が2倍3倍と増えると，比例は2倍，3倍になり，反比例は$\frac{1}{2}$倍，$\frac{1}{3}$倍となる。式は比例が $y =$きまった数$\times x$，反比例は $x \times y =$きまった数となる。

本時案

反比例を使って考えよう

本時の目標

・反比例の考え方を使って問題を解く。

授業の流れ

1 人数が２倍なら半分の時間でできるでしょ

３人で60日かかるということは，１人だと20日でできるってこと？

ちがうよ，それじゃ人が減って仕事が早くできちゃうでしょ

「３人で同じだけ仕事をすると60日かかる仕事がある」ということは，人数が２倍，３倍となれば，仕事をする日数は$\frac{1}{2}$倍，$\frac{1}{3}$倍となっていく。人数と日数は反比例の関係になっていることがわかる。

反比例を使って考えよう。

３人で同じだけ仕事すると60日かかる仕事があります。この仕事を x 人ですると y 日かかります。

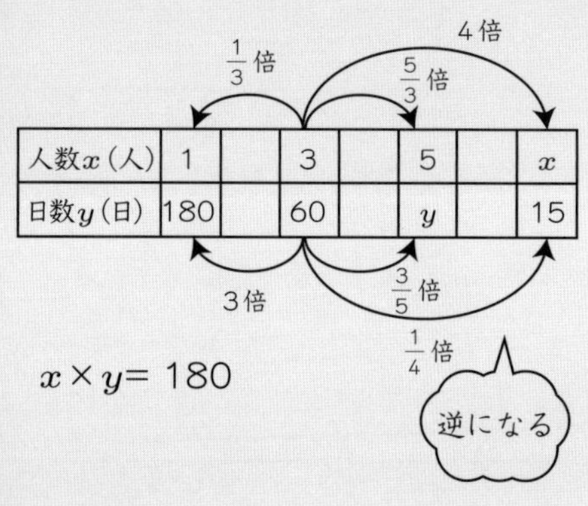

人数x（人）	1		3		5		x
日数y（日）	180		60		y		15

$x \times y = 180$

逆になる

必要な数値だけを入れた表を作っていく。

2 ３人で60日かかる仕事とは？

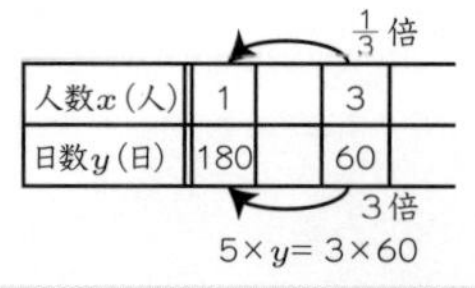

人数x（人）	1		3	
日数y（日）	180		60	

「３人で60日かかる」ということは１人だったら３×60で180日かかるということになる。表を作ると上のようになる。

この仕事を５人で y 日かかると考えると $5 \times y = 3 \times 60$ という式に表せる。この式から36日かかるということがわかる。

3 表を付け足して考えると

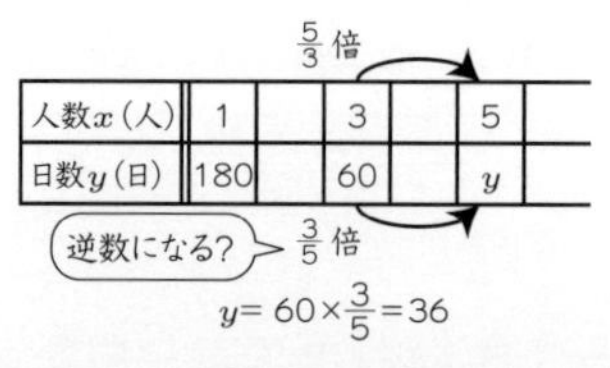

人数x（人）	1		3		5	
日数y（日）	180		60		y	

先の表に，５人で仕事をする時を加えると，上の表になる。５人は３人の$\frac{5}{3}$倍なので，y は$\frac{5}{3}$の逆数の$\frac{3}{5}$をかけることになる。すなわち60日の$\frac{3}{5}$倍となり，36日かかるということになる。

本時の評価

・反比例に式を使って考えることができたか。
・反比例の表から，何倍になるかを考えることができたか。

準備物

・特になし

（1）この仕事を5人でするときにかかる日数を求めましょう。

式

① $5\times y=3\times 60$
$5\times y=180$
$y=180\div 5$
$=36$

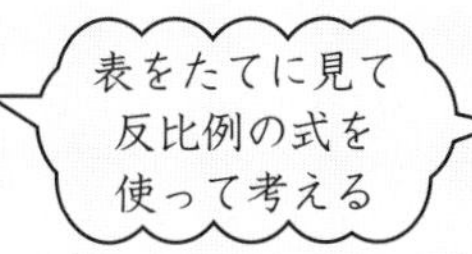

② $5\div 3=\frac{5}{3}$(倍)
$\overset{12}{\cancel{60}}\times\frac{3}{\cancel{5}}=36$

答え　36日

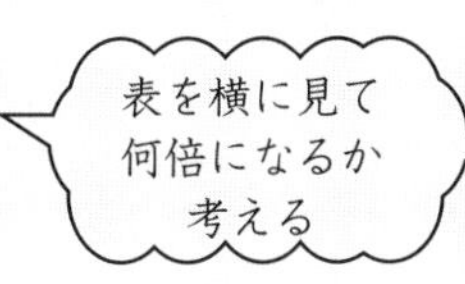

（2）この仕事を15日で仕上げるのに必要な人数を求めましょう。

① $x\times 15=3\times 60$
$x\times 15=180$
$x=180\div 15$
$=12$

② $15\div 60=\frac{1}{4}$(倍)
$3\times 4=12$

答え 12人

表を新たに加えていくことで，反比例の考え方を使うことができる。

4　15日で仕事を仕上げるには？

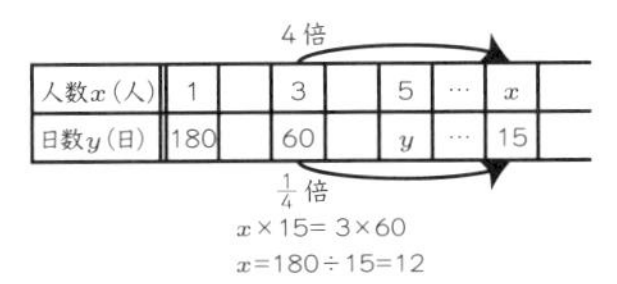

先の表に x 人で15日かけて仕事を仕上げることを加えると上のようになる。この表から式は $x\times 15=3\times 60$ となり，x は12人とわかる。

15日は60日の$\frac{1}{4}$倍である。反比例しているのだから，3人の4倍である12人が必要と分かる。

5　問題を作り変えてみよう

人数x(人)	1	2	3	4	5	6	…	12
日数y(日)	180	?	60	?	36	?	…	15

日数が100日だと…
$x\times y=180$ にすれば…

時間が許せば数値を変えて問題を作り変えるとよい。例えば表の空いている2人，4人，6人だと何日かかるのか，逆に日数を100日，50日などにしてみる。わり切れないときにあまりをどのように処理したらよいのかが新たな問題となる。

資料1 第1時の図

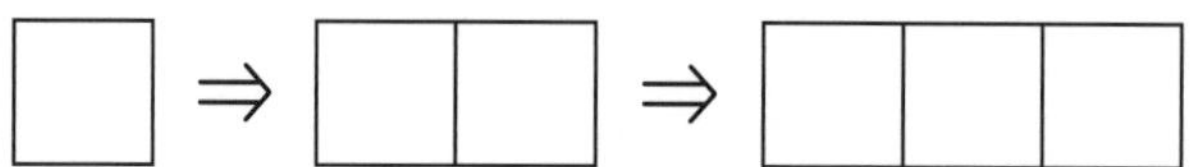

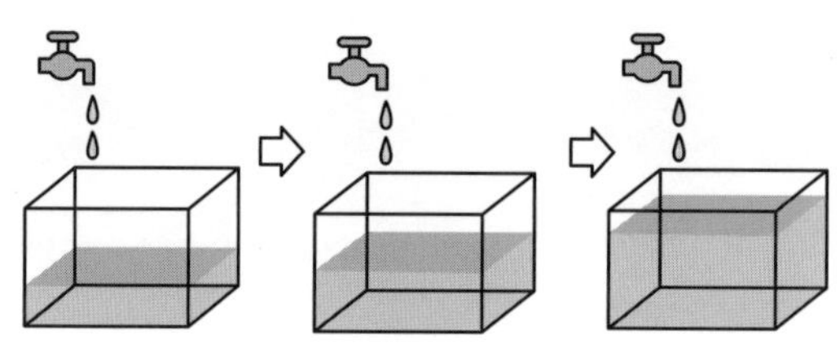

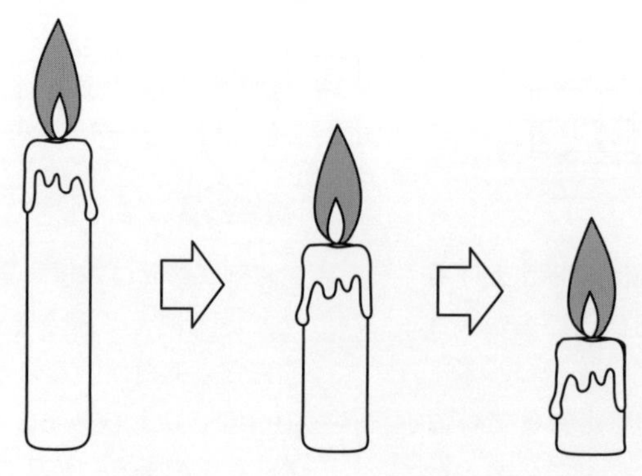

資料2 第7時の図

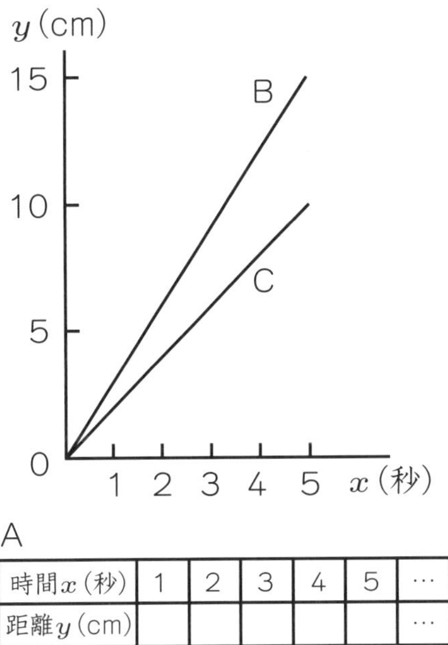

A

時間x (秒)	1	2	3	4	5	…
距離y (cm)						…

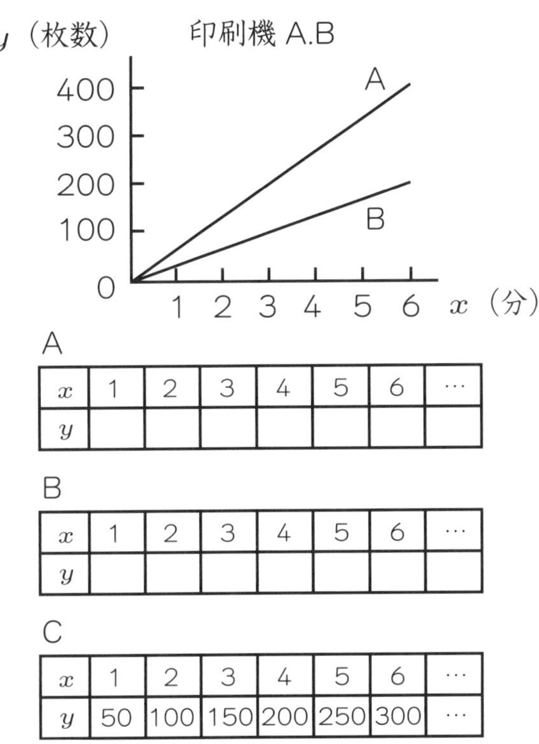

A

x	1	2	3	4	5	6	…
y							

B

x	1	2	3	4	5	6	…
y							

C

x	1	2	3	4	5	6	…
y	50	100	150	200	250	300	…

11 場合の数 （5時間扱い）

単元の目標

・落ちや重なりのないように，図や表などを用いて調べる方法を理解する。
・順序よく整理する観点を決めて落ちや重なりがなくなるような方法を考える。
・落ちや重なりがないように工夫して考えようとする。

評価規準

知識・技能	○起こり得る場合（順列や組み合わせ）について，図や表を使って，落ちや重なりのないように調べるためには，ある観点に着目して調べるとよいことを理解した上で，順序よく調べることができる。
思考・判断・表現	○事象の特徴に着目して，起こり得る場合（順列や組み合わせ）について，落ちや重なりのないように，表や図を適切に用いたり，記号を使ったりして表し，順序よく筋道立てて考えている。
主体的に学習に取り組む態度	○事象の特徴に着目して，起こり得る場合（順列や組み合わせ）について，図や表などを用いて，落ちや重なりがないように工夫して考えたり，自分の生活場面で活用したりしようとしている。

指導計画 全6時間

次	時	主な学習活動
第1次 順列	1	リレーの走る順番について，落ちや重なりがないように調べる方法を考える。
	2	旗の色の並べ方が何通りあるのか，落ちや重なりがないように調べる方法について理解を深める。
	3	選んだカードを使って，3桁の数が何通りできるか，落ちや重なりがないように調べる方法を考える。
第2次 組み合わせ	4	あるチーム数で行う試合の組み合わせについて，落ちや重なりがないように調べる方法を考える。
	5	落ちや重なりがないように整理して，4枚のお金からある枚数を選んだときの金額について調べる。

単元の基礎・基本と見方・考え方

(1)分類整理する過程自体をねらいとする

よく「何通りの表し方がありますか」と最初から子どもたちに問いかける問題提示がある。しかし，小学校では，起こり得る場合の数を計算で求められるようにすることがねらいではない。大切なのは，すべての場合を落ちや重なりがないように順序よく整理して調べることができるようにすることである。

例えば，１時間目のように，４人で行うリレーの順番を考えていく問題を取り上げたとする。思いつくままに書いていくと，落ちや重なりが生まれてくる。そうすると，子どもたちは，落ちや重なりがないように分類整理して考えたくなる。その気持ちがきっかけとなって，次のような考えが引き出されてくる数学的な活動を設定することができる。

◆記号化の考え

リレーの順番を考えていく際，何度もクラスの友だちの名前を使うと面倒である。そこで，子どもたちは，最初の文字やA，B，C，Dなどの記号を使ったり，１，２，３，４などの数字を使ったりし始める。このアイデア自体，しっかりと認めて価値付けていくことが大切である。

◆１つを固定して考える

起こり得る場合を順序よく整理して調べるためには，「固定して考える」ことが大切となる。リレーの順番を考える問題では，第１走者を固定してから，第２，３，４走者を順番に考えていくという考えを子どもから引き出していきたい。

◆図や表を整理して考える

並び方や組み合わせ方を考えるとき，図や表に分類整理して表すことが重要である。具体的には，樹形図や組み合わせ表などである。ただし，その表現方法を教えるのがねらいではない。子どもたちの素直な発想を大切にして，話し合いながらよりよい整理方法へとつくり上げていきたい。

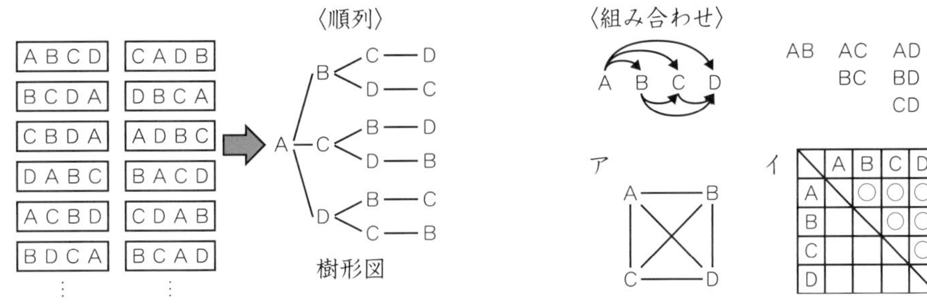

	A	B	C	D
A		○	○	○
B			○	○
C				○
D				

(2)数や条件を変えて，発展的に考える

元の問題が解決した後，子どもたちが問題の数や条件を変えて考え直してみることは，子どもたちの発展的に考察する態度を育てることにつながっていく。例えば，４時間目のように，４チームあったとき，どのチームとも１回ずつドッジボールの試合をすると全部で何試合になるのかについて考える。子どもたちは図や表を用いて問題を解決するだろう。これを元の問題と考えたとき，「５チームだったらどうなるのかな」と考える子どもになってほしい。チーム数が変わったときにも，元の問題を解決するときに使った図や表をかいたり，同じように考えることができないか試したりする姿を授業で引き出していきたい。

本時案

リレーの順番を考えよう

本時の目標

・4人でリレーをするときの走る順番について，落ちや重なりがないように調べる方法について考えることができる。

授業の流れ

1 どんな順番があるかな？ 思いついた順番を言ってみよう

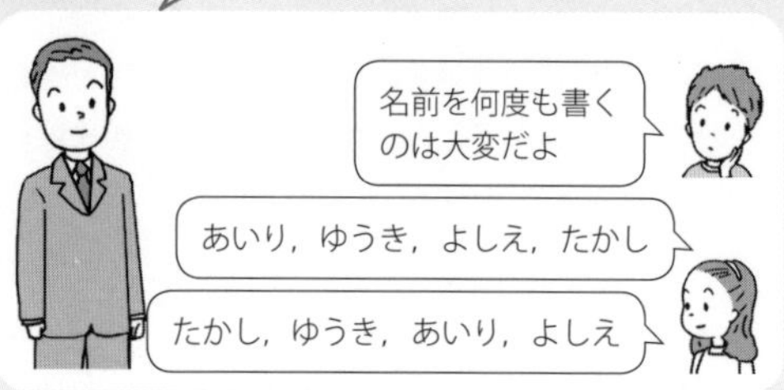

本時では，落ちや重なりが出ないように調べる方法を考えることが大切である。まずはバラバラの順番が黒板上に出てくる状況をつくることが重要となる。子どもたちに一人ずつ，思いついた順番を言ってもらい，短冊カードに記入していき，黒板に提示していく。また，あいりさんをA，ゆうきくんをB，よしえさんをC，たかしくんをDなどの記号で表す方法も子どもたちから引き出したい。

2 バラバラでわけが分からないよ

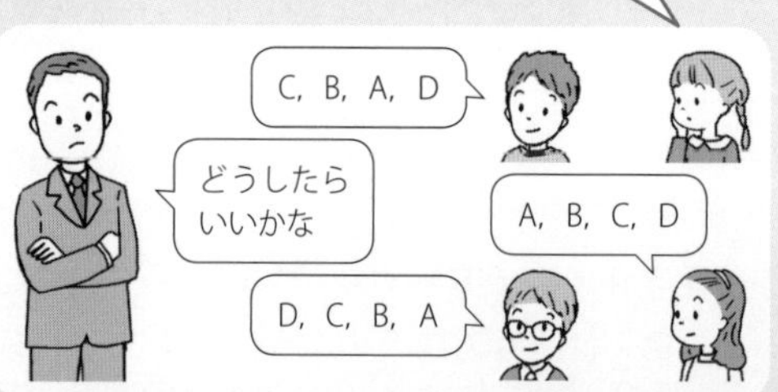

記号で表すが，「このままだと分からない」と子どもたちに言わせたい。そして，「落ちや重なりを出さないためにどうすればよいか」を考えさせていき，「1番目に走る人を決める」という方法を見つけていく。

リレーの順番を考えよう

あいりさん、ゆうきくん、よしえさん、たかしくんの４人でリレーのチームを作ります。４人の走る順番は何通りありますか。

あいり、ゆうき、よしえ、たかし
ゆうき、よしえ、たかし、あいり

何度も書くのはめんどくさい
記号で表すといい

あいり…A、ゆうき…B、
よしえ…C、たかし…D

ABCD	CBAD	BADC	DABC
DCBA	ADCB	CBDA	CBAD

同じ

短冊は動くようにしておく。あえてバラバラに貼り，子どもたちが「分かりやすく動かしたい」と言う状況をつくる。

3 1番目に走る人をAに決めて考えてみよう

1番目をAに決めるというアイデアが出れば，その場合，何通りあるのかについて，考えていく。発表するときは，「Aが1番のとき，もしもBが2番目に走るとすれば……」など，順序を意識した発言を価値付けていく。

本時の評価

・リレーの走る順番について，落ちや重なりのないように，図をかいて考えることができたか。

準備物

・短冊カード

どうすれば落ちや重なりがなくなるかな

バラバラではなくきれいに並べる

きちんと順番に並べる

例えば、１番をＡに決める

２番目がＢのとき
ABCD
ABDC　の２通り

２番目がＣのとき
ACBD
ACDB　の２通り

２番目がＤのとき
ADBC
ADCB　の２通り

Ａが１番のときは　６通り

Ｂが１番のときも６通りだと思う

Ｂが１番のときの並び方も書いてみよう

Ｂが１番のときも６通り

1	2	3	4
B	A	C	D
B	A	D	C
B	C	A	D
B	C	D	A
B	D	A	C
B	D	C	A

６通り

Ｃが１番のときもＤが１番のときも６通りだと思う

Ｃが１番のとき
CABD
CADB
CBAD
CBDA
CDAB
CDBA　６通り

Ｄが１番のとき
DABC
DACB
DBAC
DBCA
DCAB
DCBA　６通り

$6 \times 4 = 24$　24通り

A―B―C―D
　　　―D―C
A―C―B―D
　　　―D―B
A―D―B―C
　　　―C―B

樹形図という

樹形図に似た図を自分で考えている場合は取り上げるとよい。

4 リレーの順番を落ちや重なりがないように書いてみよう

Ａが１番のときは６通り。Ｂが１番のときも同じかな

ABCD，ABDC，ACBD……

この場面では，まずは子どもたちなりの表現を引き出して，そのよさを価値付けていく。その中で樹形図については，教師が提示してその方法を教えていくとよい。

まとめ

本時は導入である。並び方を調べるときには，落ちや重なりが出ないように調べることが大切である。しかし，いきなり，樹形図などをかいて調べてしまうと，「落ちや重なりが出て困る」という状況がないので，子どもたちに必要感が生まれない。「このままではわけが分からない」と感じてから問題解決をすることを大切にしたい。

本時案

旗の色のならび方を考えよう

2/5

本時の目標

・4色の中から3色を選んで旗を作るとき，旗の種類が何通りできるか，落ちや重なりがないように調べる方法について考えることができる。

授業の流れ

1 **4色の中から3色選んで旗を作るよ。何通りの旗ができるかな？**

1時間目は4人の並び方について考えた。本時は4色から3色を選んで旗を作るので，1時間目の24通りと比べると，少ないと予想する子どもが多いはずである。実際は24通りになるのだが，子どもたちに予想をさせてから，調べていくとよい。

2 **あれ？　24通りになるよ**

どうして1時間目と同じ24通りになるのかな？

あまっている1色が並んでいると考えると同じなんだよ

樹形図をかいて，24通りあることが確認できれば，「どうして3色なのに4人のリレーの順番と同じ24通りになるのか」について考える。あまった1色もあまりとして並んでいると考えると，結局4人が並ぶときと同じだということに気付かせたい。

旗の色のならび方を考えよう

黄、緑、むらさき、赤の4色から3色を使って旗を作ります。何通りの旗ができるでしょうか。

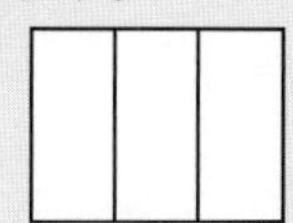

漢字は大変。色を記号で表すといい

黄はA、緑はB、むらさきはC、赤はD

24通りより少ないかな

樹形図

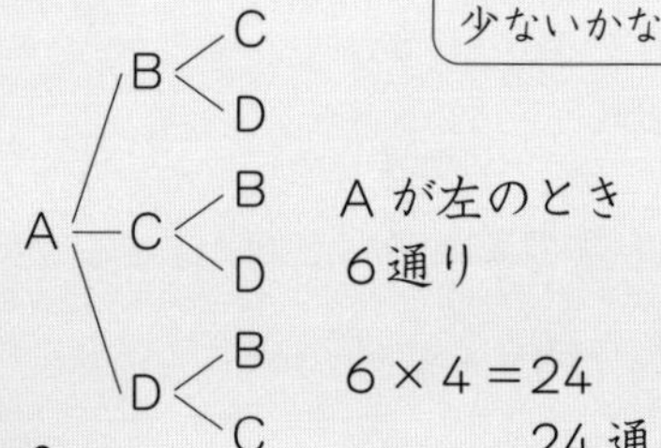

Aが左のとき
6通り

6×4＝24
24通り

樹形図をかくときには，第1時と同じように，色を記号で表すことを子どもたちから引き出したい。

3 **もしも色が5色あったら，3色を使う旗は何通りできるかな？**

樹形図をかかないと，わけが分からないよ

すごくたくさんできると思うよ

子どもたちが問題を広げて考えるという経験をたくさんするとよいので，4色を5色にして考える。樹形図のかき方に慣れていない子どももいるはずである。それぞれのノートに樹形図をかかせてみる。

本時の評価

・旗の種類について，落ちや重なりのないように，図をかいて考えることができたか。

準備物

・色の塗ってない旗が印刷されたプリント（提示用，児童用）

どうして24通りになったのかな

3色しか使っていないから
4人のリレーの並び方とは
ちがうはずなのに…

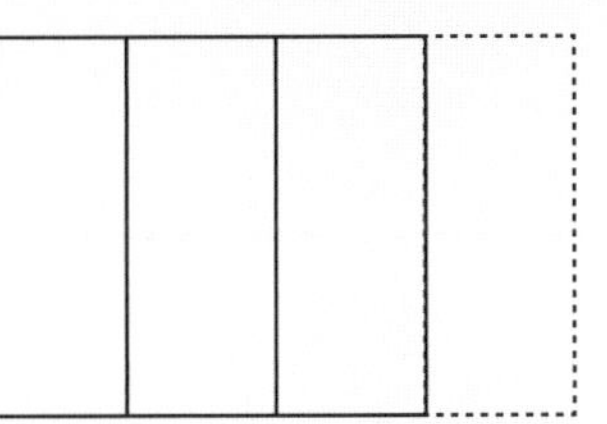

あまった色が
ここに並んでいると考えると
同じ

白を加えて、５色の中から３色の旗をつくるときは、何通りの旗ができるかな

白はE

A ― B ― C
　 ＼ C ― B
　 ＼ B ― D
　 ＼ D ― B
　 ＼ B ― E
　 ＼ E ― B
　 ＼ C ― D
　 ＼ D ― C

２番目がバラバラだから、落ちや重なりがありそう

A ― B ＜ C, D, E
　 ― C ＜ B, D, E
　 ― D ＜ B, C, E
　 ― E ＜ B, C, D

２番目も固定されていると分かりやすい

$12 \times 5 = 60$　60通り

子どもたちは樹形図をかくことにまだ慣れていないはずである。いくつかの樹形図を黒板にかかせてみて，どの樹形図が分かりやすいか，比較してみるのもよい。教師がわざと分かりにくい樹形図をかくことも考えられる。

4 樹形図を黒板にかいてみよう

2番目がバラバラになってる樹形図は落ちがありそう

2番目を固定すると分かりやすい

分かりにくい樹形図を教師がかいて，子どもの樹形図と比べてみるとよい。2番目を固定していないものは分かりにくくなるということに気付かせたい。

まとめ

並び方を調べるときに，樹形図をかいて考えることは大切である。樹形図をかくときには，まず１番目を固定して，その次に２番目を固定して考えると，とても分かりやすい。このように，数が多くなるときには順番に固定していくことで落ちや重なりが出ないように調べることができる。

本時案

3けたの数は何通りできるかな？

3/5

本時の目標

・選んだカードの数字を使って，３桁の数が何通りできるか，落ちや重なりがないように調べる方法について考えることができる。

授業の流れ

1 はじめは，１，２，３のカードを選んだよ。このカードで３けたの数は何通りできるかな

黒板に，０，１，１，２，３，４のカードを貼り，問題文を書き，１，２，３のカードを選ぶ。このように提示しておくと，子どもたちが問題を広げていきやすい。

2 ６通りだよ

樹形図をかいていくと，１，２，３のカードを使ってできる３桁の数が６通りということはすぐに分かる。ここで「次はどのカードを選ぶ？」と子どもたちに問いかけて，数を決めさせるとよい。「２，３，４」や「１，２，４」を選んだときには，「同じになるよ」という反応を待って，説明させるとよい。

3けたの数は何通りできる？

0 1 1 2 3 4

０、１、１、２、３、４のカードから３枚選びます。選んだカードで３けたの数は何通りできるでしょうか。

1 2 3 のとき　2 3 4 のとき

123
132
213
231
312
321　６通り

さっきと同じ６通り！

「はじめは，百の位を１に固定する方がよい」，「数を小さい順に並べる方がよい」という考えが出れば大切にしていきたい。

3 ０，３，４のカードで考えてみたい

「０が入ると，考え方が変わるだろう」と思う子どもは多いはずである。自分たちで問題を広げることを考えたとき，どうして０を入れたのかを問い，子どもたちが言ったことを価値付けてあげるとよい。０は百の位に入れることができないことを言わせたい。

本時の評価

・選ばれた数によって，3桁の数が何通りできるか，落ちや重なりのないように，図などをかいて考えることができたか。

準備物

・数カード（提示用）

他のカードでも考えよう

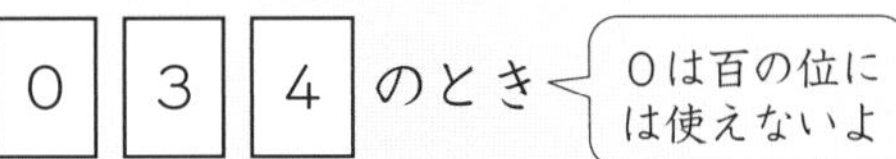

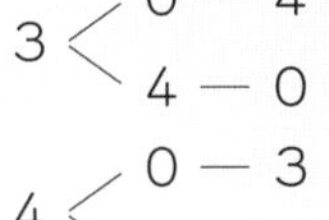

304
340
403
430　4通り

この場合は、樹形図じゃなくても分かりやすい

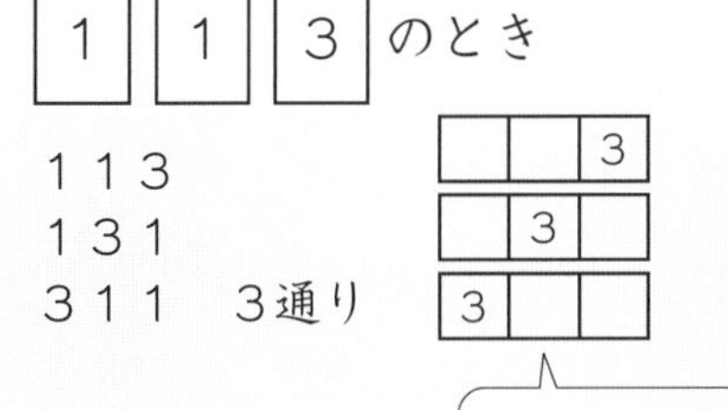

113
131
311　3通り

3が入る位は3か所

偶数は何通りできる？

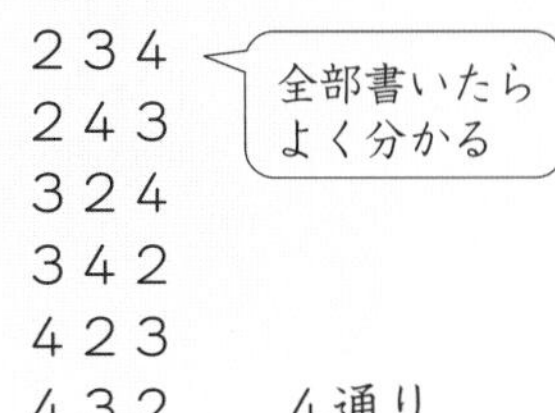

234
243
324
342
423
432　4通り

全部書いたらよく分かる

本時では，問題が違えば，考え方も答えも変わるということを子どもたちに経験させたい。

4 次は，1，1，3のカードで考えてみたい

1，1，2や1，1，3のように，同じ数が入っている場合についても扱っていく。1，1，3の場合，3が入るのは，百の位，十の位，一の位の3カ所しかないので，3通りになるという考え方が出るようにしたい。

まとめ

子どもたちが発展的に考察することは大切にされている。3と4の活動は逆でも構わない。できる限り，子どもたちに問題を決めさせるようにしたい。しかし，経験がないとうまく問題をつくることはできない。この他にも「偶数は何通りできるか」「全部のカードを使って3の倍数になる3桁の数は何通りできるか」など，教師が問題の広げ方を子どもたちに教えてもよい。

本時案

全部で試合は何試合？

本時の目標

・４チームや５チームで行う試合の組み合わせについて，落ちや重なりがないように調べる方法を考えることができる。

授業の流れ

1 チームが□チームあるよ。全部で何試合になる？

本時では，４チームと提示するのではなく，□チームとすることで，子どもたちが問題を広げていけるようにしている。１チームだと試合はできない。２チームだと１試合。ここまではすぐに分かるが，３チームくらいから，子どもたちはかいて考えないと分からないはずである。３チームだと，図も簡単にかけるので，導入としては考えやすい。

全部で何試合になりますか？

チームが□チームあります。
どのチームとも１回ずつ，
ドッジボールの試合をすると，
全部で試合は何試合になりますか。

１チームだと試合はできない

２チームだと１試合

３チームをＡ、Ｂ、Ｃとすると

Ａ—Ｂ、Ｂ—Ｃ、Ｃ—Ａ
３試合

Ｂ－Ａは同じ試合

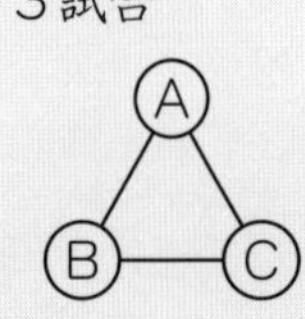

□チームと提示することで，□の数を順番に変えていけるよさがある。

2 ４チームだったら，何試合になるかな

４つのチームをＡ，Ｂ，Ｃ，Ｄとして，樹形図をかく。Ａ—Ｂ，Ｂ—Ａのように，同じ試合があることに気付かせたい。いったん樹形図を全部かいてから，半分が重なっていることから，２で割って試合数を出す方法もある。

3 そうか，同じ試合があるから，３×４÷２＝６でも出せる

樹形図を式で表すと３×４÷２という式も出てくる。試合数が分かれば「樹形図以外の図で考えた人はいる？」と言い，いろいろな図も出させていく。

本時の評価

・4チームや5チームで行う試合の組み合わせについて，落ちや重なりがないように調べる方法を考えることができたか。

準備物

・特になし

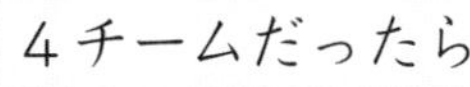

樹形図をかくと分かる

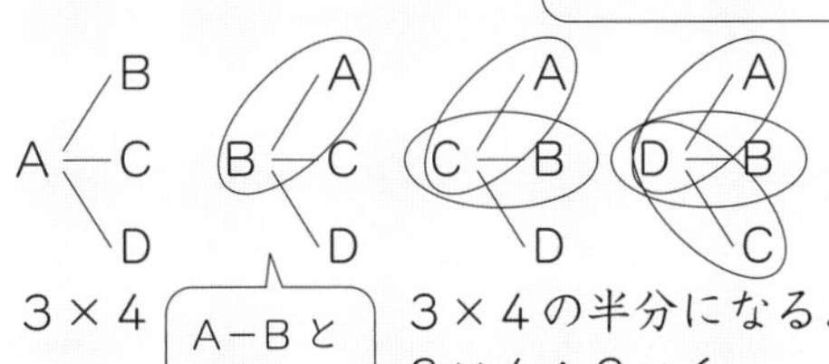

3×4

A−Bと同じ

3×4の半分になるよ

3×4÷2＝6

6試合

3＋2＋1＝6

図でかくと…

5チームだったら

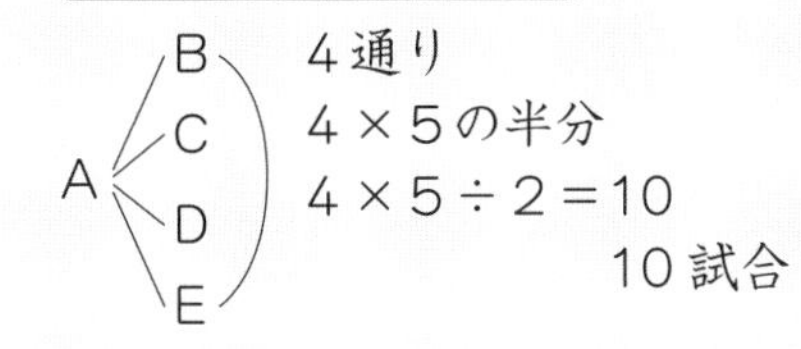

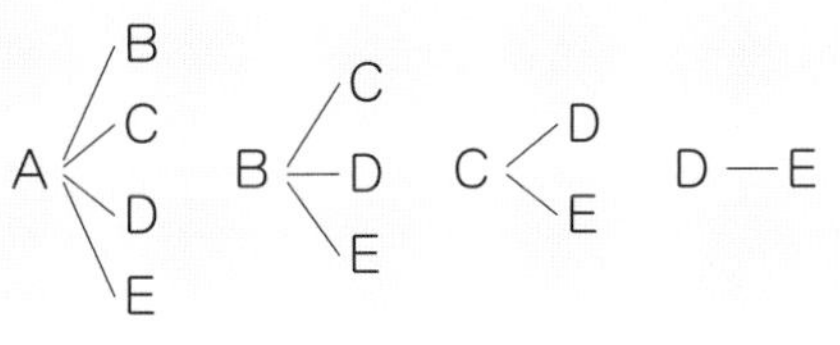

4＋3＋2＋1＝10

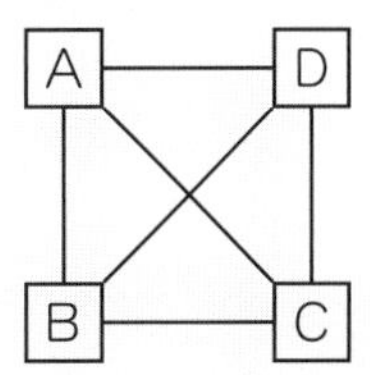

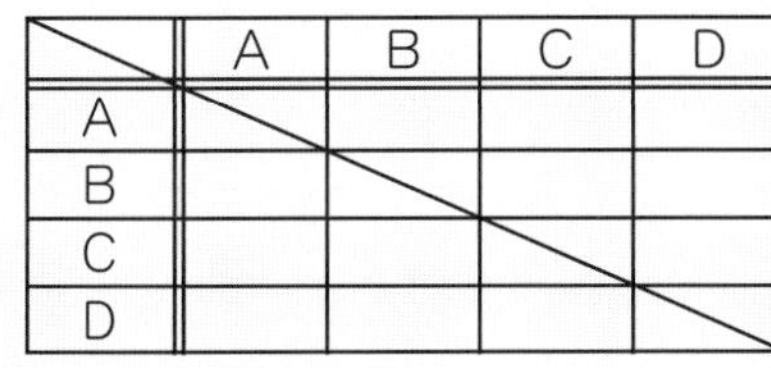

	A	B	C	D
A				
B				
C				
D				

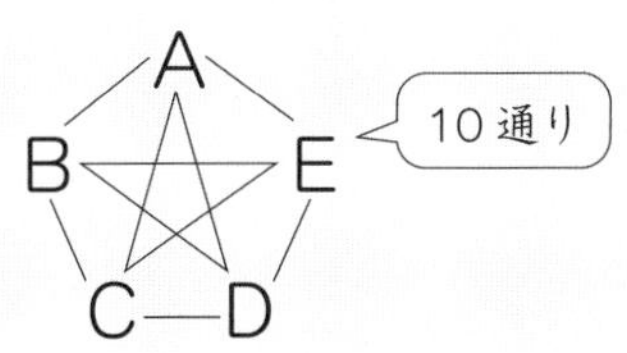

10通り

図は樹形図だけではなく，表のようなものもある。子どもたちから出てこない場合は教師が示してあげてもよい。

4 5チームのときもやってみたい

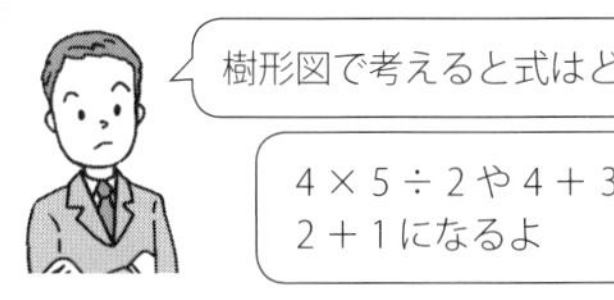

5チームでどうなるのかを考えていく。

樹形図で考えるとき，「全部の組み合わせは4×5となり，同じ試合があるので÷2をする」という考えや「4＋3＋2＋1になる」という考えが出るようにしたい。図で考えることも大切にしたい。

まとめ

本時は，順列ではなく「組み合わせ」の内容になる。組み合わせを考えるときには，下に示したような図や表で考えることができる。子どもから出てこない場合もあるので，このような図を教えてあげることも大切である。

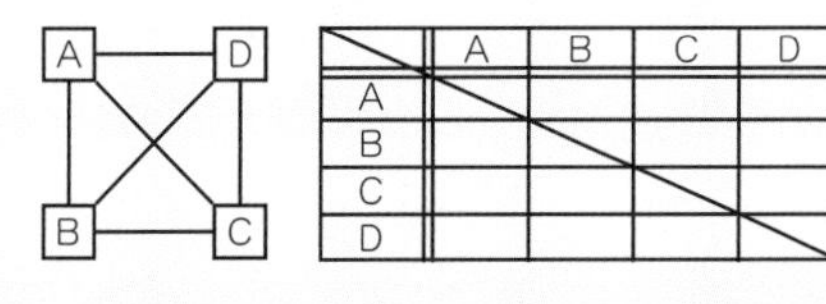

	A	B	C	D
A				
B				
C				
D				

本時案

選んでできる金額はいくらかな？

5/5

本時の目標

・4枚のお金から何枚かを選んだとき，できる金額がいくらになるか，落ちや重なりがないように調べることができる。

授業の流れ

1 500円玉，100円玉，50円玉，10円玉から何枚か選んでできる金額を考えよう

本時では，500円玉，100円玉，50円玉，10円玉が1枚ずつあるとき，この中から何枚かを選んでできる金額を子どもたちに考えさせていく。

1つだけ選んでできる金額をすべて答えるのは簡単なので，一番はじめに扱うとよい。次に簡単なのは4つ選んだときである。これは660円の1通りしかない。

選んでできる金額をすべてかこう

500 円玉、100 円玉、50 円玉、10 円玉が1枚ずつあります。この中から□枚を選んで、できる金額をすべて答えましょう。

1枚は簡単。
500 円、100 円、50 円、10 円の4通り
4枚選んだときも簡単。
500+100+50+10＝660　660 円の1通り
2枚選ぶ選び方は・・・6通り

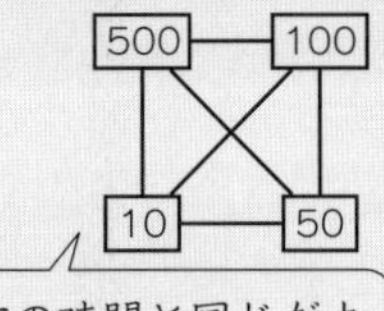

500 と 100…600 円
500 と 50……550 円
500 と 10……510 円
100 と 50……150 円
100 と 10……110 円
50 と 10………60 円

前の時間と同じだよ

4種類のお金から2種類を選ぶのは,「前の時間と同じ」という子どもの言葉があれば，どうしてそう思ったのかをしっかりと聞きたい。前時の図が出てくると分かりやすい。

2 4枚から2枚を選んでできる金額をすべて書こう

子どもたちは4枚から2枚を選ぶパターンはどのパターンがあるのかを考えていく。500円ー100円，100円ー500円が同じ組み合わせということから，前の時間と同じように考えることができることに気付かせたい。

3 図をかくと分かりやすいよ

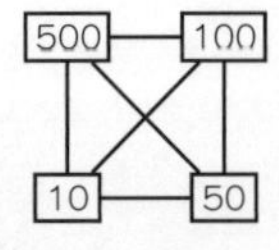

図から2枚選ぶパターンは6通りだと分かる。それぞれの組み合わせを足すことで，2枚でできる金額が分かっていく。その後，4枚から3枚を選ぶ場合について考えていく。

本時の評価

・４枚のお金から何枚か選んだとき，落ちや重なりのないように，図などをかいて，金額がいくらになるのか考えることができたか。

準備物

・500円，100円，50円，10円の提示物

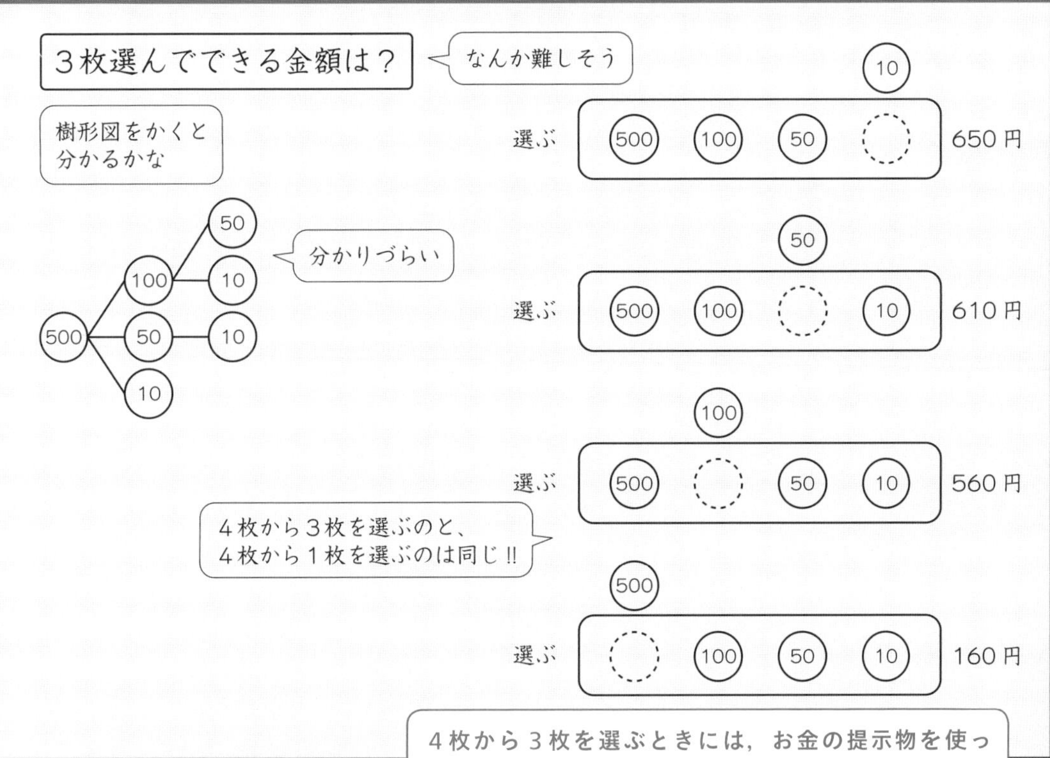

４枚から３枚を選ぶときには，お金の提示物を使って，「この３枚を選ぶよ」などと言いながら，お金を動かすと，子どもたちが残りの１枚に着目しやすい。

4 樹形図をかくと…。なんか難しいな

10
500 100 50
500 100 50 10 50 10

４枚から３枚を選ぶのは，４枚から１枚を選ぶのと同じだよ

樹形図をかいて考えると分かりにくい。４枚から３枚を選ぶのは，あまりの１枚を選ぶのと同じという考えをしっかりと扱いたい。

まとめ

組み合わせについて考えるとき，ひたすらに樹形図をかくだけではなく，「前の時間の図が使えるかもしれない」など，多様な考え方ができるようにすることが大切である。落ちや重なりがないようにするためには，「４枚から３枚を選ぶことと４枚から１枚を選ぶことは同じ」などのように，よい考えに触れるようにしていくとよい。

12 資料の整理（データの活用） （10時間扱い）

単元の目標

・目的に応じてデータを収集し，そのデータを分類整理し，表やグラフに表して考察をすることができる。その際，代表値の適切な選択などして，統計的な問題を解決することができ，結論について批判的に見直して妥当性について考察をすることができる。

評価規準

知識・技能	○代表値の意味や求め方を理解することができる。 ○度数分布を表す表やグラフの特徴やそれらの活用の仕方を理解することができる。 ○目的に応じてデータを収集したり，適切な方法を選択したりするなど，統計的な問題解決の方法を知ることができる。
思考・判断・表現	○目的に応じてデータを集め，表やグラフに表してデータの特徴や傾向に着目し，代表値などを活用して問題を解決することができる。 ○問題の結論の妥当性について批判的に考察することができる。
主体的に学習に取り組む態度	○統計的な問題を解決するために，データを集め，表やグラフに表し，それらの特徴や傾向に着目し，代表値などを活用することができる。

指導計画 全10時間

次	時	主な学習活動
第１次 資料の整理・活用の仕方を習得	1	資料の特徴の違いを，ちらばりの様子に着目して見いだすことができる。
	2	資料の特徴をドットプロットに表して考察し，最頻値について知ることができる。
	3	資料を整理し，階級の幅を考えるなどして，度数分布表に表すことができる。
	4	資料をグラフに表す方法を考え，度数分布の様子が分かりやすい柱状グラフに表すことができる。
第２次 主体的に資料を整理・活用を分析する	5	平均値や最頻値，ドットプロットを用いて資料を考察する。
	6	階級の幅を考えて，度数分布表に表す。
	7	柱状グラフに表して，資料の特徴や傾向を考察する。
	8	多様な代表値や多様な観点から資料の特徴を整理する。
	9	問題解決の結論とその理由をまとめることができる。
第３次 資料の整理の活用	10	人口ピラミッドの柱状グラフの特徴や傾向を読み取ることができる。

単元の基礎・基本と見方・考え方

(1)代表値の意味や求め方

データの特徴を読み取る際，データ全体を表す指標として平均値，最頻値，中央値などの代表値を使う場合がある。

平均値は，データの個々の値を合計してデータの個数で割った値である。最頻値はデータの中で最も多く現れている値であり，中央値はデータを大きさの順に並べたときの中央の値である。

代表値は，１つの数値でデータの特徴を簡潔に表すことができるが，その反面，分布の様子などの情報は失われているので，代表値の活用には気を付ける必要がある。

特に平均値については，極端にかけ離れた値があったりすると平均値はデータが集中している付近からずれてしまうことがある。そのような場合には資料の代表値としてふさわしくない。代表値を活用する際は，資料の特徴や代表値を用いる目的を明らかにし，どのような代表値を用いるべきか判断することが大切である。

(2)ドットプロットや度数分布表，柱状グラフの特徴と用い方

ドットプロットとは，数直線上の該当する箇所にデータを配置し，同じ値のデータがある場合は積み上げて表す。このドットプロットに表すことで，データのちらばりの様子を視覚的に捉えることができる。

度数分布を表す表は，分布の様子を数量的に捉えやすくするために，数量をいくつかの階級に分けて，各階級に対応する度数を入れた表である。

柱状グラフは，各階級の幅と度数を横，縦に表した長方形で構成される。変量をいくつかの階級に分け，ある階級に対応する度数を明らかにすることで，全体の形，左右の広がりの範囲，山の頂上の位置など，資料の分布の様子を視覚的に捉えることができる。

棒グラフと柱状グラフの違いについても整理して理解させるようにする。

棒グラフは，質的データを集計した個数を高さで表し，横軸の項目には質的な文字情報が表示される。柱状グラフは，量的データの分布の様子を表す目的から，階級に分けて集計し，度数の多さを高さに対応させるので，横軸は数値軸になっている。そして，柱状グラフの長方形を隙間なくつけているのは，隙間が空いているとその部分に該当する値のデータが存在しないかのようなイメージを与えてしまうからである。

本時案

じゃがいも取りゲーム

1/10

本時の目標

・平均が同じ資料の特徴の違いを，ちらばりの様子に着目して見いだすことができる。

授業の流れ

1 肉じゃがを作るのに360 g のじゃがいもを作ります。およそ何個使えばいいかな？

導入で，両方のじゃがいもとも 1 個あたりの平均の重さが120 g であることを押さえておく。

じゃがいもほりに行きました。
A さんと B さんは 20 個ずつとり、
両方とも合計 2.4kg でした。

肉じゃがを作ります。
360g のじゃがいもを使います。
およそ何個使いますか？

2400÷20＝(120) 平均 120g
360÷120＝3

およそ３個

2 それでは，ここでじゃがいも取りゲームをしよう

じゃがいもカードを黒板に提示。裏に重さが書いてある設定。教師は A さん，子どもは B さんのじゃがいもから引く。どちらから引くかは，自然に教師が決める。

3 ゲームを始めよう！

・先生	・子ども
120	200
120	125
125	140
365	465

極端なゲームの結果から，子どもに問いをもたせ，データの散らばりの様子に着目させるようにする。

本時の評価

・じゃがいも取りゲームで，どうして勝てないのかを考えることを通して，データの散らばりに着目して，２つの資料の特徴の違いを説明することができたか。

準備物

・じゃがいもカード（40枚）

じゃがいも取りゲーム

Aさんと Bさんのじゃがいもから
3個ずつじゃがいもを取る。
合計が360g に近い方が勝ち。

	1	2	3	4	5	
Aさんのじゃがいも	120	115	135	120	100	
	120	115	130	120	105	5勝
	125	135	130	110	115	
	365	365	395	350	320	
Bさんのじゃがいも	200	190	100	80	150	
	125	80	125	100	140	0勝
	140	110	80	100	135	
	465	380	305	280	425	

ずるい！

なぜ A さんの方から
取ったら強いの？

A	B
120g(平均)に重さが近い。	ばらつきがすごいある。
最大と最小の差が小さい。 →	差が大きい。
140－100＝40 40g	200－70＝130 130g

平均が同じなのに
一つひとつの重さがちがう。

4 これがじゃがいもの重さの表です（配付する，表は次時頁に掲載）

データの散らばりの様子を語らせ，平均値では分からない特徴があることを理解させる。

まとめ

資料の特徴の見方として，大人も子どもも平均値を用いることに慣れている。

本単元では，資料の見方を広げることがねらいにある。代表値としての平均だけでなく，個々のデータの散らばりに着目して，他の見方をする子どもの姿をねらう。

本時は，ゲームを用いることで，散らばりに目を向けさせた。

本時案

特ちょうを図に表そう！①
―ドットプロットの理解―

2/10

本時の目標

・２つの資料の特徴の違いをドットプロットに表して，改めてその違いを捉えることができる。
・ドットプロット，最頻値について知る。

授業の流れ

1 Ａさんとｂさんのじゃがいもの重さの特徴が分かるように，図に表すことができるかな？（じゃがいもカードや重さの表を提示）

２つの資料の特徴をなんとなく数値では捉えることができていた。今度は視覚的に表すことで捉えようとする試みである。

Aさんとbさんのじゃがいもの重さの特ちょうがわかるように図に表してみよう。

Ａさん（g）		Ｂさん（g）	
120	120	200	125
120	110	125	80
125	100	140	100
115	105	190	80
115	115	80	100
135	125	110	150
135	140	100	140
130	100	135	130
130	125	120	90
120	115	70	135

2 数直線を黒板にかきますね

上側にＡさんのじゃがいも，下側にＢさんのじゃがいもを置いてみようよ

どんな図になるか楽しみ

同時に全員にワークシートを配付し，数直線上に点を打つ作業をする（ドットプロット）。

3 すごい。分かりやすいね

Ａさんのじゃがいもは，平均の120ｇのあたりに集まっているよ

Ｂさんのじゃがいもは，とてもばらつきがあるね。小さいのや大きいのがまざっています

Ａさんのじゃがいもは，115ｇと120ｇが４個ずつあって，多いです

本時の評価

・2つの資料の特徴の違いをドットプロットで表し，特徴の違いを説明することができたか。

準備物

・重さの表（掲示用）
・じゃがいもカード

・グラフにする。
・数直線に並べる。
・表にする。

数直線に表したらどうなるかな

・平均 120g のところに集まっている。

・120g と 115g が4個ずつで多い。
最頻値（さいひんち）という。
（モード）

[A]
100, 100, 105, 110, 115, 115, 115, 115, 120, 120, 120, 120, 125, 125, 125, 130, 130, 135, 135, 140

70　80　90　100　110　120　130　140　150　160　170　180　190　200 (g)

[B]
70, 80, 80, 80, 90, 100, 100, 100, 110, 120, 125, 125, 130, 135, 135, 140, 140, 150, 190, 200

数直線の上にデータを
点で表した図を
ドットプロットという。

2つの集団のデータを比べるときは、
データの平均値だけでなく、
ちらばりの様子に目を向けることが大切。

4 このように表すと，2つの資料の特徴がよく見えるね

このように数直線にドット（点）を打って表した図をドットプロットと言います

また，データの中で最も多く出てくる115 g や120 g の値を最頻値，またはモードと言います

子どもの活動や気付きにそって，用語を教えていく。

まとめ

本時は，前時に見いだした2つの資料の特徴の違いを図に表すことに挑戦した。表やグラフ，数直線という選択肢がある中で，まずは数直線に取り組んだ。いわゆるドットプロットである。

前時に使用したじゃがいもカードをそのまま数直線上に位置付ければ，黒板には簡単にドットプロットが現れる。子どもと楽しみながら探究していきたい。

本時案

特ちょうを図に表そう！②
—度数分布表づくり—

3/10

本時の目標

・資料の特徴をグラフに表すためにどうすればよいかを考え，度数分布表をつくることができる。
・階級，度数分布表，度数の用語を知る。

授業の流れ

1 今日は，みんなが言っていたグラフに表してみようか。どうやって表そうか

棒グラフや折れ線グラフは，まず表を作ってからかいていました

そうだね。表からグラフの流れだね

ドットプロットを見ると，Bさんのじゃがいもは，13本も棒をかきます

それも短い棒がたくさん並ぶので，めんどうだし，見にくいと思います

ドットプロットを見ながらグラフのイメージをもたせて，どのようにグラフ化すればよいか考える。

A さんと B さんのじゃがいもの重さをグラフに表そう。

どうやって表せばいいのかな？

・まず表に表そう。

1〜3 個なので短い棒がたくさんできる。めんどう。見にくい。

・A さん 9 本の棒。
B さん 13 本の棒。
・棒を長くするには 70〜90g とまとめればいい。

2 それじゃあ，棒の本数を減らすために70〜90 g という感じでまとめたらどうかな？

そうしたら B さんのじゃがいもの棒の長さも長くなるからいいかもね

自然に階級をつくることの必要性を子どもから引き出すようにする。階級の度数の話題が出てきたら，価値付けていく。

3 では，20 g ずつまとめた個数の表を作ってみようか。いくつの項目ができるかな？

70〜90 g，90〜110 g，110〜130 g，130〜150 g，150〜170 g，170〜190 g，190〜210 g の 7 つです

では，このように分けてじゃがいもの数を整理して表にまとめよう

本時の評価

・資料の特徴をグラフに表すためにどうすればよいかを考え，階級をつくる必要性に気付けたか。
・階級ごとに○以上○未満に気を付けて度数を整理し，度数分布表をつくることができたか。

グラフにするための表を作ろう！

階級の幅(はば)という。

・20g ずつのはばでまとめて表にしよう。

データをいくつかの階級に分けて整理をした表を度数(どすう)分布表(ぶんぷひょう)といいます。

Aさんのじゃがいも

重さ（g）	個数
70～90	0
90～110	3
110～130	12
130～150	5
150～170	0
170～190	0
190～210	0

Bさんのじゃがいも

重さ（g）	個数
70～90	④
90～110	④
110～130	④
130～150	⑤
150～170	①
170～190	⓪
190～210	②

90 はどちらに入れるの？

70 以上 90 未満
と考えると
90～110 の方に入ります。
90 以上 110 未満

この値を 度数 といいます。

4 あれっ？ 90 g はどっちに入れるのかな？

どういうこと？

Aさんのじゃがいもの90 g は，70～90 g か，90～110 g かどちらの方に入れて数えたらいいのかな？

度数分布表では，階級（区間）ごとに○以上○未満として数を分類整理する。そのことを，問題意識をもたせてから教えるようにする。

まとめ

グラフをつくるという大きな目標のために，表をつくるという課題を設定した。その際，階級（区間）をつくってまとめることでグラフ化しやすくなることに気付かせる。

階級ごとにデータを分類整理するときには，「以上」や「未満」を用いることも理解することが大切である。

本時案

特ちょうを図に表そう！③
—柱状グラフづくり—

4/10

本時の目標

・度数分布表を活かして柱状グラフに表現し，棒グラフとの違いを考察することで，柱状グラフのよさを理解する。

授業の流れ

1 度数分布表をもとに，グラフをつくってみよう

棒グラフと柱状グラフは長方形の柱をかく点で似ている。しかし，意味合いは異なる。子どもがかいたグラフをもとに，違いについて話し合う。

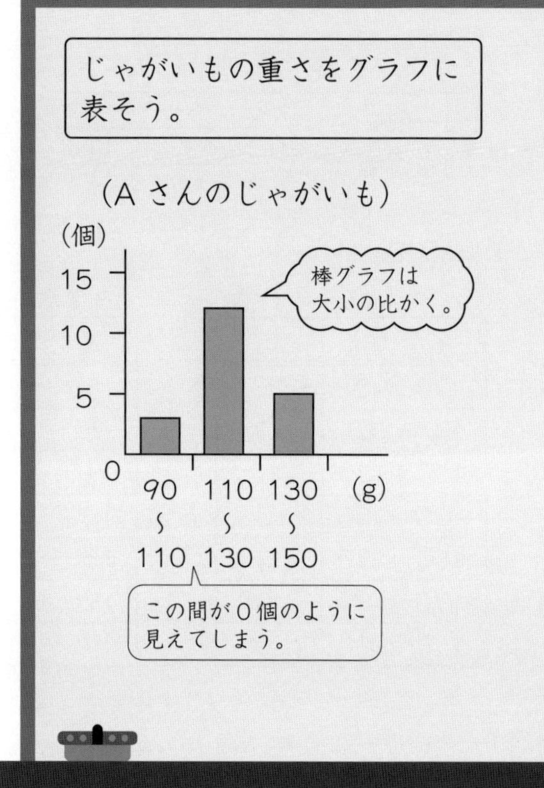

2 A さんのじゃがいものグラフで，次の 2 種類のかき方がありました

棒グラフは，くっつけていなかった

横軸は，重さを表していてつながっているから，棒をくっつけてもいいと思う

棒グラフは，横軸の項目は，自動車，トラックとかつながらないものだったね

分布の様子を知りたいから，くっつけていた方がどのあたりが多いか分かりやすいよ

3 このようにデータの分布の様子を表したグラフを柱状グラフ（ヒストグラム）といいます

分布が分かりやすいように棒をくっつけて表し，どのあたりが多いか見やすいようにします

棒グラフは，どこが多いかを見たり，大小を比較するためだから，棒が離れていてもいいんだね

それぞれのグラフを目的の視点から考察することが大切である。

本時の評価

・度数分布表を活かして柱状グラフをつくることができ，棒グラフと柱状グラフの違いから，柱状グラフのよさを説明することができたか。

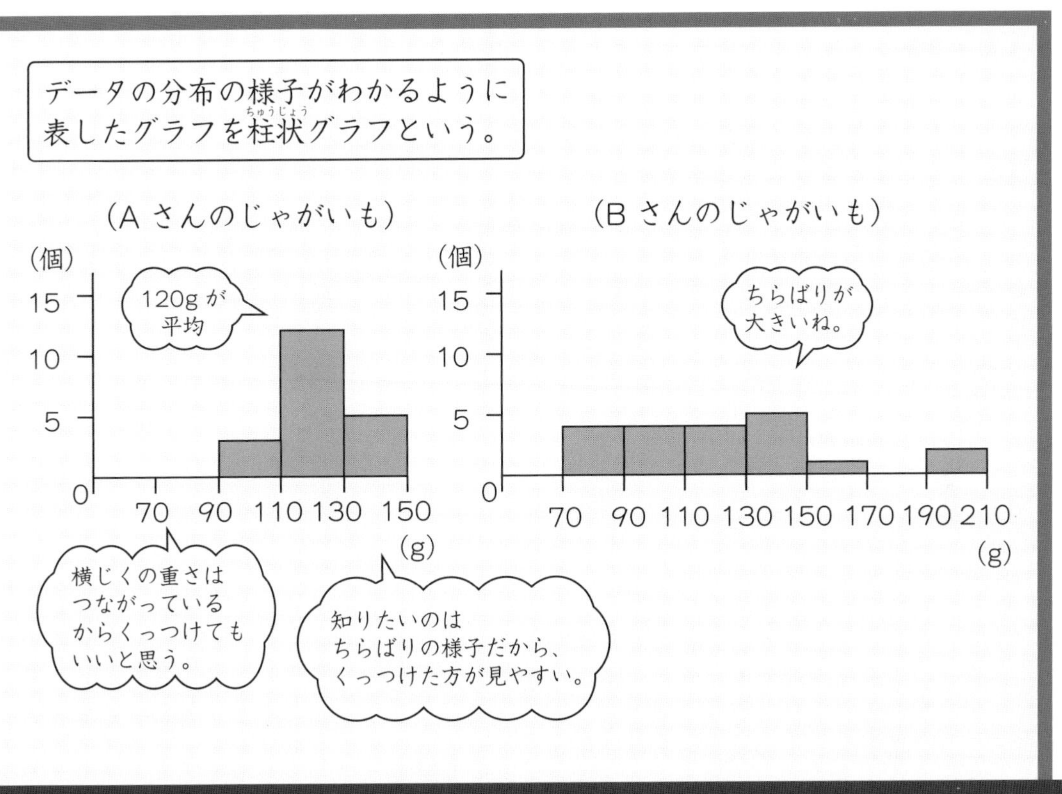

4 柱状グラフに表すと，A さんのじゃがいもが平均のあたりにかたまっていることがすっきり分かるよ

棒グラフと柱状グラフとの違いを考察することで，柱状グラフのよさをより理解することができるようにする。

まとめ

ドットプロット，そして，度数分布表から柱状グラフの作成まで丁寧に扱ってきた。ドットプロットをした時点で２つの資料の特徴はある程度分かっているが，数値による理解から視覚的な表現による理解まで幅広い表現に触れ，資料の特徴を理解する多様な視点があることを知ることが大切である。

本時案

8の字とびは，1組と2組どちらが勝つか予想しよう①—ドットプロットで考察—

5/10

本時の目標

・8の字とびの大会で1組と2組のどちらが勝つかを両組の練習データをもとに，平均値やドットプロットによって考察することができる。

授業の流れ

1 これは，1組と2組のこれまでの練習のデータです。これをもとに，どちらの組が勝つか予想しよう

本単元の4時間目までの学習で身に付けた資料の整理の仕方や資料の見方を活用して考察しようとする姿を引き出す。

もうすぐ8の字とびの大会があります。
1組と2組は、どちらが勝つでしょうか。予想しよう。

〈これまでの練習のデータ〉

1組

①	57	⑨	56
②	55	⑩	62
③	62	⑪	60
④	64	⑫	61
⑤	63	⑬	60
⑥	62	⑭	62
⑦	68	⑮	63
⑧	67	16	70

とんだ回数（回）

2組

①	56	⑨	40
②	55	⑩	70
③	60	⑪	69
④	58	⑫	63
⑤	57	⑬	73
⑥	60	⑭	63
⑦	63	⑮	70
⑧	58		

とんだ回数（回）

2 じゃがいもの時は平均が同じだったよね。まず平均を調べてみようよ

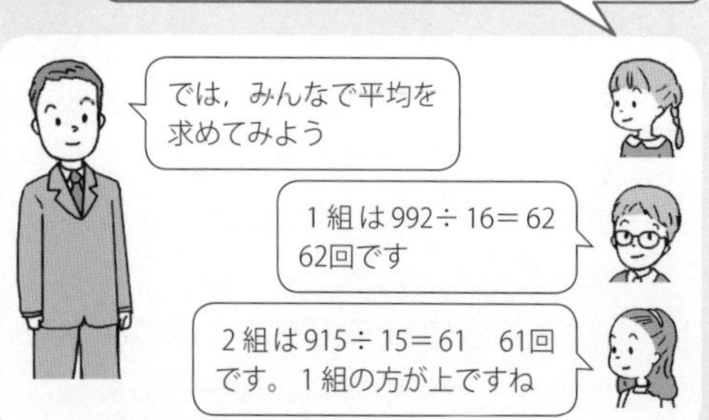

今回の日数のようにデータの個数が異なる場合は，合計で比較することはできない。平均値で特徴を見るのは，重要である。

3 次はドットプロットをしてみたい。分布の様子を見ないと分からないよ

4時間目までの資料の整理の仕方をもとに，子どもたちが主体的に考察しようとすることを期待する。

本時の評価

・８の字とびの大会で１組と２組のどちらが勝つかを両組の練習データをもとに，平均値を求めたり，ドットプロットをしたりして，考察をすることができたか。

準備物

・練習データの表

どうやって予想する？

・平均値で比べる

・度数分布表やヒストグラムを作って比べる。⇒ちらばりを見るため。

・最頻値も調べてみる。

・ドットプロットをする。⇒ちらばりチェック。

〈平均値〉

１組　992÷16＝62

２組　915÷15＝61

１組の方が平均値が高い。

ドットプロットはどうなるかな？

（１組）

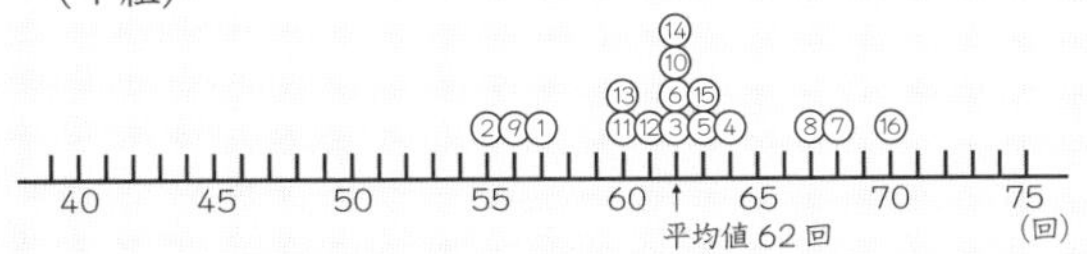

（２組）

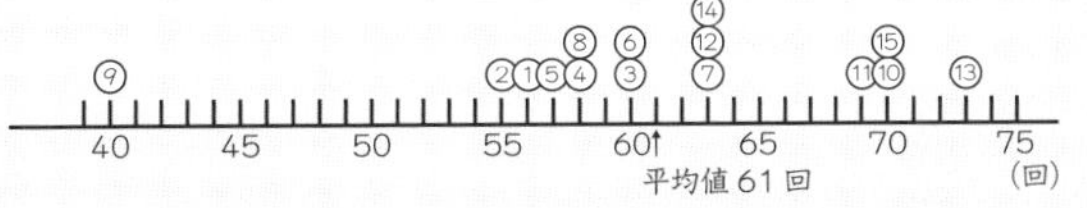

・１組は平均値の 62 回のところに集まっている。

・２組はちらばりが大きい。
70 以上の回数が多いが、40 回もある。

・１組の最頻値は 62 回。
２組の最頻値は 63 回。

4 ドットプロットをして，どうでしたか？

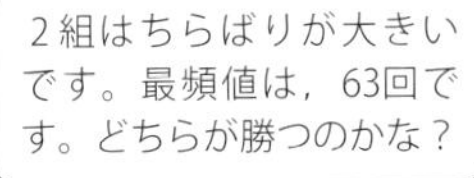

本時の展開で平均値やドットプロットまで行い，気付いたことなどを確認しておく。

まとめ

８の字とび大会で１組と２組のどちらが勝つかについて，資料をもとに考察する問題解決の授業である。

本単元の１～４時間目までの学習をもとに，資料をどのように整理するか，子どもたちから自発的，主体的な動きがあることを期待する。

平均値の差はわずかだが，分布の様子の違いに注目させたい。

本時案

8の字とびは，1組と2組どちらが勝つか予想しよう② ―度数分布表づくり―

6/10

本時の目標

・度数分布表を作るために，階級の幅を考えたり，各階級に対応する度数を，以上や未満の条件を理解して正しく数えることができる。

授業の流れ

1 今日は，どんな考察をしますか？

ヒストグラムに表してみたいです
そのためには，まず度数分布表をつくった方がいいよね
度数分布表をつくるためには，どんなことを考えないといけないのかな？
階級をつくるのだと思います

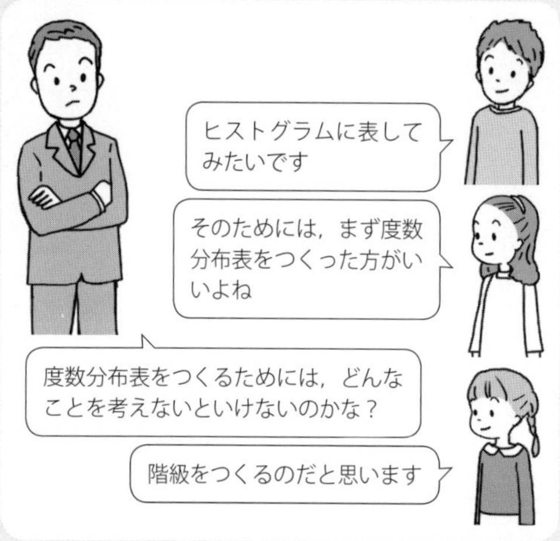

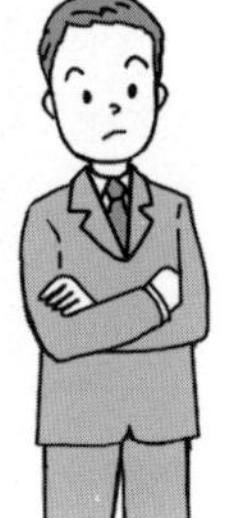

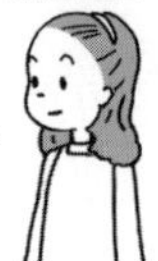

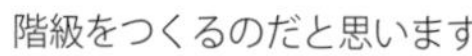

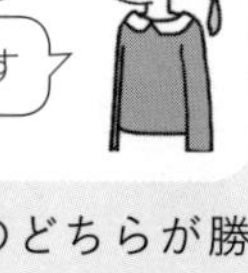

8の字とび大会で1組と2組のどちらが勝つかの問題解決の流れがある。本時は，ヒストグラムにするための度数分布表の作成について考察する。

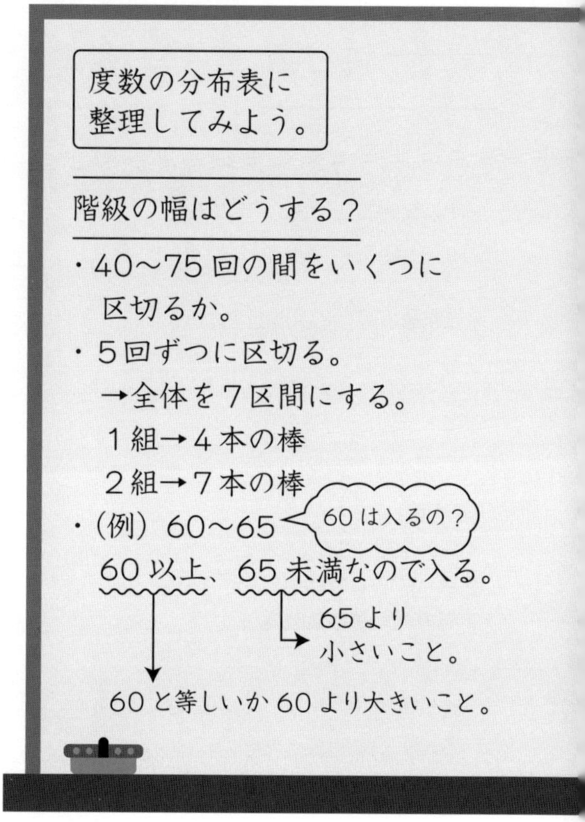

度数の分布表に整理してみよう。
階級の幅はどうする？
・40～75回の間をいくつに区切るか。
・5回ずつに区切る。
→全体を7区間にする。
1組→4本の棒
2組→7本の棒
・（例）60～65
60は入るの？
60以上、65未満なので入る。
65より小さいこと。
60と等しいか60より大きいこと。

2 階級の幅はどうする？

5回ずつに区切ったらどうかな？　1組は4本の棒で，2組は7本の棒です
もしも10回ずつに区切ったら，1組は3本，2組は4本。これでは分布の様子が分からないね

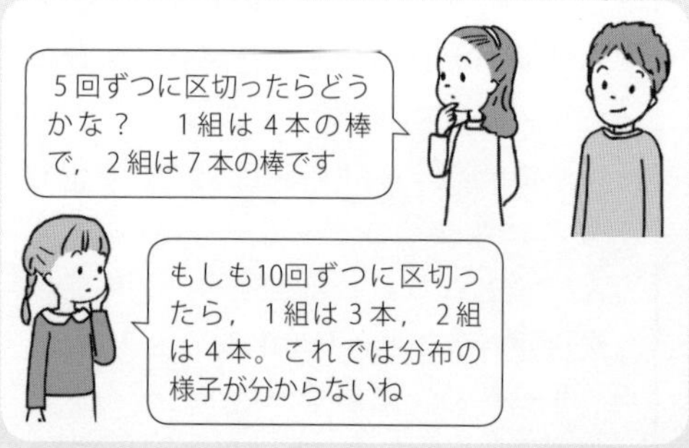

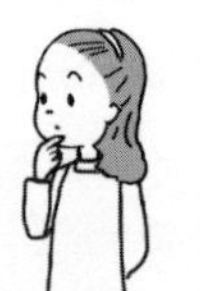

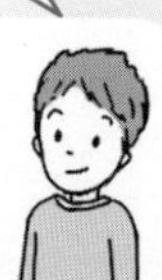

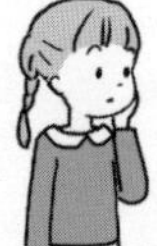

階級の幅を問題にし，どのぐらいの幅にすると分布の様子が見やすいかを話題にする。

3 では，表をつくってみましょう

1組の表ですが，60は55～60の方に入るのかな，60～65の方に入るのかな？
60～65だと思います。60以上65未満だからです
60以上とは，60と等しいか60より大きいことです

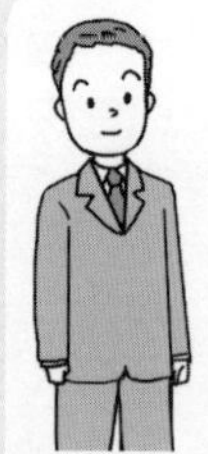

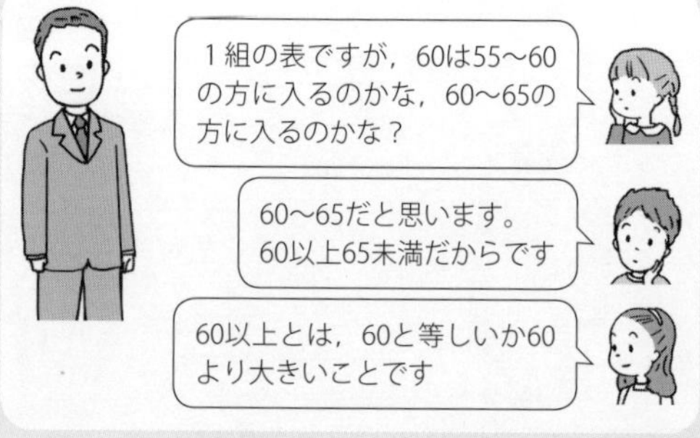

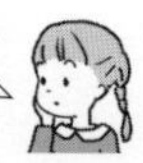

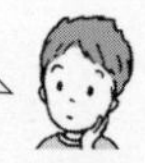

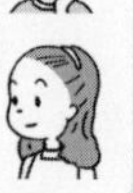

じゃがいもの重さを表にした時の経験を基に，子ども主体で度数分布表をつくるようにする。

本時の評価

・度数分布表を作るために，階級の幅を考えて，その理由を説明することができたか。
・各階級に対応する度数を，以上や未満の条件を理解して正しく数えることができたか。

度数分布表を作ろう。

「正」を書いて数えてから。

１組は、60～65 の度数が 10 もあって多い。

１組

とんだ回数（回）	日数（日）
40 以上～45 未満	0
45～50	0
50～55	0
55～60	3
60～65	10
65～70	2
70～75	1

２組

とんだ回数（回）	日数（日）
40 以上～45 未満	1
45～50	0
50～55	0
55～60	5
60～65	5
65～70	1
70～75	3

これはどうしたのかな？

4 ２組の40回が気になるね

どうして，こんな低い記録の日があったのかな？

この記録だけ特別な気がします

逆に１組の10日は多いね。60～65回で安定しているんだね

度数分布表に整理することで，読み取れることを話し合う。そして，ヒストグラムに表してみたいという意欲を引き出す。

まとめ

３時間目のじゃがいもの重さを度数分布表に表したときに階級の幅を決めたり，以上や未満といった条件で階級内にどの度数が入るかについて学んできている。

本時は，その学習を基により子ども主体で度数分布表をつくることを期待している。

本時案

8の字とびは，1組と2組どちらが勝つか予想しよう③ ―柱状グラフで考察―

7/10

本時の目標

・柱状グラフに表し，1組と2組の分布の違いを理解することができる。
・2組の特別な記録の処理の仕方について，目的に照らして考えることができる。

授業の流れ

1 それでは，昨日つくった度数分布表を基に柱状グラフをつくってみましょう

各自，ノートに書くようにする。
自分で縦軸，横軸，目盛りを設定するなどして柱状グラフをつくる経験をさせることが大切である。

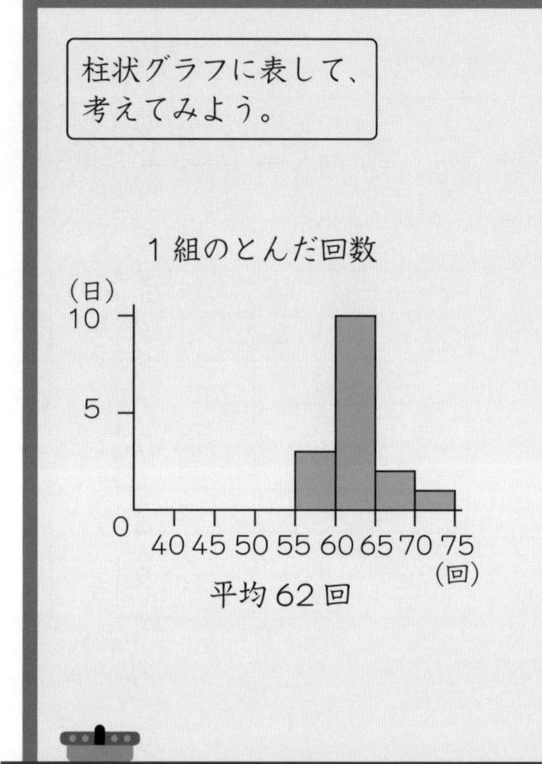

2 柱状グラフからどんなことが分かりますか？

柱状グラフは視覚的に分布の様子が分かるので，改めて1組と2組の違いを子ども同士で説明し合うようにする。

3 2組は，1組と比べてちらばりが多いです

資料を処理する上で，特別な記録の扱いについて考えさせる。目的は，どちらの組が勝つかを予想すること。その目的に照らして考える必要がある。

本時の評価

・柱状グラフに表し，１組と２組の分布の違いについて説明することができたか。
・２組の特別な記録の処理の仕方について，目的に照らして考え，説明することができたか。

２組のとんだ回数

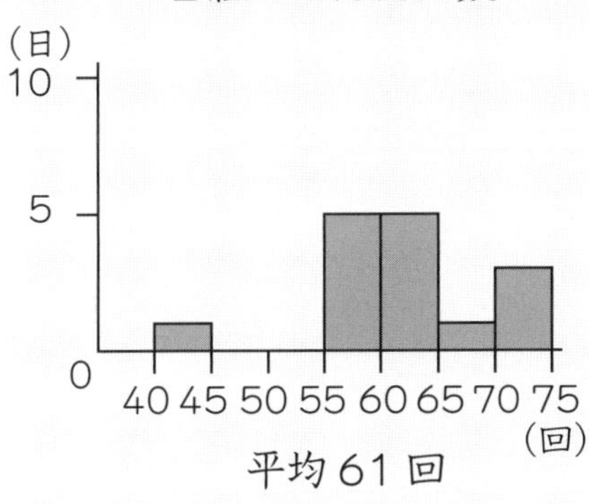

平均61回

柱状グラフからわかること

・1組は、60〜65の階級の度数が10日もあり安定している。
・2組は、55〜60と60〜65の階級が5日ずつと度数が多い。55〜65が多い。
・2組は、70〜75の度数が3日と高い記録が多い。
・2組の40〜45はどうして？
⇒実は、この日は回す人が欠席したので、いつもとはちがう人がなわを回した。

(915−40)÷14=62.5
平均62.5回

この特別な記録は、はずして考えた方がいい。
もし、40回をはずすと、２組の平均はいくつ？

4 40回を除くと，２組の平均は62.5回になります。１組より高いです

２組のグラフから40回の記録を取ると，記録が上の方にまとまっている感じがします

２組のグラフから40回の記録を取ると，１組と同じく棒が４本になり，全体として記録がよく見えてくる。このような違いを感じさせる。

まとめ

柱状グラフをつくり，よく観察することで，１組と２組の分布の違いについて気付いたことを友だちと話し合うことが大切である。

ドットプロットと比較して，その見え方の違いを話し合うのもよい。

これまでの統計処理の仕方や，分析を活かして次の時間に分かったことを整理するので，次につながるように話し合いを進める。

本時案

資料の特ちょうを整理しよう 8/10

本時の目標

・既習のドットプロット，度数分布表，柱状グラフといった資料の整理や表現などをもとに，１組と２組の資料の特徴を整理することができる。

授業の流れ

1 １組と２組の資料の特徴を整理しよう。今までの学習で分かったことは何ですか？

最大値と最頻値の違いを区別して捉えられるように配慮する。

資料の特ちょうを整理しよう。

		１組
1	いちばん多い回数	70回
2	いちばん少ない回数	55回
3	平均値	62回
4	最頻値	62回
5	60回以上の度数の割合	約81%
6	最近5日分の回数の平均値	63.2回
7	□値	62回

2 平均値は，１組が62回，２組が61回です

40回の記録は，２組の本来の実力を表すものではないので，除いて考えることを改めて確認する。

3 60回以上の度数（回数）の割合で考えてみよう

既習の割合を活用して資料の特徴を考察することも推奨していきたい。

本時の評価

・既習のドットプロット，度数分布表，柱状グラフといった資料の整理や表現をもとに，１組と２組の資料の特徴を整理することができたか。
・また，その他にも新しい観点から資料の特徴を考えることができたか。

新しい理由・根きょを足してもOK！

2組
73回
40回(55回)
61回(62.5回)
63回
60%
67.6回
60回

７の□値は何かな？　⇒中央値（ちゅうおうち）（メジアン）

・回数を順番に並べたときの、真ん中の値。

1組　55, 56, 57, 60, 60, 61, 62, (62), (62), 62, 63, 63, 64, 67, 68, 70

データの個数が偶数のときは中央２つの値を使って
(62+62) ÷２＝62と考える。

60回以上の度数の割合を調べてみた！

（１組）
13÷16＝0.8125
約81%

（２組）
９÷15＝0.6
60%

最近の調子はどうか。―上達を見る―

（１組）
(61+60+62+63+70)÷5＝63.2

（２組）
(69+63+73+63+70)÷５＝67.6

4 最近の調子が大切だから，最近５日分の回数の平均を調べてみよう

１組は63.2回です。２組は67.6回です

２組は調子がいいってことだね

練習を一生懸命やってきて，記録が伸びてきたってことですね

実際の問題場面を想像しながら，多様な観点で資料を分析し，特徴を捉えるようにする。

まとめ

今までのドットプロット，度数分布表，柱状グラフといったデータの整理や表現をもとに分かったことを整理する。また，その他にも割合を活用したり，新しく「中央値」を教えたりして，考察を深める。

どれだけ上達したか，最近の調子はどうかといった子ども自らの体験などをもとにした分析の観点も認めていきたい。

本時案

自分の考えをまとめよう

本時の目標

・1組と2組のどちらが勝つかを予想し，今まで考察してきた代表値を活用して理由を考えることができる。

授業の流れ

1 それでは，昨日まとめた資料の特徴をもとに，1組と2組のどちらが勝つか，自分の考えをまとめてみよう

これまでの学習をノートで振り返りながら判断するように促す。

どちらが勝つのかな？
—自分の考えをまとめよう—

______ さんの予想
勝つと予想したクラス ____ 組
◎理由

今までのノートを振り返って理由をまとめよう

どの代表値に注目するのかな？

データの特ちょうを調べたり、伝えたりするときに、1つの値で代表させて比べることがある。その値を代表値という。
（平均値、最頻値（モード）、中央値（メジアン））

2 では，書いたことを発表してみよう。1組が勝つと予想した人？

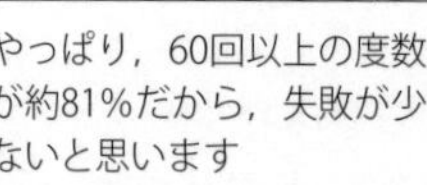

3 私は2組だと思います

様々な代表値を用いて判断することができるようにする。

本時の評価

・1組と2組のどちらが勝つかを予想し，その理由について，今まで考察してきた代表値などを活かして記述することができたか。

準備物

・ワークシート

1組が勝つ！

・60～65の階級の度数が多く安定している。

・60回以上の度数が約81％なので、失敗が少ない。

・中央値が62回で2組より高い。

2組が勝つ！

・40回は回す人が欠席だったので、仕方がない。40回を除けば、平均62.5回で1組より高い。

・最近5日分の回数の平均値が67.6回ととても高い。

調子がよい！　上達した！

・1組は、60～65の階級の度数が多いが、最頻値は62。2組の最頻値は63。

（発展）折れ線グラフにして、回数の変化の様子を表してみたい。

（まとめ）
・いろいろな代表値を使って予想をすることができる。
・資料はいろいろな見方をして、考察することができる。

4 今までの学習でどんなことが分かりましたか？

データの見方がいろいろあることが分かりました

平均値や最頻値，中央値など，いろいろな代表値を使って予想できることが分かりました

本単元の一連の流れの中で，資料の見方を深め，多様な考察の仕方があることを知ることが大切である。

まとめ

本単元の中で学んだことを活かして，1組と2組のどちらが勝つと思うかを予想し，その理由を記述する。

代表値を用いて理由を述べることができることが大切である。

子どもたちが書いたワークシートは掲示するなどして，みんなで判断の理由を読み合い，多様な見方を共有し，定着を図ることが大切である。

本時案

人口ピラミッドを比べてみよう 10/10

本時の目標

・人口ピラミッドから日本の年齢別の人口の分布の様子を読み取ることができる。

授業の流れ

1 これは何だと思いますか？（題名を隠して提示）

子どもたちが興味・関心をもてるように，題名を隠して提示し，これは何かを考えさせるところからスタートする。

何年のグラフかは，まだ伏せておく。

これは何でしょう？

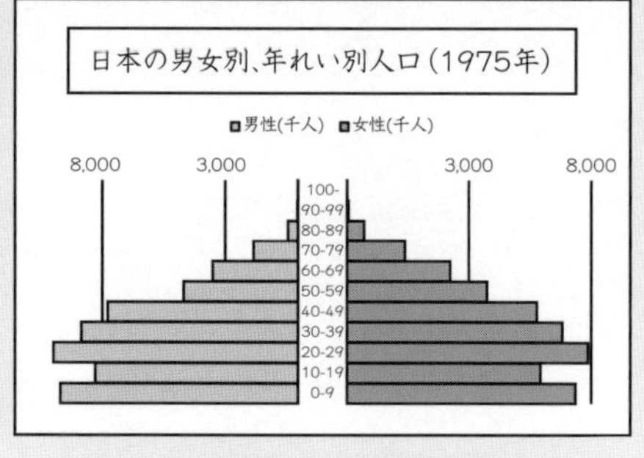

・男女別で、年れい別の棒グラフ？
・0～9とか階級の幅があるから横向きの柱状グラフ（ヒストグラム）。

こういう人口を示したグラフを「人口ピラミッド」という。
これは、1975年のものです！

2 さて，分かることを言ってみよう

1975年の人口ピラミッドの特徴を知ることで，今の人口ピラミッドについて関心をもたせる。

3 最近の人口ピラミッドはどれだと思いますか？（3つ提示する）

高齢者が多いと思うので，逆三角形の形の人口ピラミッドだと思います

若い人も高齢者も同じぐらいじゃないかな？

今の人口ピラミッドを提示する前に，どんな形になっているかを話し合わせる。

本時の評価

・柱状グラフである人口ピラミッドから年齢別の分布の特徴を読みとったり，最近の人口ピラミッドの年齢別の分布の様子を予想したりすることができたか。

準備物

・人口ピラミッドの表

2015年の人口ピラミッドは、どうなっているのかな？

20才～29才の人口がいちばん多くなっている。

高れい化社会といわれているのに、高れい者の人口が少ない。

これ、本当に日本のグラフ？

・きっと高れい者が増えて、若い人が減っているので形がちがうと思う。

どんな形になってるかな。予想

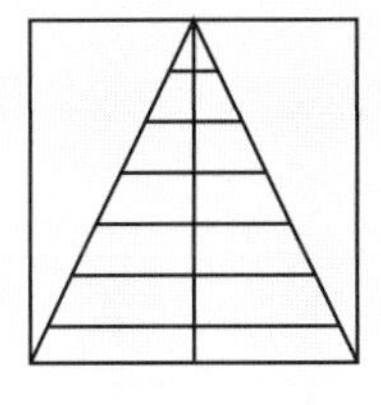

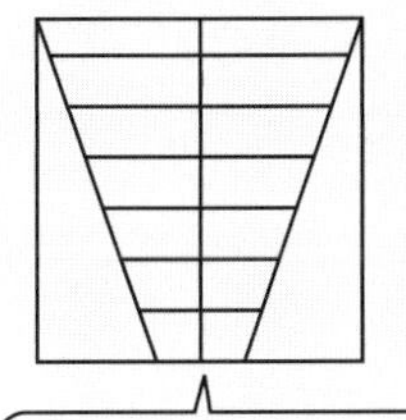

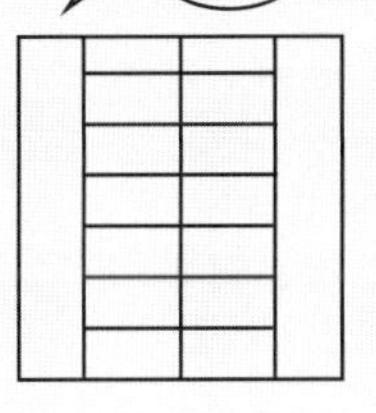

お年寄りが多いから逆三角形かな？

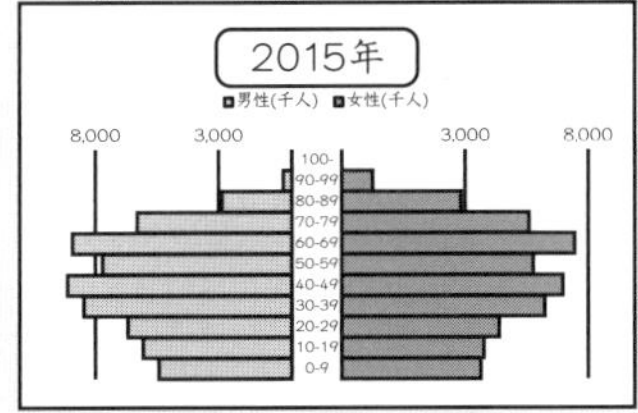

・やっぱり逆三角形ぽくなってきている。
・女性は、60～69、男性は、40～49の度数がいちばん多い。
・60歳以上の割合はどのくらいなのか知りたい。

4 これが2015年の人口ピラミッドです

やっぱり逆三角形ぽいね

女性は60～69歳，男性は40～49歳の度数がいちばん多いね

60歳以上の割合はどのぐらいかな？

10～19歳の度数は少ないね

人口についても，このような柱状グラフに表して分布の様子を見ていることを理解する。

まとめ

柱状グラフの一つである人口ピラミッドを取り上げ，読み取る授業である。単純に見せるだけでは面白くないので，1975年の人口ピラミッドをさりげなく見せて，今の日本の人口の様子とは異なっていることに気付かせるところから始める。人口という大きな度数を扱う場合でも，柱状グラフで分布の様子を見ることができるよさを理解させる。

13 6年のまとめ （25時間扱い）

単元の目標

・小学校で学習した内容を振り返りながら，知識・技能や考え方の活用場面や活用方法についての理解を深める。

評価規準

知識・技能	○6年生までに学習した内容を，確かなものにすることができる。 ○基礎的・基本的事項を活用して，問題を解くことができる。
思考・判断・表現	○既習の学習内容とのつながりを意識し，問題解決に必要な知識や考え方を選びながら，適切に処理することができる。
主体的に学習に取り組む態度	○6年生までの学習内容を振り返り，苦手な内容に挑戦したり，新たな算数の世界を広げることを楽しんだりすることができる。

指導計画 全25時間

次	時	主な学習活動	
第1次 数と計算	1	九九表の数の和①	9マス（3×3）の数の和を，分配法則を使って求める。
	2	九九表の数の和②	9マスの数の和を，平均を使って求める。
	3	九九表の数の和③	九九表全体の数の和を，分配法則や平均を使って求める。
	4	一の位の数は何？	1に2を17回かけた積の一の位の数を求める。
	5	運試しをしよう	2桁の数を9で割った時の余り数で運試しをする。
	6	分数神経衰弱をしよう	分数の計算が書かれているカードで神経衰弱をする。
	7	1haをこえないのは？	農地を前年の半分ずつ増やしていくときに，合計の面積が1haを超えない理由を考える。
第2次 図形	8	最大の正三角形を折る	角に着目して，折り紙を折って最大の正三角形をつくる。
	9	正八角形を作ろう	折り紙を折って切って正八角形をつくる。
	10	周りの長さは何cmかな？	2つの長方形をくっつけたときの周りの長さを考える。
	11	向かい合う角の和は180°	円に内接する四角形の向かい合う角の和を考える。
	12	三日月2つ分の面積	円の重なりを考えて，三日月の形の面積を求める。
	13	円の面積を求めましょう	半径を対角線とする正方形の1辺がわかるとき，その円の面積の求め方を考える。
	14	3倍の面積をつくろう	半径2cmの円の3倍の面積の図形を考える。
	15	正十二角形の$\frac{1}{4}$の面積	正十二角形の$\frac{1}{4}$の形の面積を求める。
	16	正方形をつなげた形	正方形の枚数を変えて，正方形をつなげてできる形を考える。

第３次 変化と 関係	17	何 cm になるのかな？	方眼をなぞって最長の線を引き，その線の長さに規則性を見つける。
	18	電話線は何本？	家の軒数が増えるとき，家と家をつなぐ電話線の本数はどのように増えるかを考える。
	19	どこで出会うのかな？	速さの違うタヌキとキツネが向かい合って進むとき，どこで出会うかを考える。
	20	なぜ，おかしいの？	面積の比で米の重さを比例配分する。
第４次 データの 活用	21	平均はいくつ？	２，４，６，８のうち２つを並べてできる数の平均を求める。
	22	コインゲームをしよう	コインゲームを楽しみながらコインの出方を考える。
	23	白・黒どっち？①	６枚のオセロのうち１枚をひっくり返し，かくしたオセロの色を当てる。
	24	白・黒どっち？②	「白・黒どっち」色あてゲームの仕組みを探る。
	25	分け方は何通り？	６個の柚子を３人で分ける場合の数を考える。

この単元で取り組ませたいこと

ここには，小学校で学習した様々な内容を組み合わせて取り組む問題を集めてみた。

例えば，「数と計算」領域の第１時から第３時では，２年生や３年生で扱った「かけ算九九表」を取り上げ，表中の数の総和の求め方について考えることにした。このときに，単純にたし算をしてもよいのだが，数の並びに着目することによって，分配法則を用いたり，和が同じになる数の組み合わせを作ってかけ算が使えるようにしたり，台形の面積公式を適用したりすることもできる。あるいは，平均の考えを使えば，真ん中の数にマスの数をかけることによって総和を求めることもできるだろう。

つまり，ただ単に算数の学習で身に付いた知識や技能の復習を目的としているのではない。子どもたちが問題解決に向かうときに，数や図形をどのように見るのか，そして，どのような考え方を使おうとするのか，に目を向けながら，６年間の学習を振り返りたいと考えているのである。

ぜひ，子どもたちの声に耳を傾け，子どもの発想を一緒に楽しみながら，授業を展開していただきたい。その中で見えてきた子どもたちの実態に応じて，足りない部分を補ったり，新たな見方・考え方ができるように促したりできるとよいと考える。

本時案

九九表の中の数の合計を求めよう①

1/25

本時の目標

・かけ算九九表の一部分の和を求めるときに，分配法則や平均の考えを用いて，工夫して計算することができる。

授業の流れ

1

これは何でしょうか?

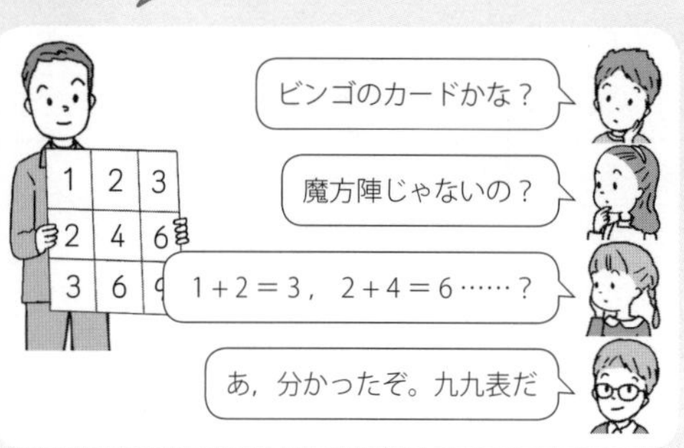

かけ算九九表を，3×3の9マスだけが見えるように9等分にたたんだものを見せる。そして，それが何かを考えさせる。

九九表であることが分かったところで，表を開き，全体を見せて確認する。

かけ算の九九表

	1	2	3	4	5	6	7	8	9
1	1	2	3	4	5	6	7	8	9
2	2	4	6	8	10	12	14	16	18
3	3	6	9	12	15	18	21	24	27
4	4	8	12	16	20	24	28	32	36
5	5	10	15	20	25	30	35	40	45
6	6	12	18	24	30	36	42	48	54
7	7	14	21	28	35	42	49	56	63
8	8	16	24	32	40	48	56	64	72
9	9	18	27	36	45	54	63	72	81

2

最初に見せていた9つの数がありますね。これを全部足すといくつかな?

簡単だよ。10になるように組み合わせればよい

9＋1＝10，4＋6＝10，2＋3が2つで10，残りの6を合わせて36

36になりますね。他に工夫した計算の仕方はありますか？

1桁のたし算なので，6年生にとってはそれほど難しくはない。

そこで，これまで学習したことを生かした計算の仕方がないか，考えさせるようにする。

3

段ごとにたし算するといいと思います

1の段は1＋2＋3＝6
2の段は2＋4＋6＝12
3の段は3＋6＋9＝18

答えが6の段になっているね

2の段の合計は，1の段の2倍。
3の段の合計は，1の段の3倍だ

答えが6の段になる理由は，上の板書の右側に示したように，分配法則を用いた説明もできるし，右のような見方もできる。

1＋2＋3
↓+1 ↓+2 ↓+3
2＋4＋6

本時の評価

・工夫して９つの数の合計を求めることができたか。
・分配法則の使い方が理解できたか。
・平均の考えの使い方が理解できたか。

準備物

・九九表
（提示用と配付用）

９つの数の合計を求めよう

1	2	3
2	4	6
3	6	9

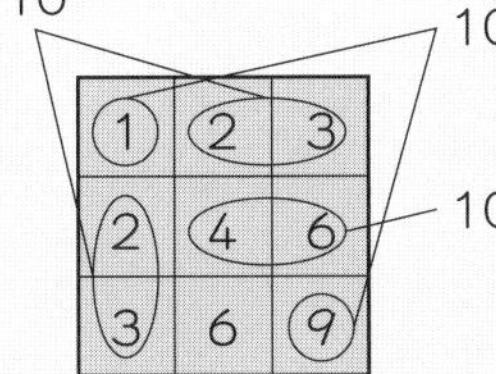

10をつくる

$$(1+9)+(2+3+2+3)+(4+6)+6=36$$

段ごと　６の倍数

$1+2+3=6$
$2+4+6=12$　（×２）
$3+6+9=18$　（×３）

$6+12+18=36$

$1+2+3=2\times3$
$2+4+6=4\times3$
$3+6+9=6\times3$

$a\times b+a\times c=a\times(b+c)$

$1\times1+1\times2+1\times3=1\times(1+2+3)=1\times6$
$2\times1+2\times2+2\times3=2\times(1+2+3)=2\times6$
$3\times1+3\times2+3\times3=3\times(1+2+3)=3\times6$

$1\times6+2\times6+3\times6=(1+2+3)\times6=6\times6$
$=36$

$2\times3+4\times3+6\times3=(2+4+6)\times3=12\times3$
$=36$
⇓
4×3

4 段ごとの合計を求めるときに，別の計算の仕方をしたよ

１＋２＋３の３から１に１をあげると，２＋２＋２になるから，２×３と計算ができます

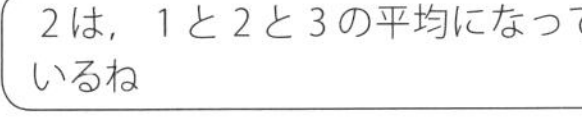

２の段，３の段も同様に考えると，
$1+2+3=2\times3$
$2+4+6=4\times3$
$3+6+9=6\times3$　と計算できる。

まとめ

３では，分配法則を用いている。さらに合計を求めるときにも分配法則を用いると，次のように計算できる。
$1\times6+2\times6+3\times6=(1+2+3)\times6=6\times6$
４では，平均の考えを用いている。九九表の数は等差数列になっているので，順番に並ぶ３つの数のうち，真ん中の数が平均値になるのである。

本時案

九九表の中の数の合計を求めよう②

2/25

本時の目標

・九九表の中の縦３マス，横３マスの正方形の中の数の合計は，真ん中の数を９倍すれば求められることに気付き，その理由を考えることができる。

授業の流れ

1 （前の授業で求めた枠の）隣にある９つの数の合計を求めましょう

子ども達は，前時に学習したことを思い出しながら，同様の方法で９つの数の合計を求めようとする。

右の板書では，中央部分の吹き出しの中に，平均の考えを使う前時の方法を適用した意見を示している。

９つの数の合計は90である。

かけ算の九九表

	1	2	3	4	5	6	7	8	9
1	1	2	3	4	5	6	7	8	9
2	2	4	6	8	10	12	14	16	18
3	3	6	9	12	15	18	21	24	27
4	4	8	12	16	20	24	28	32	36
5	5	10	15	20	25	30	35	40	45
6	6	12	18	24	30	36	42	48	54
7	7	14	21	28	35	42	49	56	63
8	8	16	24	32	40	48	56	64	72
9	9	18	27	36	45	54	63	72	81

2 真ん中が10の時，９つの数の合計は90になりますね

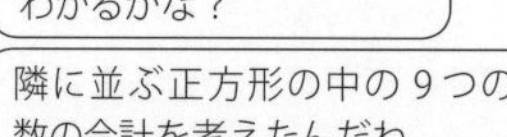

真ん中が16の場合，９つの数の合計が144になることを確認する。

3 合計が，真ん中の数の９倍になるのはどうしてでしょう？

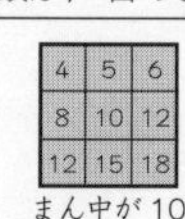

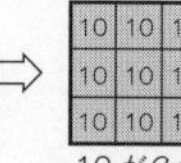

10×９という式は，右のように全部のマスの中に10が入っている状態を表している。左のように並んだ数をならすと，右のようになるということが言えるとよい。

本時の評価

- ９マスの枠の中の合計が，(真ん中の数)×９になることに気付くことができたか。
- ９つの数を，真ん中の数に均すことができたか。
- 合計が（真ん中の数)×９になる理由を理解できたか。

準備物

- かけ算九九表（提示用と配付用）

９つの数の合計を求めよう（その２）

前回

1	2	3
2	4	6
3	6	9

まん中が4 ⇓ 36

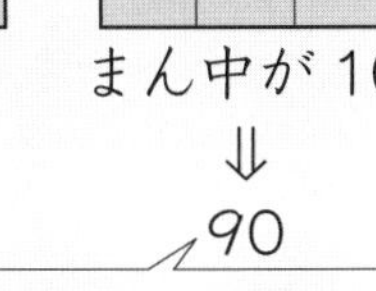

4	5	6
8	10	12
12	15	18

まん中が 10 ⇓ 90

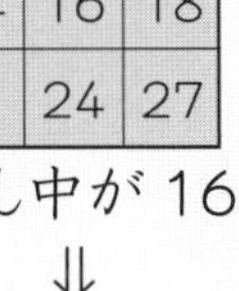

7	8	9
14	16	18
21	24	27

まん中が 16 ⇓ 合計は 16×９＝144 になると思う。

4＋5＋6＝5×3＝15
8＋10＋12＝10×3＝30
12＋15＋18＝15×3＝45
15＋30＋45＝30×3＝90

前回の考えを使った

なった！

どうして合計の数は、（まん中の数）×９になるのだろう？

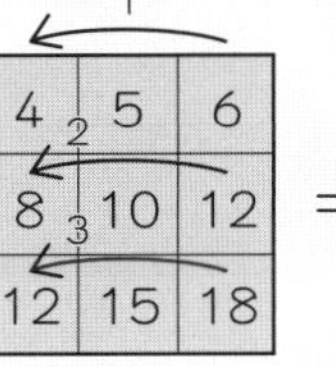

⇒

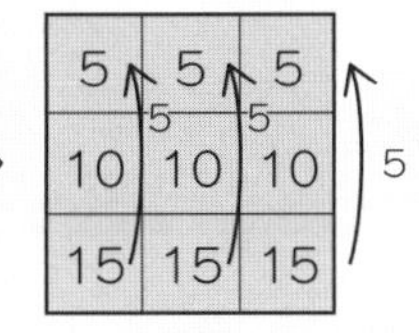

⇓

10	10	10
10	10	10
10	10	10

10が９つ

まん中の10が９つの数の平均

真ん中が16のときも，真ん中の数が10のときと同様に考えることができる。

かけ算九九表は，縦に見ても横に見ても等差数列になっているので，順に並んでいる奇数個の数は，その真ん中の数に均すことができる。だから，（真ん中の数）×（数の個数）で合計を求めることができる。

4 段ごとに考えてみよう

１の段の４＋５＋６は，６から４に１移動すると，５＋５＋５になる。

２の段の８＋10＋12は，12から８に２移動すると，10＋10＋10になる。

３の段も同様に考えると15＋15＋15になる。

これらの合計を求めるときに，15から５に５移動すると，次のように計算できる。

５＋５＋５＋10＋10＋10＋15＋15＋15
＝10＋10＋10＋10＋10＋10＋10＋10＋10
＝10×９

まとめ

このことに気付くと，「５×５マスの時には，真ん中の数×25で求められるのかな？」と考える子も出てくる。

例えば，右の25マスの中の数の合計は，９×25で求めることができる。

みんなで確かめてみることが「まとめ」になる。

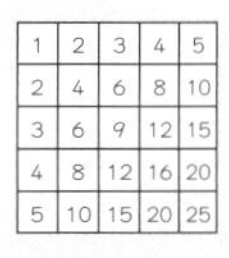

1	2	3	4	5
2	4	6	8	10
3	6	9	12	15
4	8	12	16	20
5	10	15	20	25

本時案

九九表の中の数の合計を求めよう③

3/25

本時の目標

・九九表の中にある81個の数の総和を，工夫して求めることができる。

授業の流れ

1 九九表の中の81個の数の合計を求めることはできるかな？

これまでの学習を生かし，九九表の中の全ての数の合計を求めてみたい。

次のような工夫をすることが予想される。

①9マスの正方形を1つのブロックとし，9つのブロックに分けて計算する。
②段ごとに分けて計算する。
③平均の考えを使う。

かけ算の九九表

	1	2	3	4	5	6	7	8	9
1	1	2	3	4	5	6	7	8	9
2	2	4	6	8	10	12	14	16	18
3	3	6	9	12	15	18	21	24	27
4	4	8	12	16	20	24	28	32	36
5	5	10	15	20	25	30	35	40	45
6	6	12	18	24	30	36	42	48	54
7	7	14	21	28	35	42	49	56	63
8	8	16	24	32	40	48	56	64	72
9	9	18	27	36	45	54	63	72	81

2 ぼくは，9つのブロックに分けて計算したよ

前時までの2時間の授業では，縦3マス，横3マスの9マスの正方形の中の数の合計を求めてきた。そして，その合計は(真ん中の数)×9で求められることがわかった。

これを使えば，9つのブロックごとの合計を求めるのはそれほど難しくない。あとは，それぞれの合計の合計を求めればよい。

右は，各ブロック内の合計である。この9つの数の合計は，225×9でも求めることができる。

36	90	144
90	225	360
144	360	576

3 私は，1の段から順に，段ごとに計算していきました

1の段は，1＋2＋……＋9＝45
2の段は，2＋4＋……＋18＝90
3の段は，3＋6＋……＋27＝135

答えの数が45ずつ増えているね

どうして，このような増え方をするのかな？

2の段は45×2，3の段は45×3…と見ることもできるよ

分配法則を用いて考えると，上記のことも説明がつく。最終的に合計は，45×45で求めることができる。

本時の評価

・総和を求めるときに，前時までの学習を生かそうとしたか。
・友達の求め方を理解することができたか。
・工夫して，九九表の中の数の総和を求めることができたか。

準備物

・かけ算九九表（提示用と配付用）

九九表の中の 81 この数の合計を求めよう。⇒ 2025

①九九表を９つに分けると…

36	90	144
90	225	360
144	360	576

36＋90＋144＝270
90＋225＋360＝675
144＋360＋576＝1080

→ 270＋675＋1080＝2025

まん中が 225 だから
225×９＝2025

②１の段から順に
１＋２＋３＋……＋９ ＝45＝45×１
↓＋45
２＋４＋６＋……＋18＝90＝45×２
↓＋45
３＋６＋９＋……＋27＝135＝45×３
⋮
405＝45×９

45×１＋45×２…45×９
＝45×（１＋２＋……＋９）
＝45×45
＝2025

③平均を使って
まん中が 25（たぶん 平均）
数は全部で 81 こ
25×81＝2025

九九表は規則正しく数が並んでいるので、合計を求める時にいろいろな工夫ができる

4 九九表の真ん中の数は25だよね。これが使えないかなあ？

上のやりとりで言っているように，九九表の真ん中は25で，これが全体の平均値になる。数を均して確かめてみるとよい。

このことから，合計は25×81で求めることができる。

まとめ

３通りの考え方を示したが，①と③は平均の考えを使っており，②は分配法則を使っていると捉えることができる。

これら以外にも，子どもたちは様々な方法を考えるだろう（pp.15〜16参照）。

６年間で培われた見方・考え方を生かした子どもの発想を楽しみたい。

本時案

一の位の数は何になるかな？

本時の目標

・1に2をかけ続けたときの積のきまりを見つけることができる。

授業の流れ

1 1に2を5回かけたとき，一の位は何になるかな？

本授業は，子どもたちがきまりを見つけて，そのきまりを使って，問題解決することをめざしている。

1に2を何回か，かけていったときの一の位を答えていくのだが，はじめに5回かけたときを問う。1×2×2×2×2×2は，簡単に計算をすることができるので，一の位が2になることはすぐに分かる。それと同時に問題の意味を確認していく。

一の位の数は何になるかな

1に2を何回かかけていきます。
何回かかけたときの積の一の位は何になるかを答えましょう。

1に2を5回かけたときの一の位は？
1×2×2×2×2×2=32　（一の位は2）

1に2を17回かけたときの一の位は？
1×2×2×2×2×2×2×2×2
×2×2×2×2×2×2×2×2　（大変だよ）

全部かけると131072だ！
（一の位は2）（本当に2になるかな）

計算が得意な子どもは実際に計算をするだろう。ここで出てきた答えが正しいとすぐに判断せずに「一の位が本当に2になるのか確かめよう」と言うことが大切である。

2 じゃあ，1に2を17回かけたとき，一の位は何になるかな？

子どもたちは計算の工夫をしようとするだろう。大変な計算をあえてさせることも大切であるが，得意な子どもだけが活躍してしまうのはよくない。得意な子どもが答えを言ったら，「みんなで確認してみよう」と言い，丁寧に計算していきたい。

3 順番にかけてみよう

一の位に着目するように促していくと，一の位が「2，4，8，6」の繰り返しになっていることに気付く子どもが現れるはずである。

本時の評価

・1に2をかけ続けたときのきまりについて，説明することができたか。

準備物

・計算機（児童用）

1に2を順番にかけて確かめよう

・全部計算しなくても一の位だけ見ればいい！

1×2×2×2×2×2×2×2×2×2×2×2×2×2×2×2×2×2

一の位

1回1×2＝2 …2
2回2×2＝4 …4
3回4×2＝8 …8
4回8×2＝16 …6
5回16×2＝32 …2
6回32×2＝64 …4
7回64×2＝128 …8
8回128×2＝256…6
9回256×2＝512…2

きまりが分かった

2・4・8・6くり返し

2 4 8 6 2 4 8 6 2 4 8 6 2 4 8 6 2
1, 2, 3, 4, 5, 6, 7, 8, 9, 10, 11, 12, 13, 14, 15, 16, 17

2486のまとまりが4つで16回

17回かけると、一の位は、2になる!!

1に3を17回かけるとどうなるかな……

一の位が「2，4，8，6」の繰り返しになっていることに気付いた子どもたちと気付かない子どもに分かれるはずなので，気付いた子どもにゆっくりと説明させるとよい。

4 全部計算しなくても分かるよ

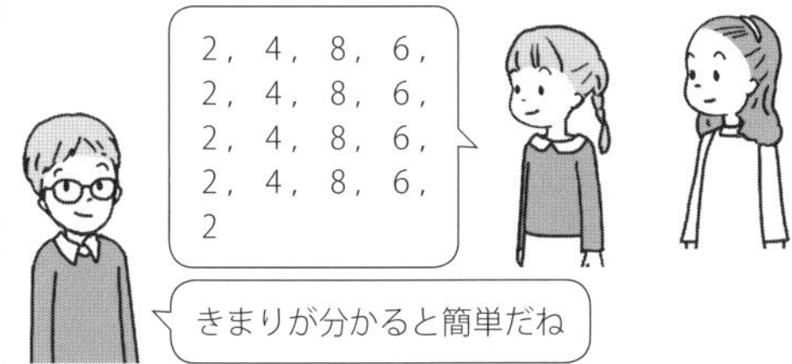

一の位に着目して，「2，4，8，6」が繰り返されていることを子どもが発見すれば，計算機で確認してもよい。時間があれば，問題を拡げてみる。

まとめ

本時は，子どもたちがきまりを見つけて問題解決していくためのトピック教材である。

時間があれば，「1に3を17回かけたときの一の位」，「1に4を17回かけたときの一の位」についても考えてみると面白い。1に17回同じ数をかけたときの一の位は，3のときは3，4のときは4，5のときは5というように，数の面白さが広がっていく。

本時案

運試しをしよう

本時の目標

・9で割ったあまりの数の規則性を帰納的に見いだし，類比的に数の範囲を広げて確かめたり，演繹的に理由を説明したりすることができる。

①	②	③	④	⑤	⑥
10	56 ⑪	21	13	32	15
28 ⑩	11	48 ⑫	49 ⑬	41	60
55 ⑩	20	12	31		24
	38 ⑪		22		51

十の位＋一の位＝あまりの数

授業の流れ

1 運試しをしよう！

子どもたちに短冊カードを配布し，60以下の２桁の数を１つ決めて書かせる。この数で運試しをする。運は，決めた数を９で割ったあまりの数で決まる。あまりが７になったら運がいいというルールとし，計算できた子から順に立つように指示する。その後，あまりが７以外の子どもは座らせる。

ルールの説明も小出しにしていくとよい。最初はあえて「÷９して７になったらいい」とだけ言うと，商が７だとイメージした子は「60以下だから無理だ」と言う。その段階で「あまりが７だよ」と告げると，ルールの意味理解も徹底される。

なお，万が一あまりが７になる子がいなくても後の活動で補うので気にしなくてよい。

2 結果を確かめましょう

あまりが７だった子どもがいれば，最初にその子のカードを黒板に貼り，運のよさを称賛する。その後，他の子どもの結果も確かめる。黒板をあまりが０～８の場所に区分けして，全員のカードを貼る。

全員のカードを貼るのは授業の後半の活動の伏線としているからである。それぞれのカードに書かれた数が全て９で割ったときのあまりと関連している。

3 あまりが７になる数は他にもあるのかな？

あまりが７になる数は全部で５つあったんだね。
アレッ？面白いことがある！

全員の結果が分かったところで，あまりが７になる他の数があるのかどうか検討させる。最初に誰一人あまり７の子がいなかった場合も，ここであまり７の数を調べることができる。

本時の評価

- ９で割ったあまりの数の規則性を帰納的に見いだすことができたか。
- 発見した規則性の適用範囲を類比的に広げたり，理由を演繹的に説明することができたか。

準備物

- 数字を書く短冊カード
- ⑩と①の数タイル（２人に１組）

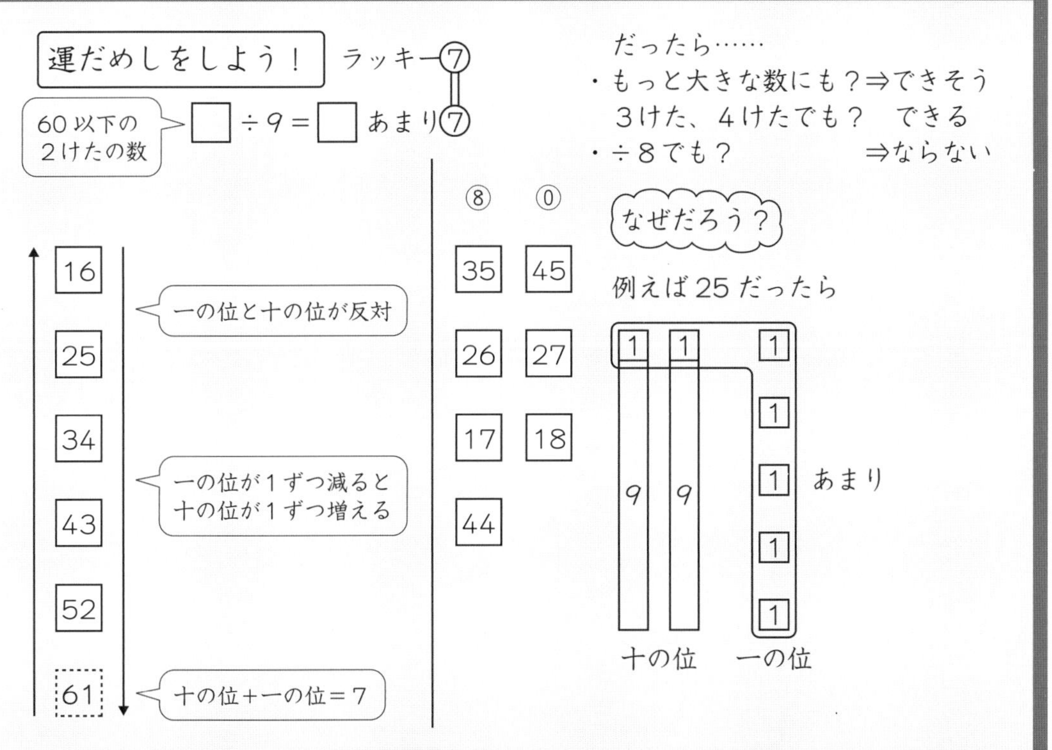

4

十の位が１ずつ増えて，一の位が１ずつ減る

十の位＋一の位＝７になっている

アレッ？ ７だけじゃない。他のあまりも「十の位＋一の位＝あまり」。56は「５＋６＝11」だけど，１＋１＝２であまりの２になる！

あまりが７になる数に対して，子どもが帰納的にきまりを見つけ始める。

まとめ

きまりが３桁や４桁の数にも適用できること，９以外の除数では成立しないことを確認する。子どもがきまりが成り立つ理由に迫りたくなったところで⑩と①の数タイルを２人に１組配布し，あまりが７になる数を表して検討させる。すると「10÷９も100÷９や1000÷９もあまりが１」になることに気付く。「被除数の各位の数の和があまりになる」理由に納得する。

本時案

分数神経衰弱をしよう

本時の目標

・分数神経衰弱を通して，帰納的に「$\frac{1}{a}-\frac{1}{a+1}=\frac{1}{a}\times\frac{1}{a+1}$」というきまりを見いだし，そのきまりが成り立つ理由を文字の式を使って説明することができる。

授業の流れ

1 分数神経衰弱をしよう！

「裏向けて置かれた分数の式のカードの中から2枚を選び，その答えが同じであれば取ることができる」

分数神経衰弱のルールを説明し，1人が1回ずつ交代にやっていく。カードを1枚ずつ表にすると，学級全体がどんな式なのかと興味を示す。式をノートに写して計算するよう全員に指示する。答えを確かめてから次の子どもに代わる。2，3人続いたところで，「同じだ」という声が上がる。

代表の子どもだけが取り組むのではなく，全員が計算することで一人ひとりが自分事として気付きを抱く。ひき算とかけ算の式であることはもちろんのこと，答えが同じになる式の数値にも目が向かう。

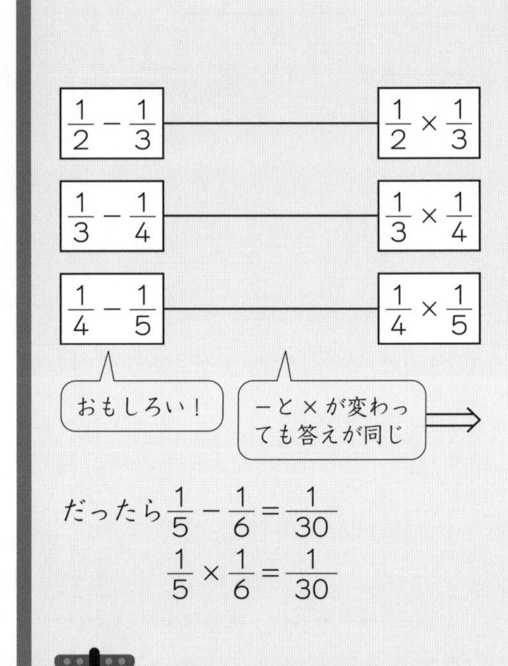

2 きまりがある！

同じ答えになる式を並べていくと，子どもたちは「きまりがある」と言い始める。

最初は分数神経衰弱をしているだけだが，子どもの関心が式に向かったところから数学的活動が始まる。

3 いつでも使えるのかな？

「ーと×が変わっても答えが同じ」

このきまりが「いつでも使えるのかな？」と問うと，「使えないと思う」という子が多い。確かめてみるとすぐに使えない場合が見つかる。じゃあ，「このきまりが使える他の数の式は？」ということが次の問題となる。

すると，「分母が5と6」，「6と7」というように分母の差が1のときに成り立つことを帰納的に導き出していく。

本時の評価

・分数神経衰弱を通して，帰納的に「$\frac{1}{a}-\frac{1}{a+1}=\frac{1}{a}\times\frac{1}{a+1}$」というきまりを見いだすことができたか。
・発見した規則性の理由を文字の式を使って説明することができたか。

準備物

・分数神経衰弱用のひき算とかけ算のカード（提示用）

神経すい弱をしよう！

でも、できないときがあるよ

$\frac{1}{2}-\frac{1}{4}=\frac{1}{4}$　　$\frac{1}{2}\times\frac{1}{4}=\frac{1}{8}$

$\frac{2}{3}-\frac{1}{4}=\frac{5}{12}$　　$\frac{2}{3}\times\frac{1}{4}=\frac{2}{12}=\frac{1}{6}$

できるのは　分母の差が1で分子が1のとき

$\frac{1}{a}-\frac{1}{b}=\frac{b-a}{a\times b}=\frac{1}{a\times b}$

$\frac{1}{a}-\frac{1}{(a+1)}=\frac{(a+1)-a}{a\times(a+1)}=\frac{1}{a\times(a+1)}$

では、かけ算の答えの合計はいくつ？

$\frac{1}{2}\times\frac{1}{3}+\frac{1}{3}\times\frac{1}{4}+\frac{1}{4}\times\frac{1}{5}$

$=\frac{1}{6}+\frac{1}{12}+\frac{1}{20}$

$=\frac{10}{60}+\frac{5}{60}+\frac{3}{60}$

$=\frac{18}{60}=\frac{3}{10}$

そんなことしなくてもいい！

ひき算のカードを使う

$\left(\frac{1}{2}-\frac{1}{3}\right)+\left(\frac{1}{3}-\frac{1}{4}\right)+\left(\frac{1}{4}-\frac{1}{5}\right)$

$=\frac{1}{2}-\frac{1}{5}=\frac{5}{10}-\frac{2}{10}=\frac{3}{10}$

4 なぜ分母が1違いだったらこんなことになるのだろう？

分母が1違いということは，小さい分母を「a」とするともう一方の分母は「a＋1」になる。そして，ひき算を$\frac{1}{a}-\frac{1}{(a+1)}$と表せることを確認して，これがどうして$\frac{1}{a\times(a+1)}$となるのか考えさせる。子どもは文字の式と具体的な数の式を比較しながら，通分の操作の意味を再確認する。その結果，「同じ式になる！」ことに驚く。

まとめ

文字の式を基にきまりが成り立つ理由を全員に説明させる。そして，かけ算の3枚のカードを取り出し，合計を問う。本時で見いだしたきまりの活用力を試すのである。

分子が1だからかけ算は簡単。でも通分はちょっと面倒だな

そんなことしなくてもきまりを使えば簡単だよ

本時案

1 ha を こえないのは？

本時の目標

- 1に限りなく近づくだけで，1を超えないことに気付くことができる。
- 面積図や分数式を用いることで，根拠を説明することができる。

授業の流れ

1 農地は，何十年も先にはどのくらいに広がっていると思う？

「極限」について考える学習である。「加法を無限に続けたらその和は発散する」という自然な考えと，相反する結果が出てしまう状況に直面させることで不思議さに浸らせつつ，その理由を図・式を用いることで明らかにさせていくようにする。

まずは，場面を丁寧に説明し，実際に電卓を使って計算するように促すことから始める。

Kさんは、昨年0.5haの農地を耕しました。今年は昨年の半分の0.25haの土地を耕しました。

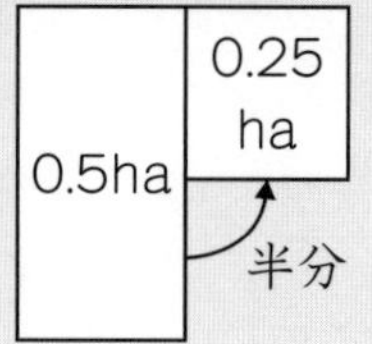

来年は今年の半分の広さの0.125ha、再来年は来年の半分の広さというように、毎年必ず前年の半分の広さずつ耕していきます。

Kさんの農地は、何十年も先にはどのくらいの広さになっていると思いますか？

2 あれっ，いつまでたっても1 ha を超えない…

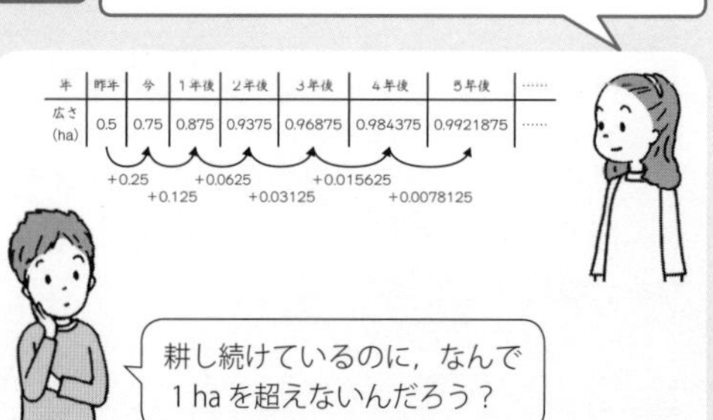

年	昨年	今	1年後	2年後	3年後	4年後	5年後	……
広さ (ha)	0.5	0.75	0.875	0.9375	0.96875	0.984375	0.9921875	……

実際に電卓で計算をさせることで「何年たっても1 ha を超えない」という収束する感覚を徐々にもたせていき，疑問を引き出していく。

3 耕し方を図にするとどうなる？

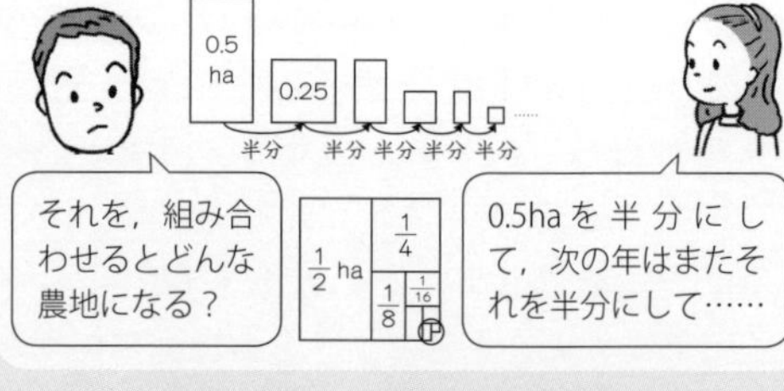

正方形の紙を渡し，実際に農地がどう広がっていくかを経験させる。半分，その半分と紙を切り分けさせ，それを組み合わさせることで，1 ha を超えないことを理解させる。

本時の評価

・「加法を無限に続けたらその和は発散する」という自然な発想に対して，実測をすることでギャップがあることを感じることができたか。
・正方形の紙で，実際に農地の拡がり方を確かめることで 1 ha を越えないことを見いだせたか。
・分数に置き換えて計算することで， 1 ha を越えないことを見いだせたか。 **準備物** ：正方形の画用紙

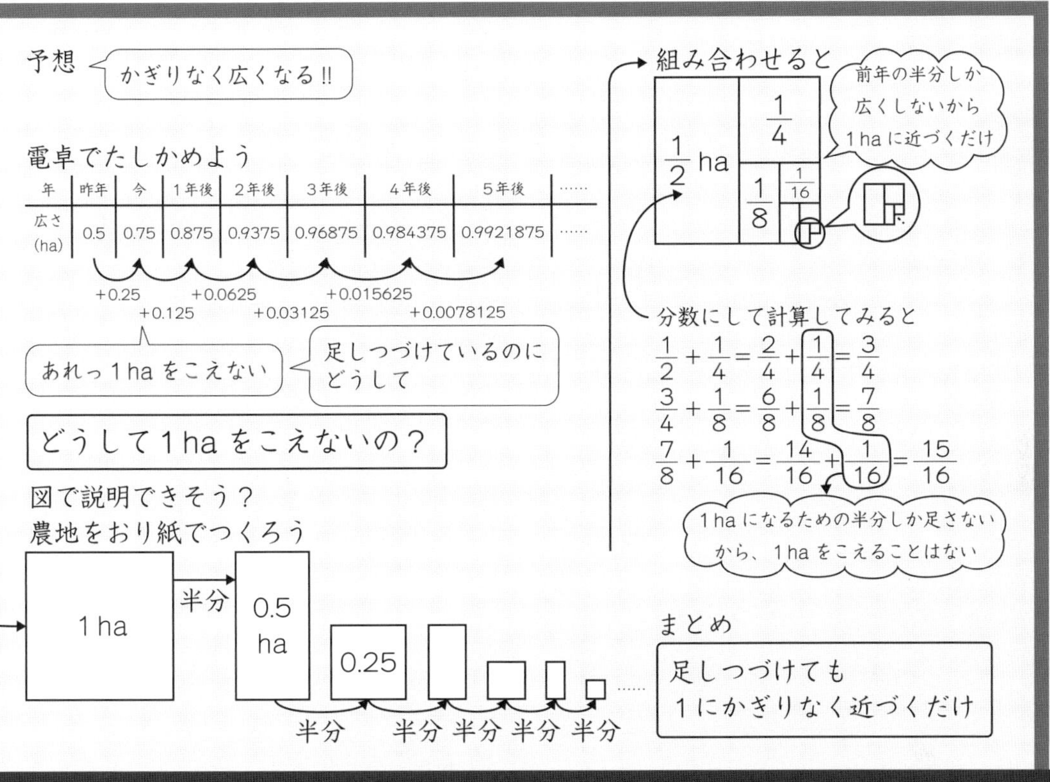

分数で足し続けてごらん！

$\frac{1}{2}+\frac{1}{4}=\frac{2}{4}+\frac{1}{4}=\frac{3}{4}$
$\frac{3}{4}+\frac{1}{8}=\frac{6}{8}+\frac{1}{8}=\frac{7}{8}$
$\frac{7}{8}+\frac{1}{16}=\frac{14}{16}+\frac{1}{16}=\frac{15}{16}$

いつも，１になるための半分しか足さないから，１を超えることはない

図の大きさを分数で表現させ，分数で式表現するよう促す。式から「１になるには，いつも最後に足した分だけ足りない」ことに気付かせ，１に収束することの理解を深める。

まとめ

足し続けても１に限りなく近づくだけ

「加法を無限に続けたらその和は発散する」という自然な発想とのギャップへの気付きと，図表現と分数表現によって「限りなく１に近づく」ことを明らかにできた一連の学びを子どもとともに振り返り，まとめとして板書するようにする。

本時案

最大の正三角形を折ろう

8/25

本時の目標

・正三角形，二等辺三角形の角の性質を使いながら，折り紙でできる最大の正三角形を折る。

授業の流れ

1 折り紙で正三角形を折ろう

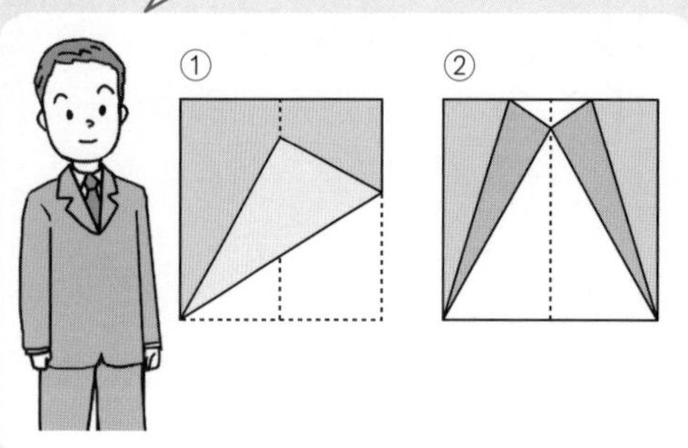

折り紙の一辺の長さを写し取って，正三角形を折る。

3年の教科書では，下の辺を斜めの辺に写し取る方法で作ってきた（①の方法）。横の辺を斜めの辺に写し取る方法でも作ることができる（②の方法）。授業の前にあらかじめ作っておいてもよい。

折り紙で正三角形を折る。

①

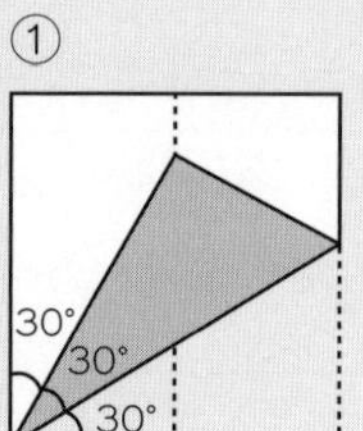

下の辺を
うつしとる

②

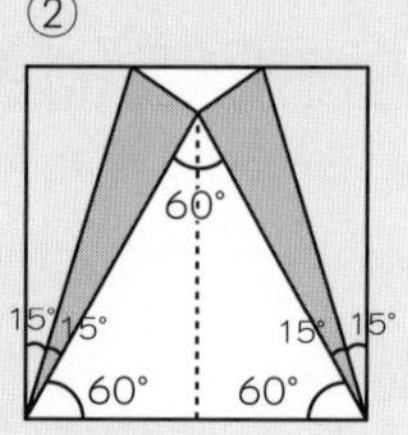

横の辺を
うつしとる

辺の長さを
うつしとる

角度を書き入れていくのは授業の後半で，角度を振り返っていくときである。

2 もっと大きな正三角形を折れないかな？

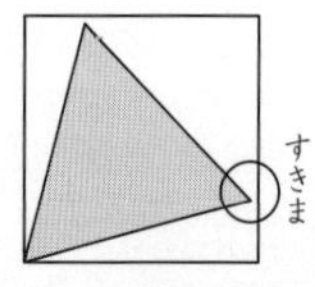

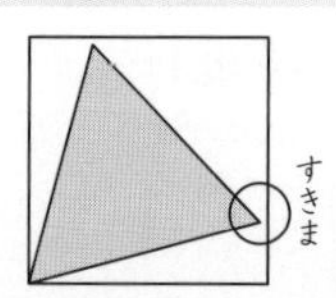

1で折った正三角形よりも大きい三角形はできないか聞く。折り紙の１辺を写し取っているので，これが最大と考える子がほとんどである。正方形の折り紙の上に重ねた正三角形をずらしてみると隙間ができる。隙間の分だけ大きな正三角形ができそうだと見通しを持つ。

3 対角線が対称の中心になる正三角形が最大かな？

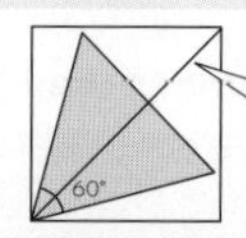

ここが対称の軸になる

隙間が一番大きくなるのが，折り紙の対角線を正三角形の対称の軸となるように置く傾け方ではないかと予想できる。

辺の長さはわからないので，写し取ることはできない。辺でできないならば，角を60°に折ることを考えれば正三角形ができるのではないかと考える。

本時の評価

・頂点が60°の二等辺三角形が正三角形になることを理解できたか。
・3つの角度が60°になるように折れば正三角形が作れることを理解できたか。

準備物

・提示用折り紙（一辺が30cm以上あるとよい）
・児童用折り紙

もっと大きな正三角形を折れないか？

本当に正方形？

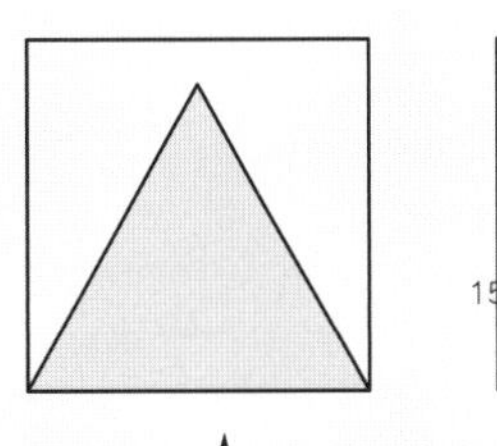

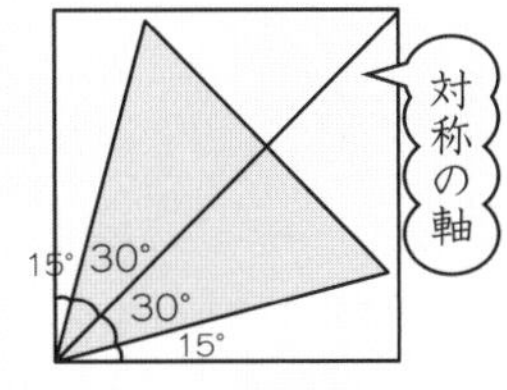

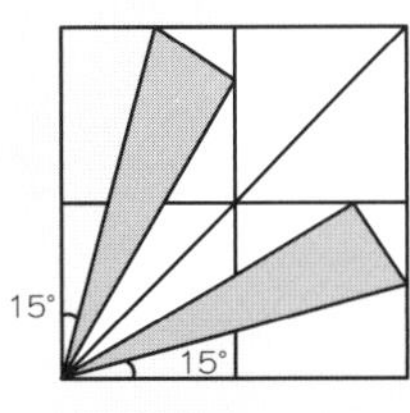

②の方法
半分の線に
頂点を合わせる

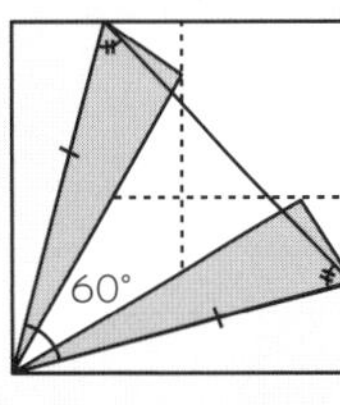

頂点60°の
二等辺三角形
⇓
底角が等しい
（180－60）÷2＝60

動かないから最大の正三角形　3つの角が60°の三角形

折り紙の上の正三角形を頂点を固定して動かして，隙間ができることを見せるともっと大きな正三角形ができることに気づいていく。

4 角が60°になるように折るには？

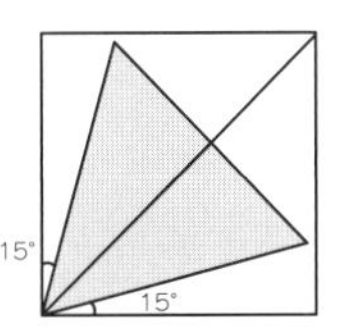

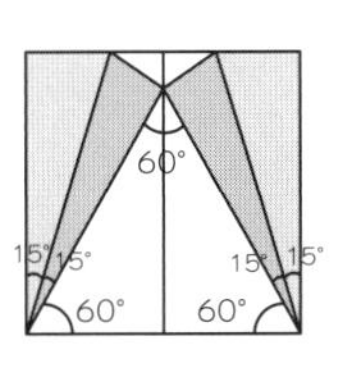

角が60°になるように折るには，15°の角度を作る必要がある。これまでの折り方を振り返ると15°を作るには，②の方法で作ってきたことがわかる。両サイドから15°ずつとって，60°の角度を作り，底角を結ぶと正三角形ができる。

5 本当に正三角形と言えるのか？

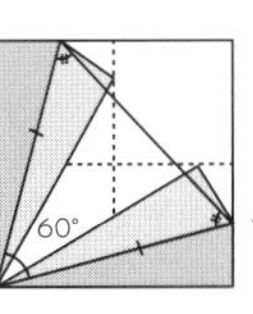

2つの辺は折り紙を同じように折っているので，二等辺三角形である。二等辺三角形の底角は等しく，頂角は60°なので3つの角が60°であることがわかる。できた正三角形を折り紙の上に重ねると隙間ができずに動かなくなるので，これが最大の正三角形となる。

本時案

正八角形を作ろう

本時の目標

・正方形の折り紙から正八角形をつくるとき，「折る」「切る」だけでつくるためには，どのような条件が必要かを考える。

授業の流れ

1 折り紙（１辺24 cm）を折り，１か所切って，正八角形を作りましょう

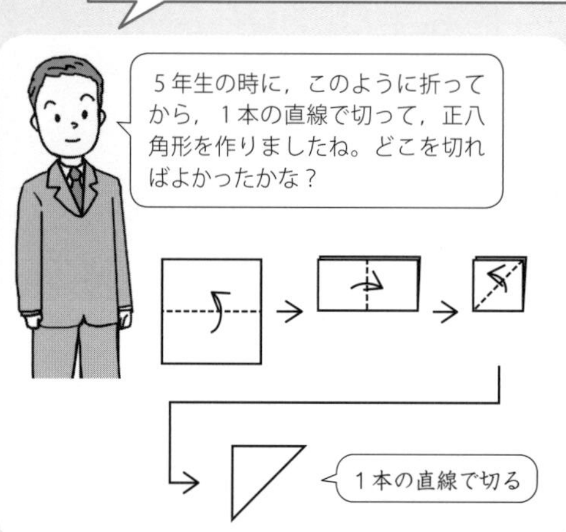

５年生の時に，上記のような活動を行っていると思われる。二等辺三角形になるように切ればよいことを確認したい。

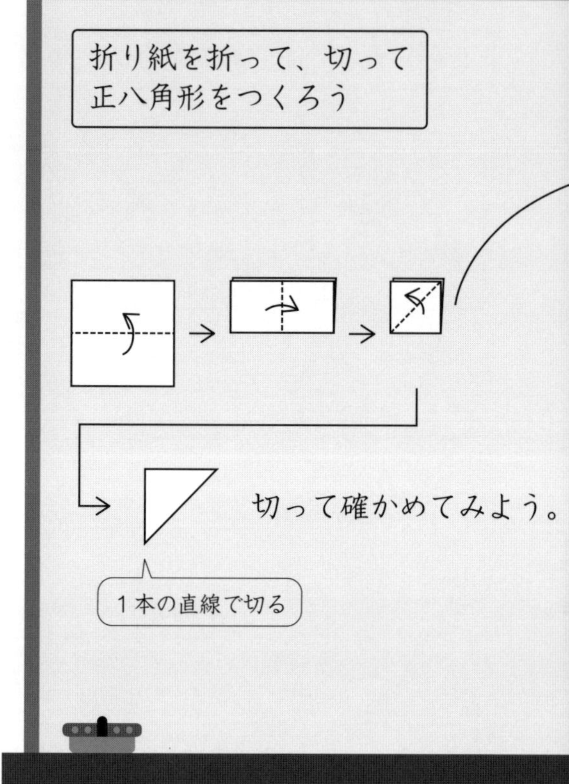

2 今度は，２回折ったところで折るのを止めます

折り紙を２回折って，角を斜めに切って開いたときの形をイメージさせる。

3 どこで切ればよいのかな？

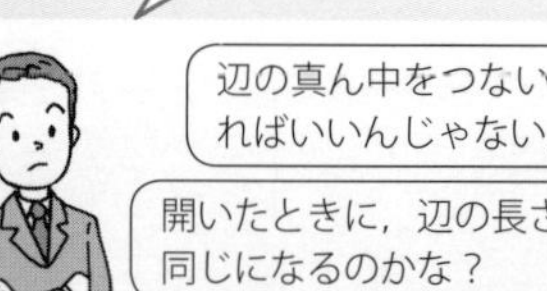

もとの折り紙の１辺が24 cm のとき，２回折ってできる正方形の１辺は12 cm。その辺の中点は，頂点から６cm の点である（①の図）。ここを結んでできる直角二等辺三角形の斜辺は，６cm ＋６cm よりも短い。だから，８つの辺の長さが等しくならないことがわかる。

本時の評価

・正八角形になるための条件を考えることができたか。
・①のように辺の中点をつないだ場合には正八角形ができない理由を考えることができたか。
・③の方法で辺の長さが等しくなることを理解できたか。

準備物

・折り紙（辺の長さの数値が4の倍数の方が考えやすい。）

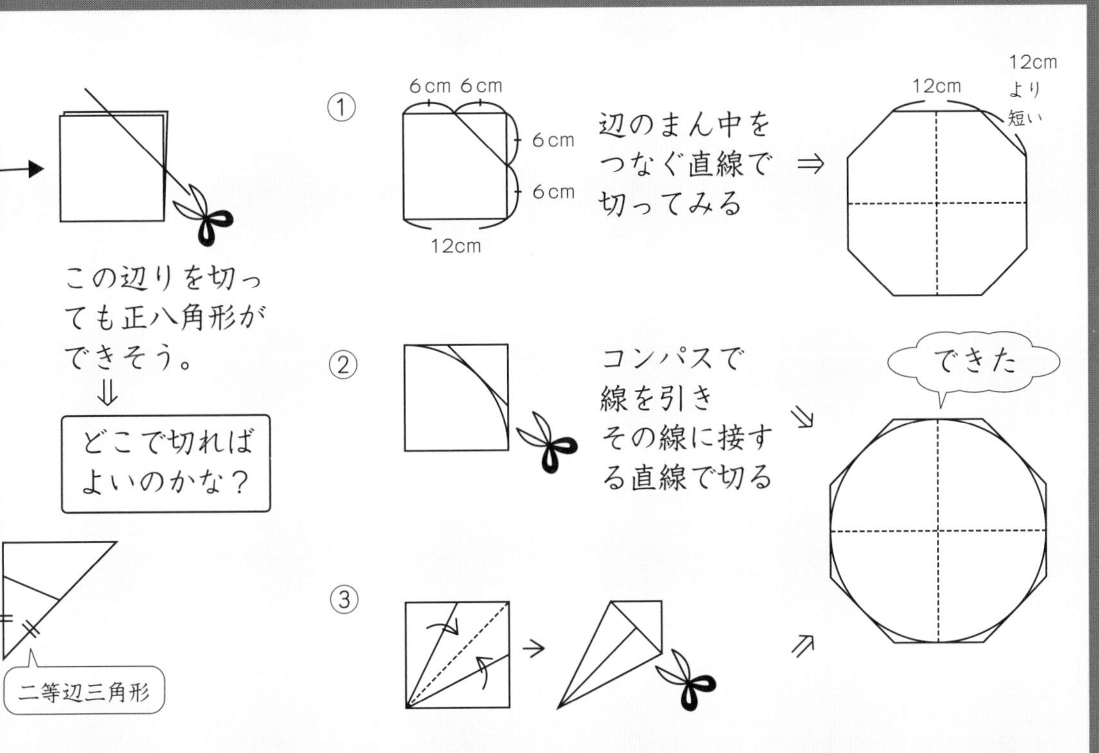

4 正八角形の真ん中から，辺までの距離は全部同じだから……

（②のように）折り目が交わった点にコンパスの針を刺して半径12 cm の円をかいて，その円周に接するように直線を引けばいいんじゃないかな？

正八角形に内接する円をイメージした場合の考え方である。内接する円の中心から辺までの距離が12 cm になるので，コンパスを用いてその位置を探す。正方形の対角線を引き，対角線と円周の交点に垂線を引けばいいのだが，小学生には難しい。

5 全部の辺の長さが同じになるようにすればいいんだから……

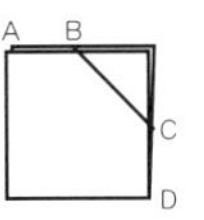

AB = CD で，BC は AB の 2 つ分の長さになるんだよね

折り紙を開いてできる正八角形の 1 辺の長さは，AB の長さの 2 倍である。そして，それが BC の長さに一致すればよい。つまり，AB = CD なので，AB + CD = BC ということになる。

よって，点 B，点 C の位置は，③の図のように折り紙を折ることによって見つけることができる。実際に切って確かめたい。

本時案

周りの長さは何 cm かな？

本時の目標

・2つの長方形の辺と辺が 1 cm 分くっついているとき，どうしていつも周りの長さが同じになるのかを説明することができる。

授業の流れ

1 縦 3 cm，横 1 cm の長方形の周りの長さは何 cm かな？

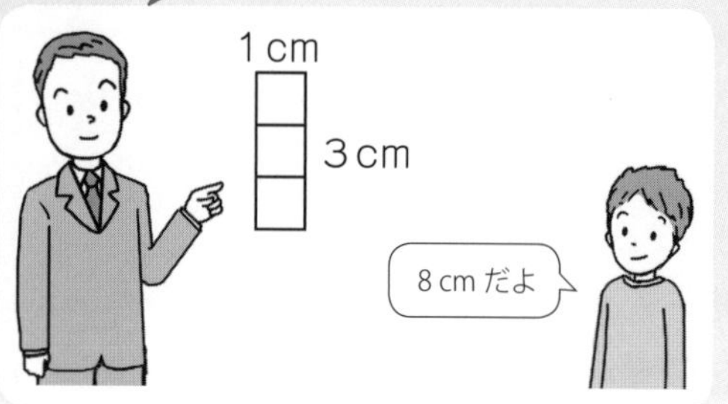

縦 3 cm，横 1 cm の長方形をいくつも準備しておく。はじめに，黒板に長方形を 1 枚貼り，周りの長さが何 cm になるのかを尋ねる。

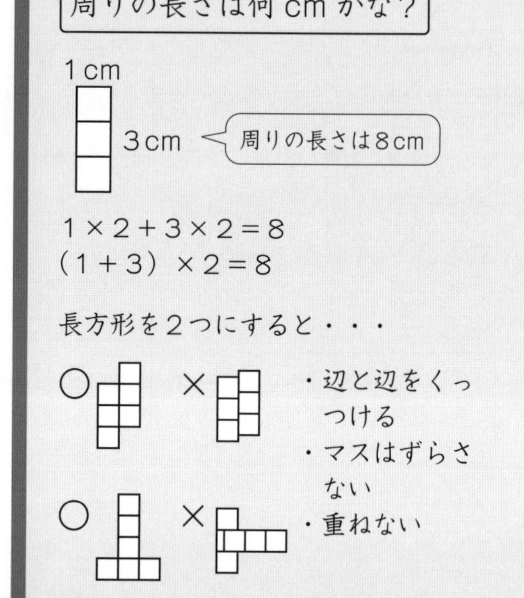

2 長方形を 2 つにして，長方形の辺と辺をくっつけていろいろな形をつくったら，周りの長さは何 cm になるかな？

2 つの長方形の辺と辺をくっつけて，いろいろな形をつくって，周りの長さが何 cm になるのかを調べる。

（ルール）

辺と辺をくっつけるときは，マスがずれないようにする。マスがずれたり，重ねたりすることはしない。

3 周りの長さが14cm になっている形には，共通点はありますか？

きまりが分かったよ。14cm になるときは，いつも辺が 1 cm 分くっついているよ

周りの長さは，10 cm，12 cm，14 cm の 3 つのパターンができる。一番多くできる 14 cm のものから，前に貼らせていく。

14 cm の形になるものの共通点がないかを尋ねると，上のようなきまりに気付く。

本時の評価

・2つの長方形（縦 3 cm，横 1 cm）でできた形の周りの長さとくっついている辺の長さの関係について，図や式で考えることができる。

準備物

・縦 3 cm，横 1 cm の長方形の掲示物（実際の長さは長い方がよい），20枚程度

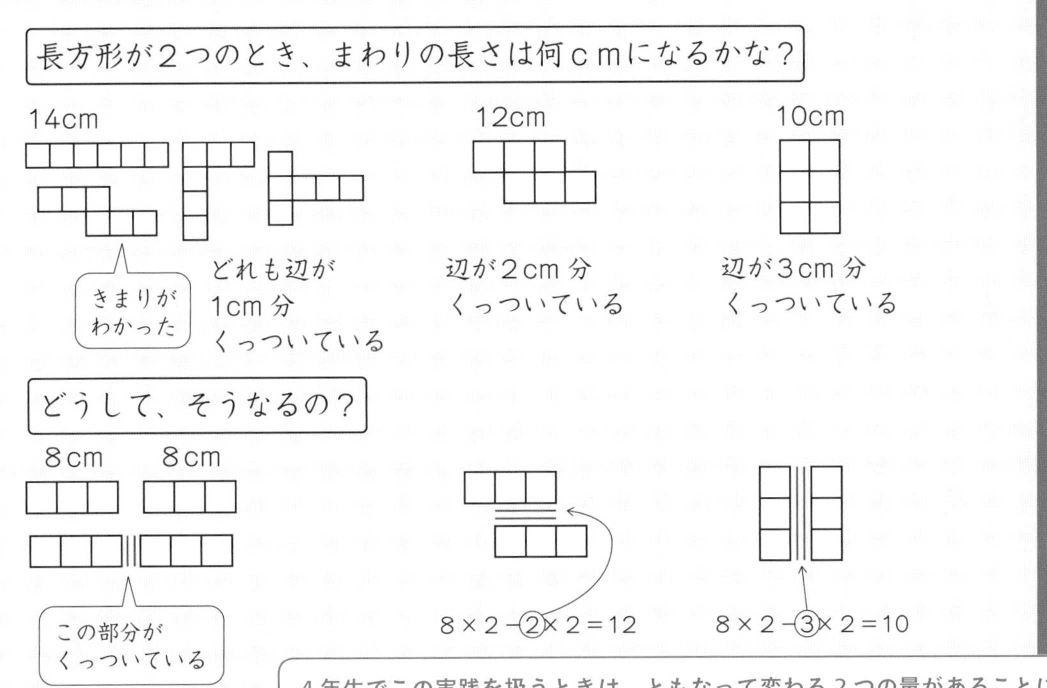

4年生でこの実践を扱うときは，ともなって変わる2つの量があることに気付くことをねらいとするが，6年生には「どうして辺が 1 cm くっついているといつも14 cm になるのか」について，思考・表現させていくことがねらいとなる。

4 どうして，辺が 1 cm 分くっつくと 14cm になるのかな？

8×2の16cmから，くっついている部分を引くから，いつも14cmになるんだ！

「どうして辺が 1 cm 分くっつくと，いつも 14 cm になるのか」を子どもたちに尋ねる。図や式（8×2 − 1×2）で説明できるように促していく。12 cm や10 cm についても説明させるとよい。

まとめ

本時では，まず「14 cm になる形はいつも辺が 1 cm 分くっついている」というきまりを見つけることが大切である。さらに，「どうしてそのようなきまりになるのか」ということを考えさせていく。

子どもたちが帰納的に考えること，演繹的に考えることを大切にしている実践である。

本時案

向かい合う角の和は180°

本時の目標

・円に内接する四角形の向かい合う角の和が180°になるというきまりを帰納的に見いだし，円の半径によって二等辺三角形が構成されることに着目することで，その根拠を演繹的に明らかにすることができる。

授業の流れ

1 円に接している四角形の∠a，∠bの大きさをそれぞれ求めましょう

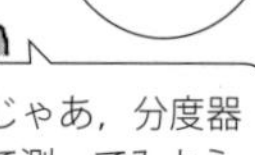

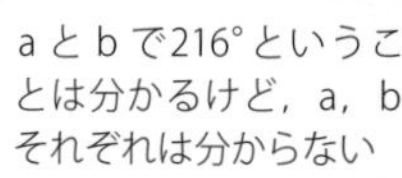

円に内接する四角形の向かい合う角の和は180°であるという中学数学の内容を題材にした授業である。

まずは，２つ角の和が216°となることは分かるが，それぞれは分からないことに気付かせ，分度器で実測させることから始める。そして，実測した角の大きさについて，何か面白いことがないかを問う。

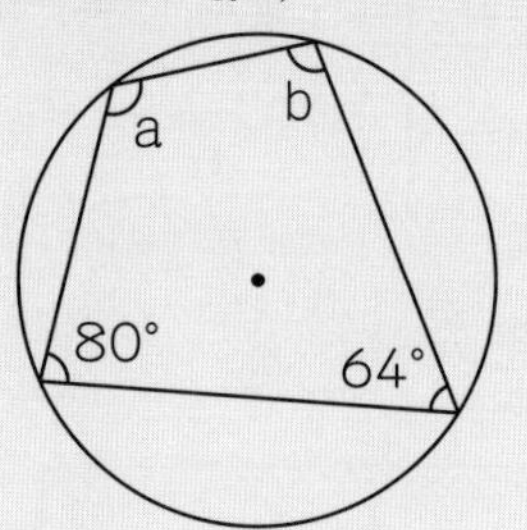

2 向かい合う角の和が180°だ！ でも，たまたまでしょ

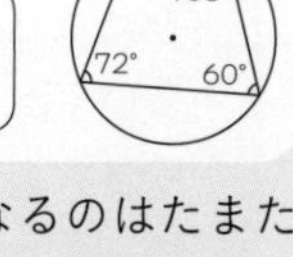

向かい合う角の和が180°になるのはたまたまであると思う子が多いと想定される。そこで，適当に円と内接する四角形をノートにかかせ，実測させて確かめさせるようにする。

3 円に接した四角形に限ってのことだよね。円ということは半径……

円に内接という特殊な場合であることに着目させることで半径を見いださせ，半径を図にかき込ませることで二等辺三角形４つで四角形が構成されていることに気付かせる。

本時の評価

・円に内接する四角形を実際にかき，内角の実測を通して帰納的に円に内接する四角形の向かい合う角の和が180°となることを見いだすことができたか。
・円に内接するという特殊な状況に気付き，そこから半径，そして二等辺三角形を見いだし，二等辺三角形の底角に着目することで，演繹的に根拠を明らかにすることができたか。

準備物：円に内接する四角形の図，定規，コンパス，分度器

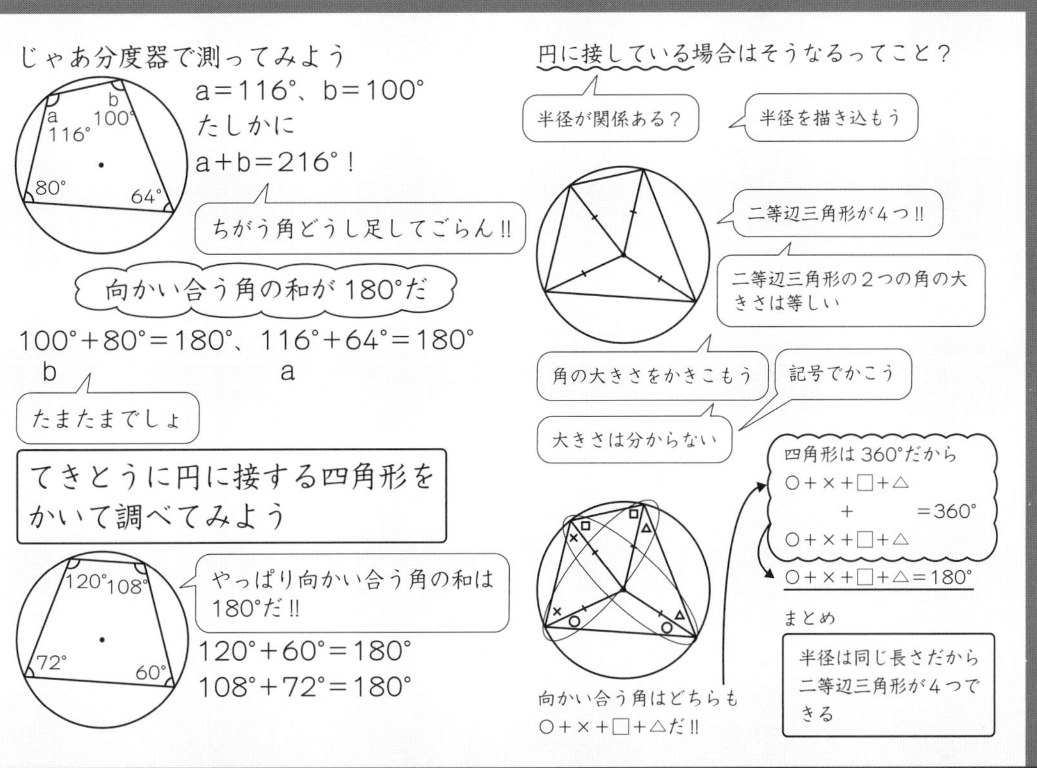

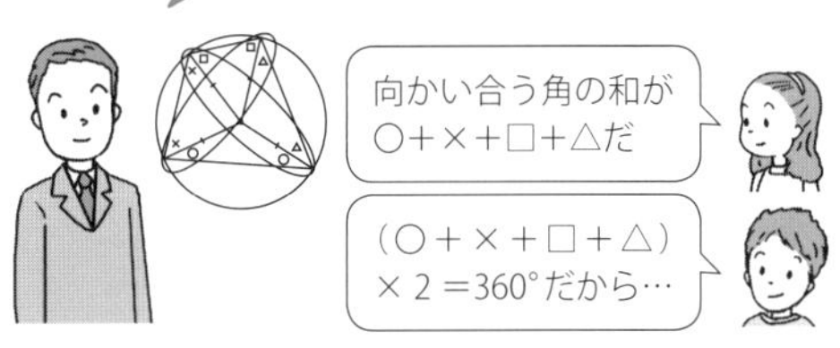

二等辺三角形の底角に着目させ，角を○△□×などの記号に置き換えさせる。そこから，向かい合う内角の和は○＋△＋□＋×になっていることに気付かせ，演繹的に根拠を説明させるようにしていく。

まとめ

半径が同じ長さだから，二等辺三角形が４つできる

まずは帰納的に「円に内接する四角形の向かい合う角の和は180°」であることを見いだし，次に，円に着目して半径，二等辺三角形が見えてきたことで演繹的に説明できたことの一連の学びを子どもとともに振り返り，まとめとして板書する。

本時案

三日月２つ分の面積を求めよう

本時の目標

・図形の重なりを考えて面積を求める。

授業の流れ

1 三日月２つ分の面積を求めよう

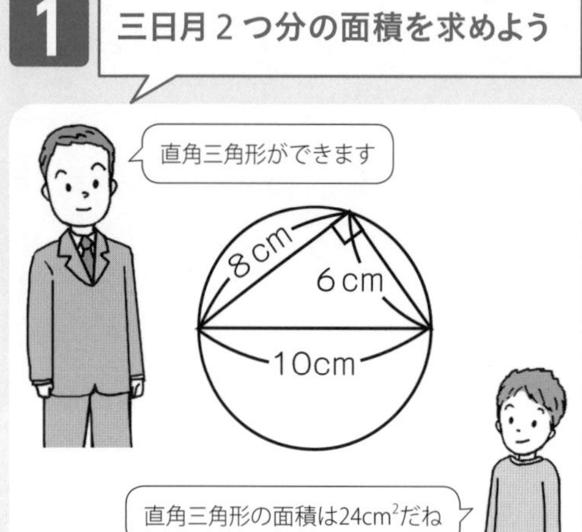

図を提示して，三日月２つ分の面積を求めることを伝える。しかし，子どもたちに図を配ることはしない。２つの三日月がどのようにしてできてきたのかは，教師の板書と一緒に，子どもたちが全員で一斉にノートにかいていって理解していく。

三か月２つ分の面積を求めよう。

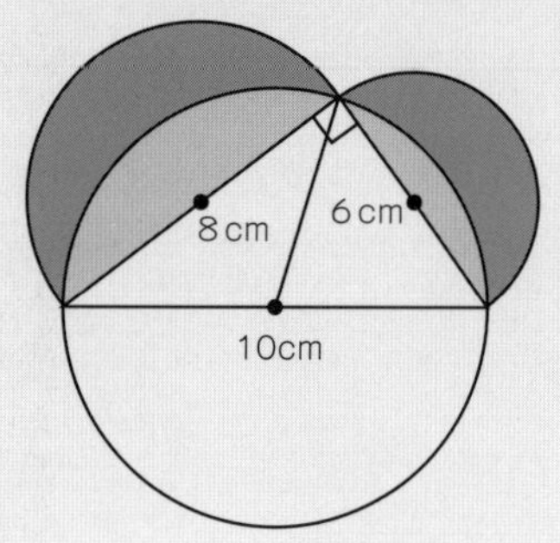

円、半円　$4 \times 4 \times 3.14 \div 2$

おうぎ形　$3 \times 3 \times 3.14 \div 2$

　　　　　$5 \times 5 \times 3.14 \div 2$

直角三角形＝ $8 \times 6 \div 2 = 24$

円の中に三角形を作図するときには，コンパスを使って８cm，６cm を測りとる。できた角が直角であることは伝える。

2 何とも言えない形の面積が分かればいいよ

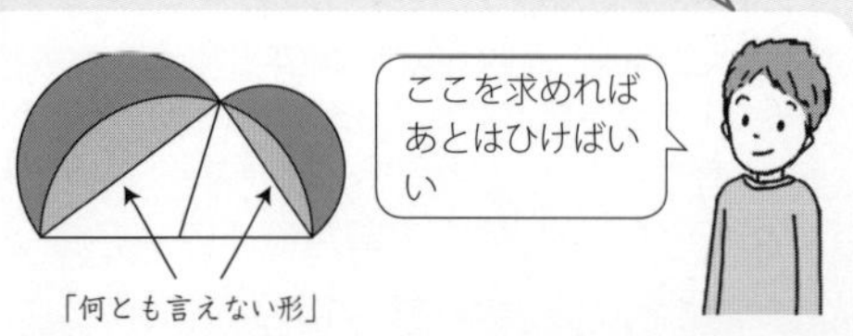

「三日月２つ分」を求めるために，「何とも言えない形」を考えることが問題となる。扇形から二等辺三角形を引いて考えてもうまくいかない。大きな半円から直角三角形をとれば「何とも言えない形」を求められることに気付いていく。

3 大きな半円を引いても求められるね

図の重なりを考えていくと，２つの半円と直角三角形を合わせた面積から半径５cm の大きな半円の面積をとっても求められることが見えてくる。また，三日月２つ分と直角三角形の面積が等しいことに気付いていく。

本時の評価

・図形の重なりを考えて面積を求めることができたか。

準備物

・問題提示用の三日月の図

なんとも言えない形 = おうぎ形－二等辺三角形（おうぎ・二等辺に×印）

= 大きな半円－直角三角形

15.25（cm²）

5 × 5 ×3.14÷ 2 -24

三日月２つ分 = 2 つの半円－なんとも言えない形

= 4 × 4 ×3.14÷ 2 + 3 × 3 ×3.14÷ 2 -15.25

24cm²

=25.12+14.13-15.25

ピッタリ!

3.14の計算なのに!?

直角三角形と同じ!

ぐうぜん?

2 つの半円 + 直角三角形－大きな半円

= 4 × 4 ×3.14÷ 2 + 3 × 3 ×3.14÷ 2 +24- 5 × 5 ×3.14÷ 2

=(16+ 9)×3.14÷ 2 +24－25×3.14÷ 2

（等しい！）

① 三日月２つ分 = 直角三角形

② 大きな半円－直角三角形 = 何とも言えない形

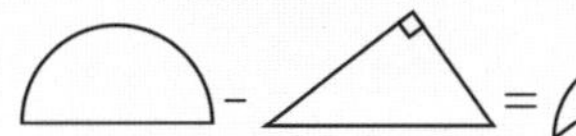
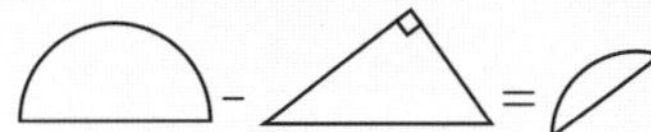

③ 2 つの半円－何とも言えない形 = 三日月２つ分

④ 2 つの半円 = 大きな半円

4 3.14をまとめて計算したよ

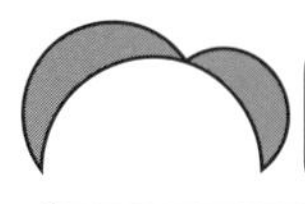

3.14を分配法則でまとめてかけるようにすることで，計算が楽になり，計算ミスもなくなる。

3.14の計算が 0 になっていくことから，小さな半円 2 つを合わせた面積は，大きな半円の面積と等しいことがわかる。

5 面積の同じところがたくさんあるね

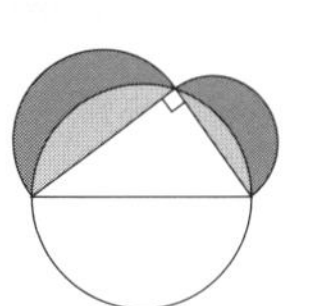

見いだした図の面積の関係を図の式で表す。①三日月 2 つ分と直角三角形が等しい②大きな半円から直角三角形をとると「何とも言えない形」③小さな半円 2 つから「何とも言えない形」をとると三日月 2 つ分④小さな半円 2 つと大きな半円が等しい。

本時案

円の面積を求めましょう

本時の目標

・半径の長さが分からない円の面積を求めていく中で，半径を対角線とする正方形の面積と円の面積の関係という視点から円の面積の公式を見直すことができる。

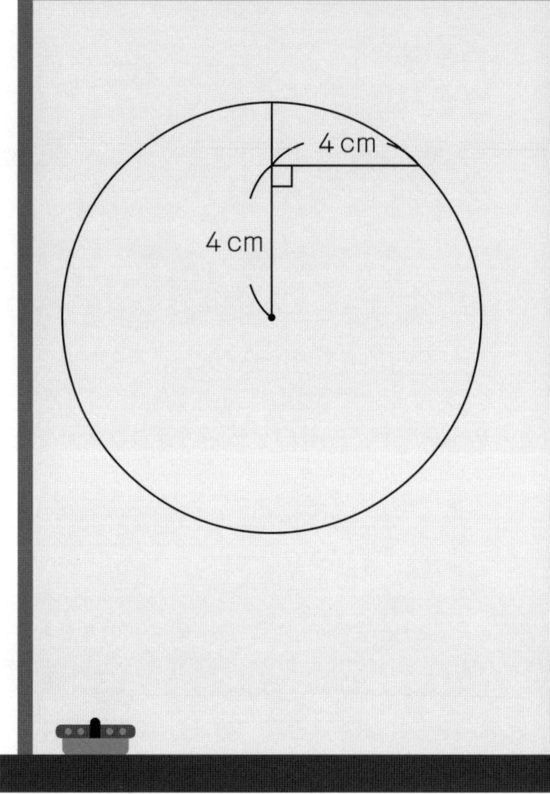

授業の流れ

1　円の面積を求めましょう

「円の面積を求めましょう」と板書し，教師が黒板に円を１つかく。半径の長さは指定せず，子どもにも自分が決めた半径の長さで円をノートにかかせる。そして，円の中に半径を１本かき，板書のように，半径と垂直に交わる直線をかき加え，４cm と記入する。子どもたちにもノートに似たような形になるように半径と直線をかき加えさせる。

一緒に教材をかきながら示していくと，対象となる図形のしくみが理解される。そして，このままでは円の半径の長さが分からないということが全員の問題として意識される。

2　正方形が見える！

半径の長さという大事な情報が欠落している状況の中で，分かることを確かめていく。すると，「正方形が見える」とか「直角二等辺三角形が見える」という声が現れる。

3　正方形の対角線が円の半径になっている！

円の中に正方形をかき加えると，「正方形の対角線がこの円の半径になっている」と気付く子どもが現れる。そこで，子どもたちにもノートの円の中に正方形をかき加えさせ，対角線と半径の関係を確かめさせると，「そうか！分かった」という声が上がる。

見るだけでなく自分の手でかくから発見できる。かく活動の意味や価値を意識したい。

本時の評価

・円の面積の公式と半径を対角線とする正方形の面積の公式との関係を見いだし，円の面積を求めることができたか。

円の面積を求めましょう

半径の長さが分からない

半径 × 半径 ×3.14＝円の面積⇒32×3.14＝100.48

答え　100.48cm²

正方形が見えるけど……

4 cm

?

4 cm

半径

同じ長さ

対角線

正方形の面積

使える！

・一辺 × 一辺＝正方形の面積

4 × 4＝16

・対角線 × 対角線 ÷ 2＝正方形の面積

半径 × 半径 ÷ 2＝16

半径 × 半径＝32

では　の面積は？

4 cm

4 cm

45°

$\frac{45}{360} = \frac{1}{8}$

おうぎ形は円の$\frac{1}{8}$

100.48÷ 8＝12.56

4 × 4 ÷ 2＝8

12.56－ 8＝4.56

4.56cm²

4 「対角線 × 対角線 ÷ 2 ＝正方形の面積」だから……

分かった子どもが上の言葉をヒントとして与える。そして，対角線と半径が同じ長さということから「半径 × 半径 ÷ 2 ＝16」となることが見えた子どもは，円の面積をノートに書き始める。

まとめ

「半径 × 半径 ×3.14」である円の面積は，「半径 × 半径 ÷ 2 ＝16」の6.28倍だという考えも現れる。つまり，円の面積は半径を対角線とする正方形の面積の6.28倍になっているという新たな見方の発見である。

最後に，発展として板書に示したような扇形の端の部分の面積を求める。100.48cm²という円の面積を活用した問題場面となる。

本時案

3倍の面積をつくろう

本時の目標

・②や③の図形が①の面積の3倍かどうかを調べることができ，①の3倍の面積の図形をつくることができる。

授業の流れ

1 ①の面積の3倍の面積の図形はあるかな？（②や③を見せる）

①の円を基にして，②と③の図形が何倍かを調べる。その際，答えまで出さなくても式を比較して判断できるように助言をする。

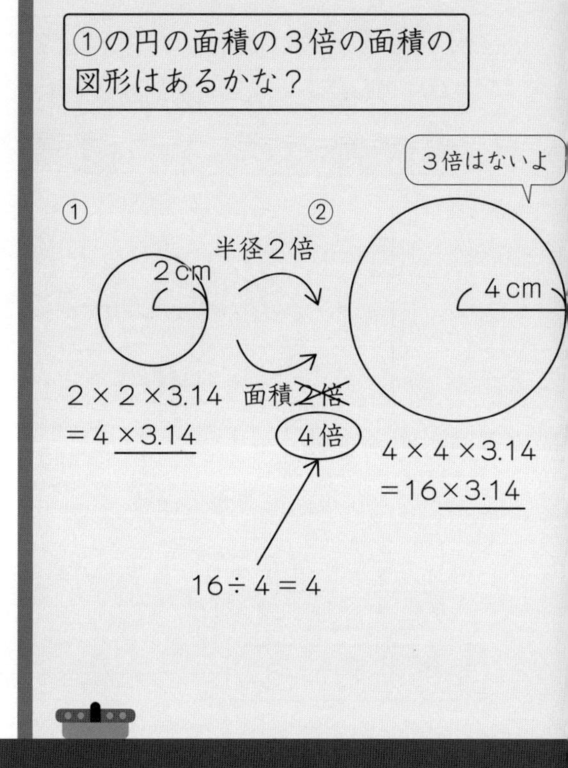

2 ①は2×2×3.14=4×3.14
②は4×4×3.14=16×3.14

③の形は，等積変形をすることで面積を求めたり，何倍かを判断したりする。

3 3倍の面積はないよ

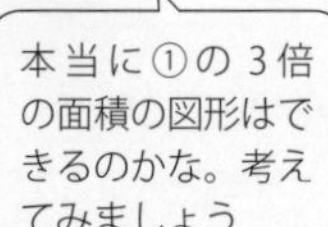

①の3倍の面積の図形をつくるという課題を子どもから引き出すようにする。

本時の評価

・①の円を基に，②や③の図形が３倍の面積かどうかを調べることができたか。そして，①の図形の３倍の面積の図形を，既習の面積に関する学習を基につくることができたか。

①の３倍の面積の図形をつくろう！

半径４cm の円の半分だから
４倍の半分で 2倍

③

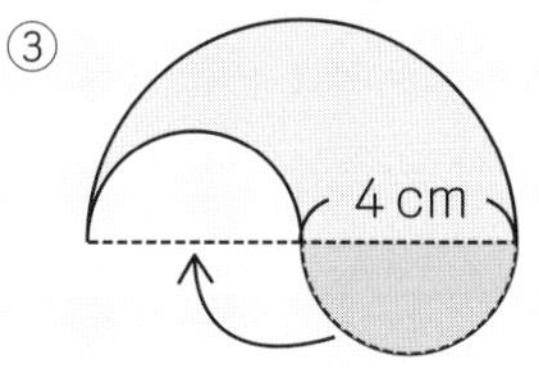

$4 \times 4 \times 3.14 \div 2$
$= 8 \times 3.14$
$8 \div 4 = 2$ （2倍）

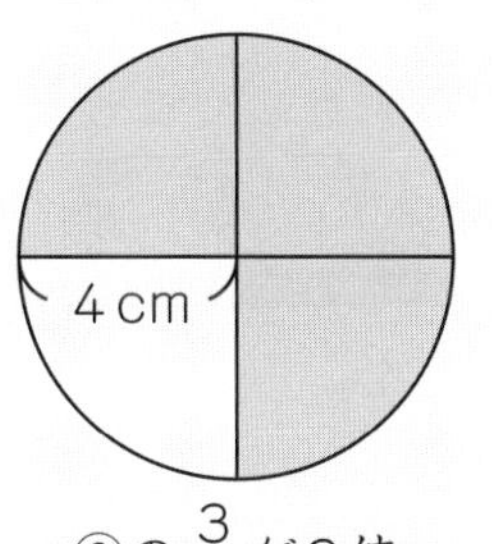

②の $\frac{3}{4}$ が３倍

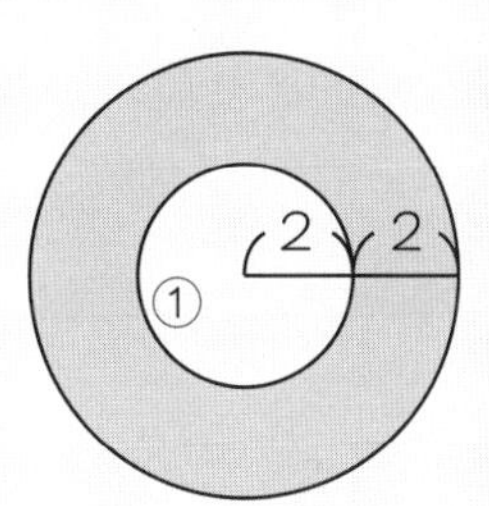

②から①を引く。

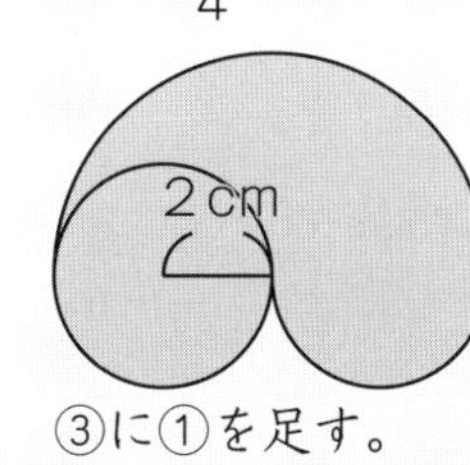

③に①を足す。

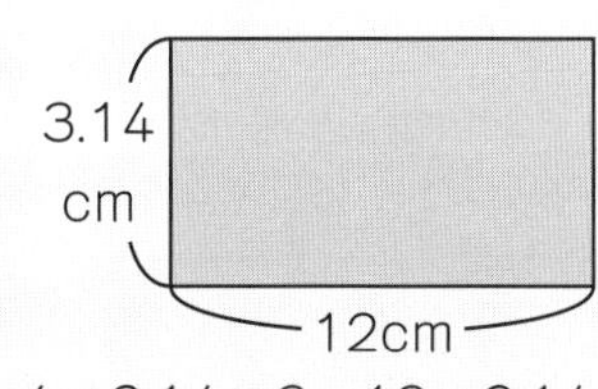

$4 \times 3.14 \times 3 = 12 \times 3.14$

4 ②の図形を４つに分けたうちの３つ分が３倍の面積になります

②の円から①の円の面積を引いた残りの面積が３倍です

③の形に①の円を足せば３倍になります

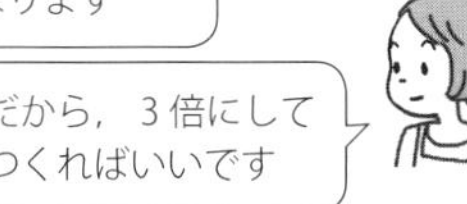

①の面積は４×3.14だから，３倍にして12×3.14の長方形をつくればいいです

多様な３倍の面積の図形を考えられるように助言する。

まとめ

①の３倍の面積の図形を考えるには，図形の見方を活かして考える場合と，①の面積を表す式を活かして考える場合とがある。

平行四辺形，三角形，台形といった図形を考えることもできるし，例えば半径６cm の円が９倍の面積なので，その $\frac{1}{3}$ と考えて，中心角120°のおうぎ形を考えることもできる。

本時案

正十二角形の $\frac{1}{4}$ の面積

本時の目標

・正十二角形を 4 等分した形の面積の求め方を考えることを通して，合同な形（二等辺三角形）に分割したり，それらを並べかえたりする方法に気付くことができる。

下の形の面積を求めましょう。

10cm

正十二角形の $\frac{1}{4}$ の形

授業の流れ

1 この形の面積を求めましょう

上の図は，正十二角形の$\frac{1}{4}$の形であるが，いくつかの図形を組み合わせた形にも見える。

この形をどのような形と見るかによって，面積の求め方も違ってくる。この形を回転させたりしながら，一人ひとりにとって求めやすい見方ができるようになるとよい。

2 台形と直角二等辺三角形に分けて面積を求めました

①の図のように台形と直角二等辺三角形に分けて面積を求める子がいる。台形の辺の長さは実測して求める。

計算した結果は，74.96 cm^2となる。

3 3 つの二等辺三角形に分けて，面積を求めました

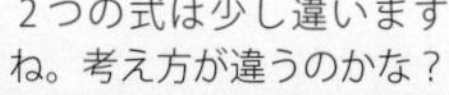

上の式は，3 つの三角形の面積を別々に求めてから足している。これに対し，下の式は，3 つの三角形を（5.1× 3 ）を底辺とする 1 つの三角形に等積変形してから求めている。その違いを明らかにしたい。

本時の評価

・提示された図形を，面積の求め方がわかる図形の組み合わせと見ることができたか。
・面積の求め方を式で表したり，他の子の式を読み取ったりすることができたか。

準備物

・正十二角形の$\frac{1}{4}$の形（提示用と配付用）
・正十二角形もあるとよい。

①台形と直角三角形に分ける

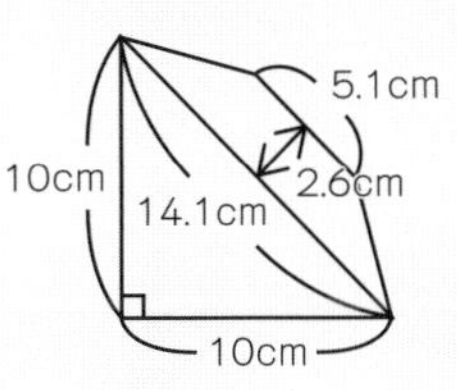

台形
(5.1＋14.1)×2.6÷2
＝24.96
直角二等辺三角形
10×10÷2＝50
合計
24.96＋50＝74.96（cm²）

②3つの三角形に分ける

その1

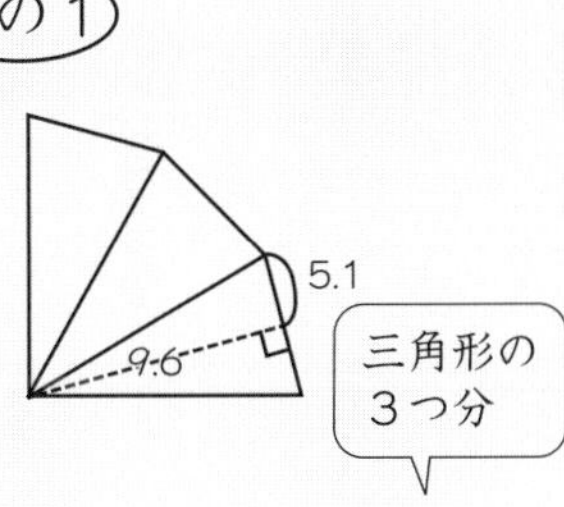

5.1×9.6÷2×3
＝73.44（cm²）
考え方が少し違う
(5.1×3)×9.6÷2
＝73.44（cm²）

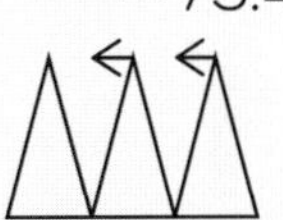

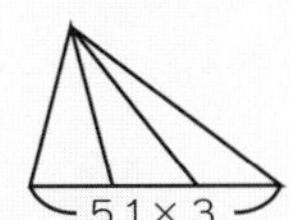

その2

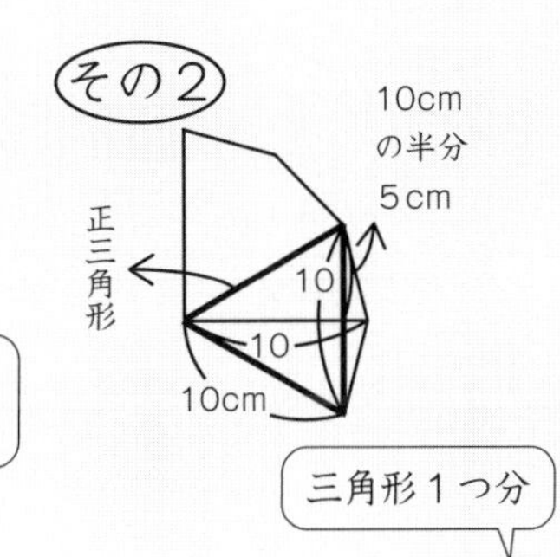

10×5÷2＝25
25×3＝75
（cm²）

4 二等辺三角形の面積の求め方は，他にもあるよ

正十二角形の中心角は30°なので，②「その2」の図のように，二等辺三角形を2つくっつけてできる四角形の対角線を引くと，正三角形ができる。よって，この対角線の長さは10cm。二等辺三角形の高さは，10cmの半分で5cmということになる。

正十二角形の面積について

正十二角形を右図のように分けると，6つのたこ形ができる。

3本の対角線の交点から頂点までの距離をxとすると，このたこ形の対角線は2本ともxになるので，たこ形1つの面積は，$x×x÷2$で求められる。

正十二角形全体の面積は，たこ形の6倍なので，$x×x÷2×6＝x×x×3$。

（円周率を3で計算したときの半径xの円の面積に等しい）。

本時案

正方形をつなげた形をつくろう

16/25

本時の目標

・同じ大きさの正方形を２～５枚つなげてできる形は，それぞれ何種類できるかを考える。
・立方体の展開図について振り返る。

授業の流れ

1 正方形を□つ，くっつけた形をつくりましょう

正方形をくっつける時は，ずらしたりせずに，辺と辺をぴったりとつけることを約束する。

正方形を２つくっつけた形は，右の１種類だけである。

この形をドミノという。

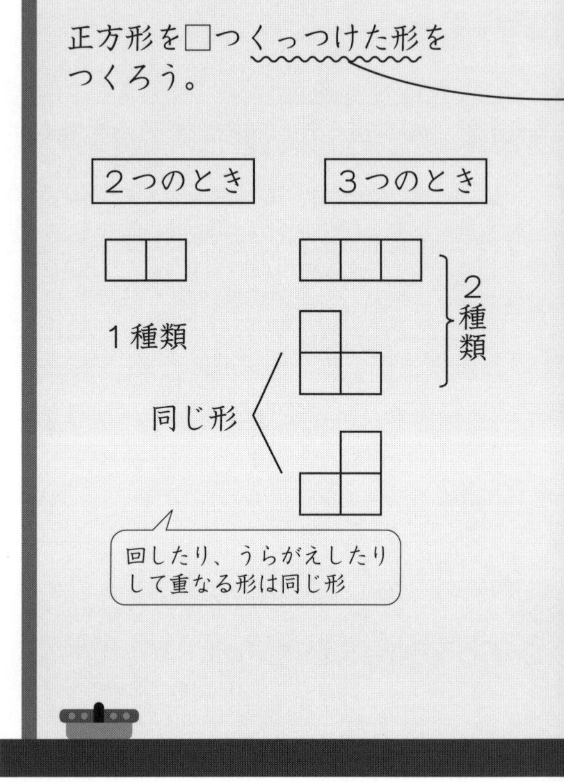

2 「３つ」の時は，何種類できるかな？

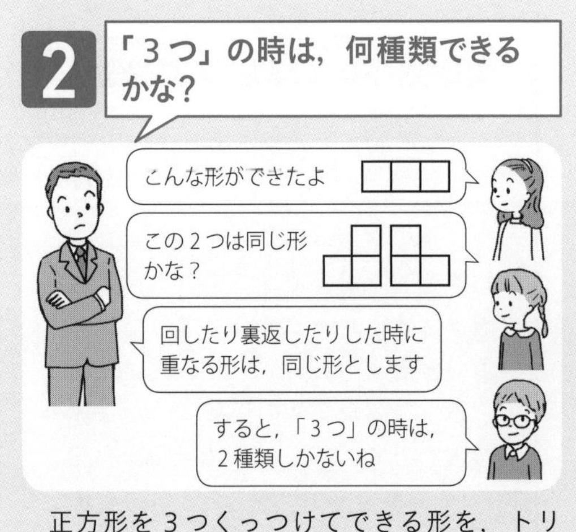

正方形を３つくっつけてできる形を，トリミノという。

3 「４つ」の時は，何種類できるかな？

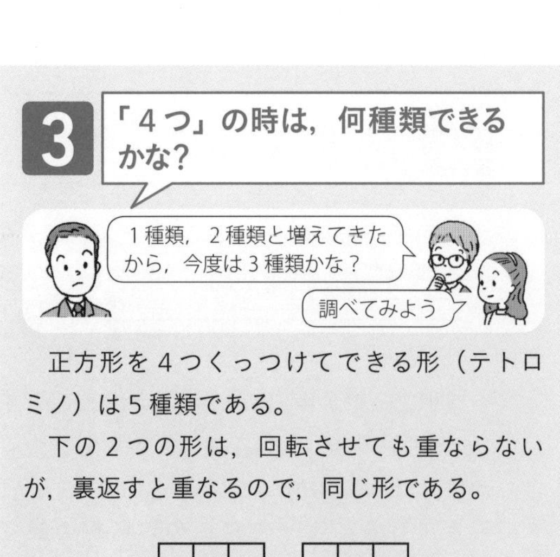

正方形を４つくっつけてできる形（テトロミノ）は５種類である。

下の２つの形は，回転させても重ならないが，裏返すと重なるので，同じ形である。

本時の評価

・試行錯誤をしながら，正方形を２～５枚つなげてできる形をできるだけたくさん見つけようとしたか。
・正方形をつなげた形の異同を判別することができたか。
・箱ができる形とできない形に分けることができたか。

準備物

・５cm×25 cm の工作用紙を児童数分
・ハサミ，セロハンテープ

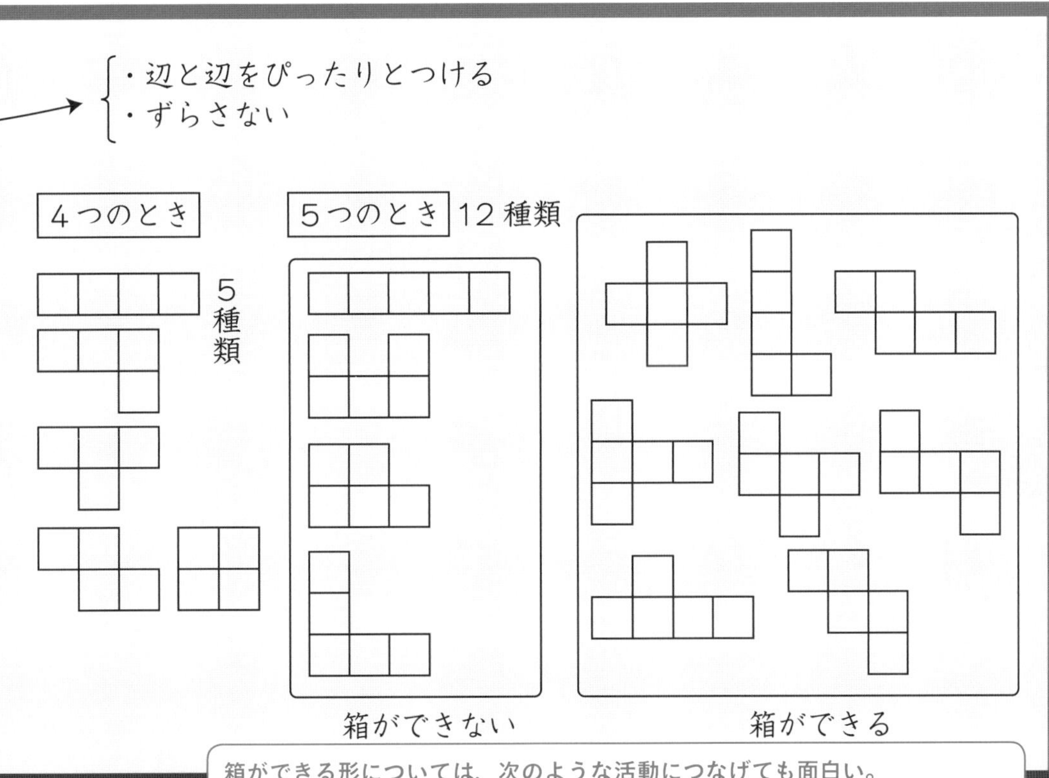

箱ができる形については，次のような活動につなげても面白い。
①開いている部分が上に来るように置いたときに底になる面に印をつける。
②立方体の展開図にするためにはどこに正方形をつなげればよいかを考える。

4 「５つ」の時も，考えてみたい

たくさんできそうだね

見つけたら，ノートに記録しておきましょう

正方形を５つくっつけてできる形（ペントミノ）は12種類である。

ここでも試行錯誤できるように，手元に正方形があるとよい。工作用紙を５cm×25 cm に切って配り，５cm×５cm の正方形５枚に切り分けさせるとよい。

見つけた形は記録させておく。

5 ペントミノ12種類のうち，組み立てたら箱ができるものはいくつあるかな？

ペントミノ12種類を，組み立てた時に箱（立方体の１面を除いた形）ができる形（８種類）と箱ができない形（４種類）に分けてみる。

セロハンテープでつなげて確かめながら見つけていくとよい。

本時案

何 cm に なるのかな？

本時の目標

・一辺19 cm の正方形状の方眼をなぞって交わらずになるべく長く線をかく一例を確かめる中で，帰納的に変化の規則性に気付き，文字を使って式に表すことができる。

授業の流れ

1

一辺19 cm の正方形状の方眼をなぞって，交わらないようになるべく長く線をかくと最長何 cm になるのかを問題とする。

自分ならどのような線をかくか考えさせ，問題のイメージを確認する。その後で本時で設けたかき方を教師が示し，子どもたちにも手元の用紙に一緒になぞらせる。

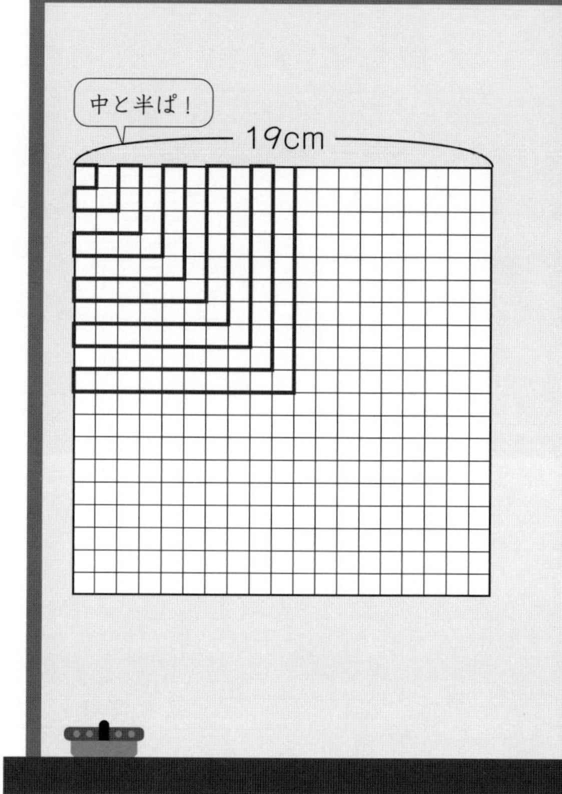

2 ここまでで何 cm になったかな？

あえて途中で止めて，「ここまでで何 cm になったかな？」と問うと，34 cm，35 cm，36 cm とそろわない。そこで，改めて確かめることにする。

まず，どこまでかいた「途中」なのかをはっきりさせる中で，正方形の一辺に当たる長さに着目させる。そして，今は 5 cm であることを確認し，一辺 1 cm から順に長さを表に整理する。一辺 5 cm では35 cm になることがはっきりする。

3 面白いきまりがある！

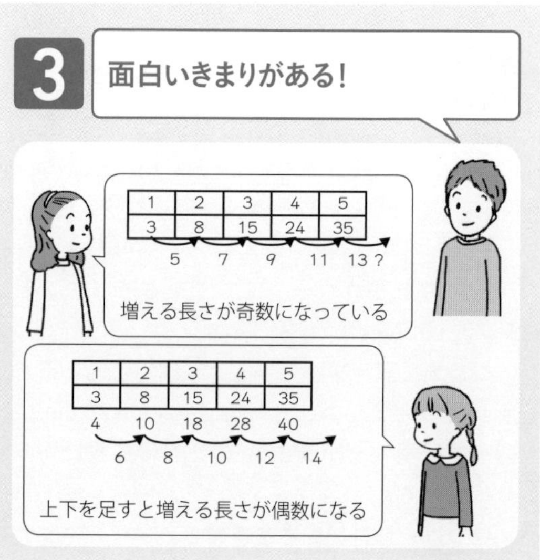

本時の評価

・特定の方法でかいた線の長さの変化の仕方の中に規則性を見いだすことができたか。
・発見した規則性を文字を使った式に整理することができたか。

準備物

・一辺19 cm の正方形状の方眼（提示用，児童用）

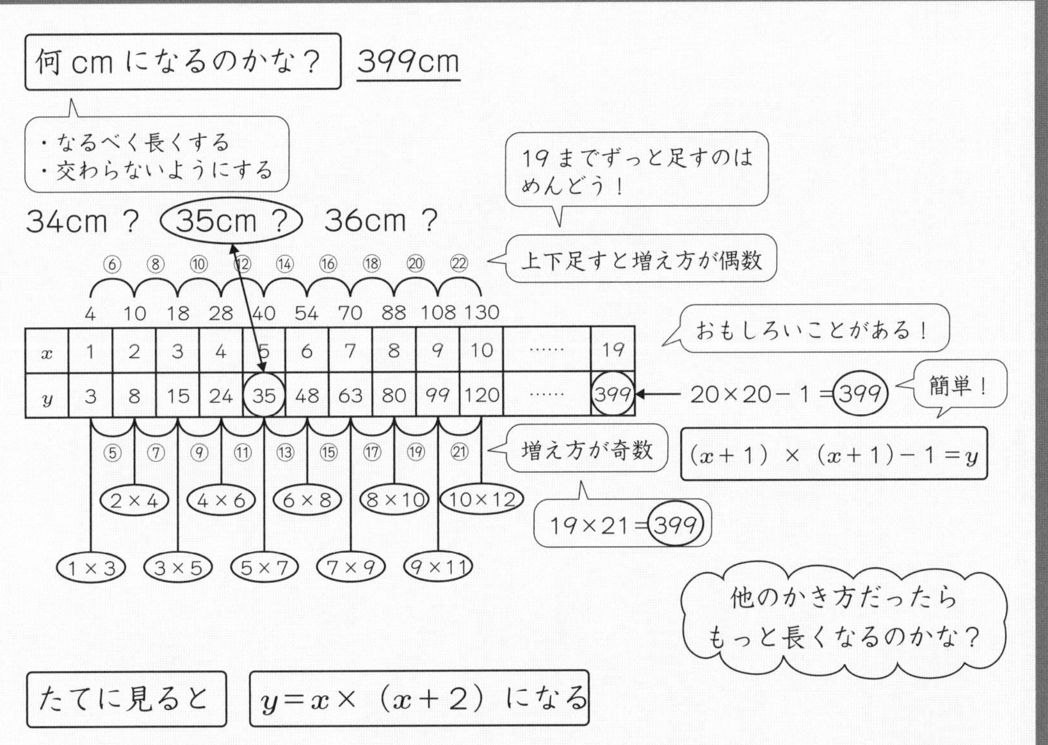

4 全部で何 cm になるのかな？

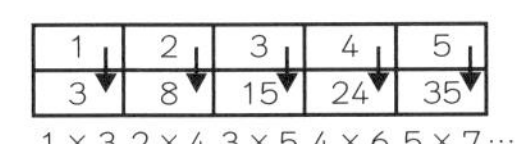

面白い！　縦に見たら別のきまりがある。19 cm の場合は19×21＝399

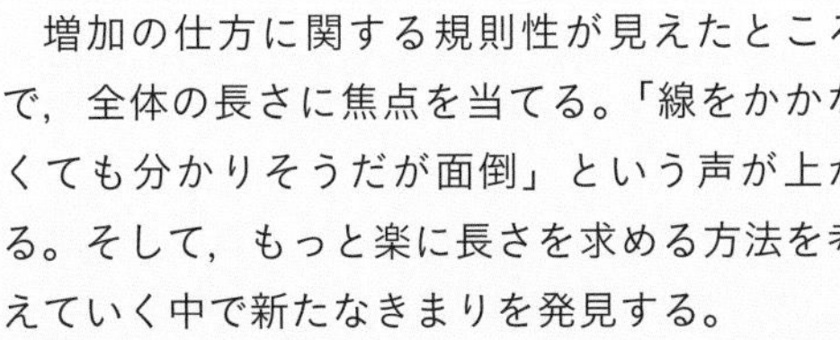

増加の仕方に関する規則性が見えたところで，全体の長さに焦点を当てる。「線をかかなくても分かりそうだが面倒」という声が上がる。そして，もっと楽に長さを求める方法を考えていく中で新たなきまりを発見する。

まとめ

表を縦に見て見いだしたきまりを一辺 $x$cm，線の長さ $y$cm として「$y=x\times(x+2)$」と整理する。ところが，399という数から切りのよい400をイメージした子どもが新たなきまりを発見する。文字式で表すと「$(x+1)\times(x+1)-1=y$」。19 cm の場合は「$20\times20-1=399$」となる。最後に，「399 cm より長くかける他のかき方があるのか？」を問題として終える。

本時案

電話線は何本？

本時の目標

・増え方のきまりに着目して，「家の数」が増えた時の「電話線の数」を予想することができる。また，落ちや重なりが無いように，「電話線の数」を調べることができる。

授業の流れ

広場のまわりに家が□けんあります。
全部の家の間に電話線を引きます。
電話線は何本必要でしょうか。

4けん？ 10けん？

1けん　2けん　3けん

0本 → 1本 → 3本

＋1　＋2　＋3

0＋1　0＋1＋2

1 何軒だったら，電話線の本数がすぐに答えられそうですか？

問題文を書きながら，電話線の説明をする。糸電話の糸をイメージできるとよい。

問題文を書き終わってすぐに，「答えは何本ですか？」と尋ねてみる。すると，「□の中の数が分からないから答えられないよ」と子どもから返ってくる。そこで，「何軒だったら，すぐに答えられそうですか？」と聞き返してみる。

この段階では，まだ問題の意味を捉えられていないと考えられる。

2 4軒の場合，電話線の本数は何本必要でしょうか？

家が4軒の場合を尋ねてみると，答えが「4本」と「6本」に分かれることが多い。

そこで，「全部の家の間に引く」ためには6本必要だということを，図をかいたりしながら確かめる。この後，確認のために，3軒の場合は3本必要であることも扱う。

3 5軒のときの電話線の本数を予想してみましょう

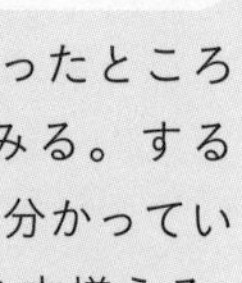

3軒→3本，4軒→6本がわかったところで「5軒の場合」を予想させてみる。すると，「9本」と予想する子がいる。分かっている結果から，「家が1軒増えると3本増える」と予想したのである。

本時の評価

・「全部の家の間に引く」という意味を理解し，電話の本数を落ちや重なりなく数えることができたか。
・電話線の本数の増え方に，きまりを見いだすことができたか。

準備物

・「家」を表すためのマグネットや，「広場」を表すための円形の紙があるとよい。

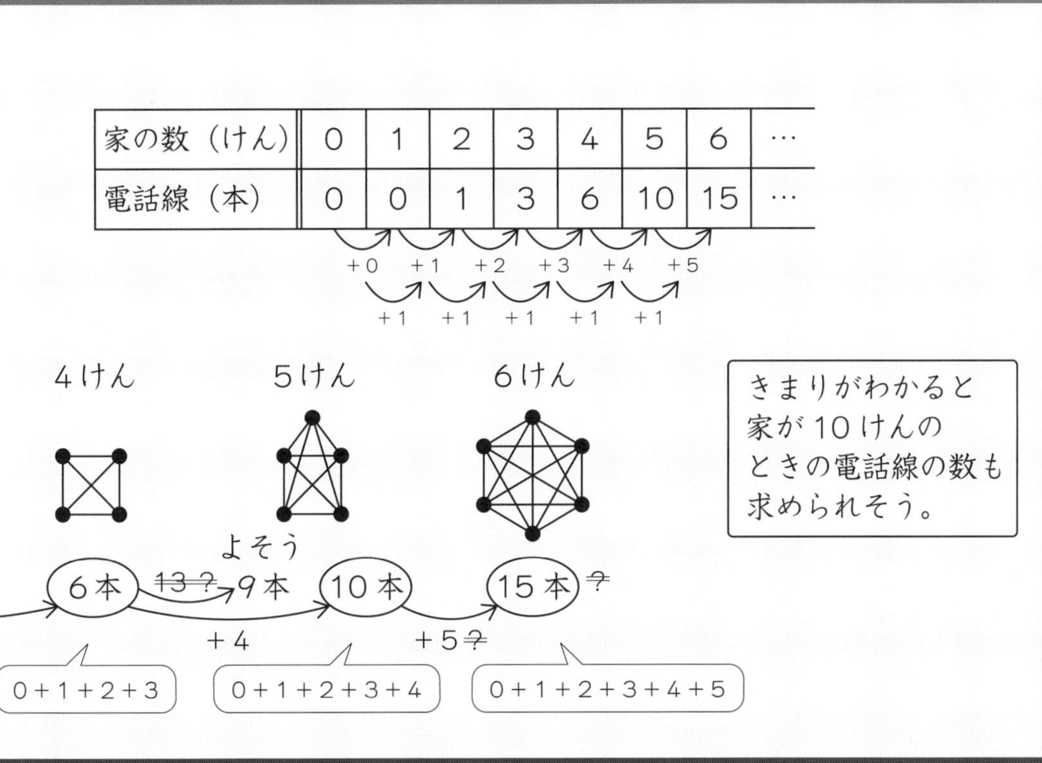

4 電話線の本数の増え方にきまりはなさそうだね

まだわからない。きまりがあるかもしれないよ

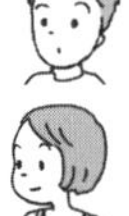

家の軒数がもっと少ない場合も調べてみよう

3軒→3本，4軒→6本，5軒→10本という結果を見て，「きまりはなさそうだね」と言ってみる。「まだわからないよ」という答えを期待したい。

1軒から順に調べてみると，上の板書にあるような増え方をしていることが分かってくる。

5 家の軒数と電話の本数の数を足すと，次の軒数の時の電話の本数になっているよ

4軒の場合と5軒の場合の図を比べてみる。4軒の図にもう1軒増えると5軒になるのだが，この時，電話線は4本増える。この4本は，5軒目の家から，もともとあった4軒に引く電話線である。だから，もともとあった家に引く4本を，4軒の場合の6本に足して6＋4＝10という式が成り立つわけである。理由については深入りしなくてよい。

本時案

２ひきはどこで出会うかな？

本時の目標

・速さの違うタヌキとキツネが出会う場所を，１秒間に進む距離や，速さの比をもとにして求めることができる。

授業の流れ

1 ２匹が同時にスタートすると，どうなると思いますか

はじめは，真ん中よりもタヌキ側で出会うことがわかる程度でよい。

そう考えた理由を話させているうちに，「同じ時間でキツネはタヌキの２倍進む」「キツネはタヌキの２倍の速さだ」といったことがだんだんと見えてくるとよい。

キツネさんはタヌキさんのところまで６秒で行きます。
タヌキさんは、木のところまで６秒で行きます。
２ひきが同時にスタートすると、どこで出会うでしょうか。

・木よりも左 ← キツネの方が速い。
・１秒間にどれだけ進むかを求めればよい。（秒速）
・キツネはタヌキの２倍の速さ。

「問題提示の工夫」に記したようにPCなどを使って数値を示さずに動きを見せる提示の仕方もある。
「時間を計りたい」「距離が知りたい」という声が子どもから出てくるような場面が作れると，より楽しく展開できる。

2 出会う場所をはっきりさせることはできるかな？

２匹の間には，１ｍおきに草が生えている。端から端までの長さは，24ｍという設定である。この間を，キツネは６秒で進むので，秒速４ｍであることがわかる。一方，タヌキは，半分の12ｍを６秒で進むので，秒速２ｍということになる。

3 ２匹は１秒間に６ｍずつ近づくことがわかったよ

１秒間にキツネは４ｍ，タヌキは２ｍ進むので，合わせて６ｍずつ間の距離が縮まることがわかった。この速さで近づいていくと，４秒後に出会うことがわかる。

図の上でも，「１秒後の位置」「２秒後の位置」……というように確かめてみると，その意味が視覚的に捉えられる。

本時の評価

- 問題文から必要な情報を抜き出し，問題解決に役立つように処理することができたか。
- 計算した結果と図を結びつけながら，考え方を解釈することができたか。

準備物

- 必要に応じて，図を用意するとよい。

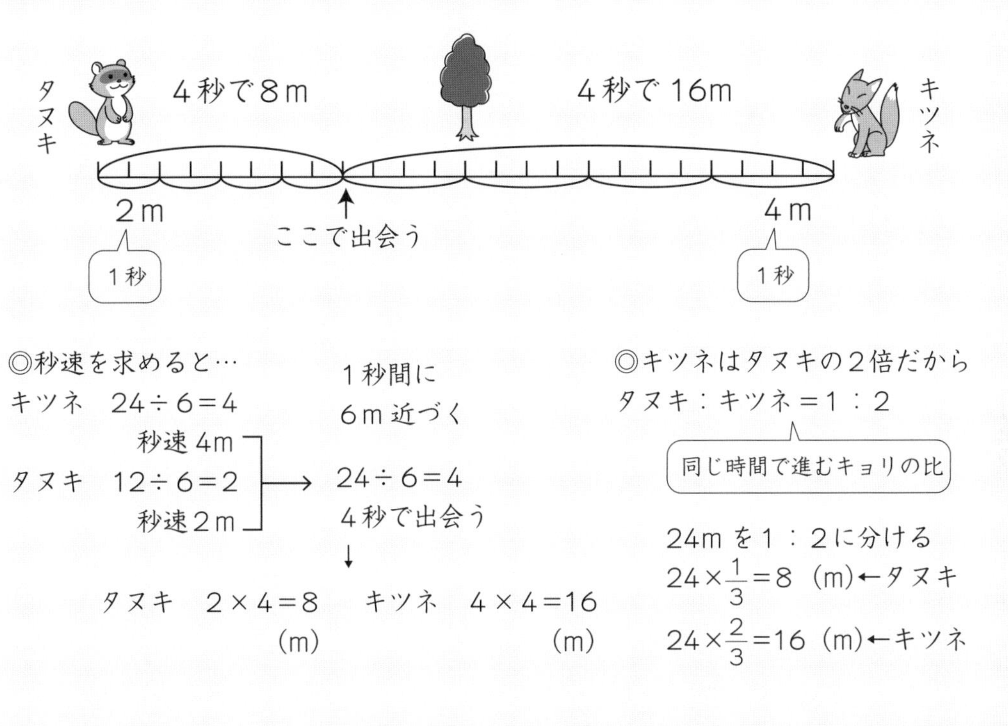

4 キツネはタヌキの 2 倍の速さだということは使えないかな？

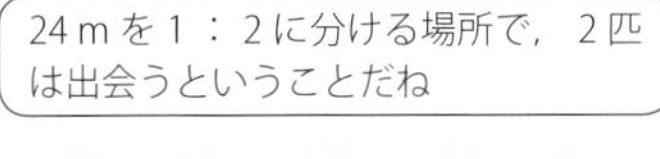

同じ時間でタヌキが 1 進むうちに，キツネは 2 進み，全部で24 m ということだから，タヌキは24 m の$\frac{1}{3}$，キツネは24 m の$\frac{2}{3}$進んだところで出会うということがわかる。

タヌキ　$24\times\frac{1}{3}=8$ (m)

キツネ　$24\times\frac{2}{3}=16$ (m) となる。

問題提示の工夫

パソコンなどを使って，タヌキとキツネの進む速さを自由に設定して見せることができるようだったら，「キツネさんはタヌキさんのところまで 6 秒で行きます」というような数値は示さずに，まずは視覚的に「キツネの方が速い」ということを捉えさせるとよい。

そして，出会う場所をはっきりさせるためにはどんな情報が必要かを考えさせる。

本時案

なぜ，おかしいと言われたのかな？

20/25

本時の目標

・田んぼの面積の比に着目して，米を図や式を用いて，比例配分をすることができる。

授業の流れ

1 **兄弟でお米をつくり，できたお米を兄2000 kg，弟1600 kg に分けました。そしたら，村人からこの分け方はおかしいよ，と言われてしまいました**

比の活用問題なので，子ども自ら比を活用しようとする姿を引き出す。

仕事量が同じなので平等に分けるべき，といった意見は，米を 1：1 に分けるということ。子どもたちの多様な意見を比に関連付けるように展開する。

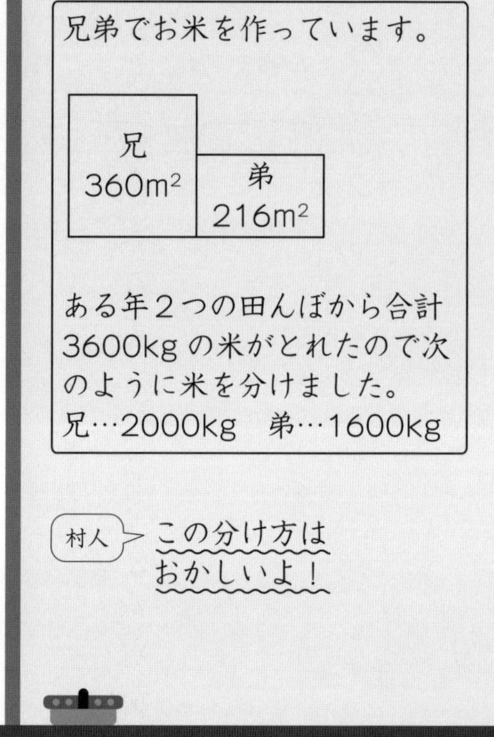

2 **田んぼの面積に合っていないってどういうこと？**

田んぼの面積は360：216で，簡単な比にすると5：3です

そうか。分けた米の比が5：3じゃないんだね

この続きはみんなで考えてみよう

田んぼの面積と分けた米の量の比を比べてみようという見方・考え方を全員が理解できるようにする。

3 **3600÷(5+3)=450，450×5=2250，450×3=1350**

兄2250 kg，弟1350 kg に分けると，田んぼの面積の比と同じ5：3になります

この考えを線分図で表せるかな？

計算の説明だけでなく，図に表して説明し合うことで，理解を確かなものにする。

本時の評価

・田んぼの面積の比に合わせて米の分け方を修正することができ，その求め方を，線分図を用いて説明することができたか。また，米を分けた比に合わせて，田んぼの面積を分けることができたか。

なぜおかしいと言われたの？

田んぼの面積の比
360：216＝5：3

米の比
2000：1600＝5：4
5：3に分けるとしたら
3600÷（5＋3）＝450
450×5＝2250　兄 2250kg
450×3＝1350　弟 1350kg

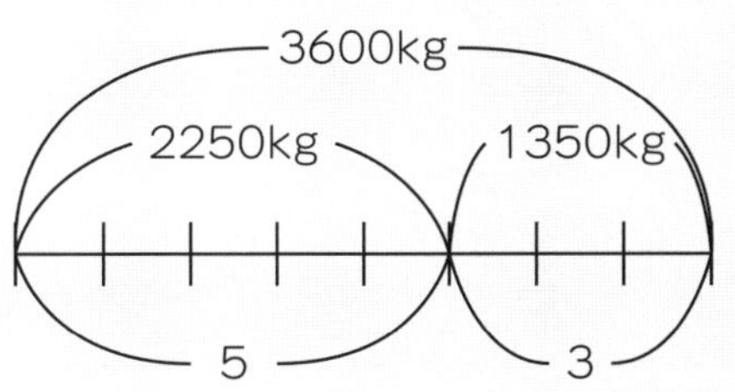

田んぼの面積を5：4にするには？

(360＋216)÷9＝64
64×5＝320　360－320＝40

兄の田んぼから 40m² を弟にあげればいい。
兄 320m²　弟 256m²

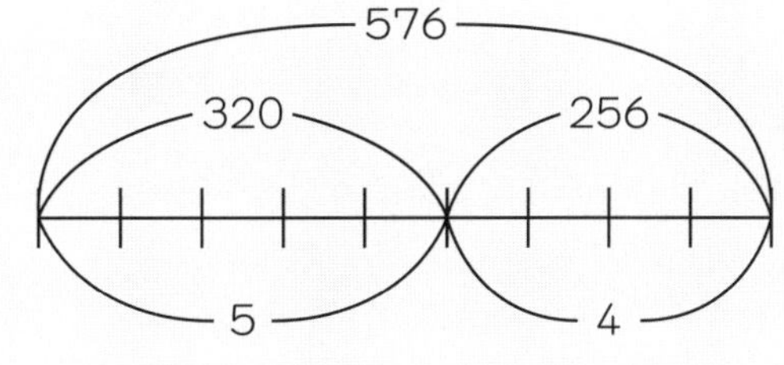

$576 \times \frac{5}{9} = 320$

$576 \times \frac{4}{9} = 256$

4 **逆に田んぼの面積を分けた米の比に合わせて5：4にするのはどうかな？**

上記のような比例配分に関する課題を子どもが見つけることを想定している。線分図を使って理解を深めていきたい。

まとめ

比に応じた数量の配分を考える授業である。多様な方法で求めることができるが，線分図などで説明することで，意味理解を充実させることが大切である。

本時の問題場面は，子どもが新しい課題を見つけることを想定している。子どもと対話しながら文脈に応じた新しい課題を見つけてほしい。

本時案

平均はいくつ？

本時の目標

・2，4，6，8の数字カードのうちの2枚を並べてできる2桁の数の平均を求めていく中で，帰納的推論，類比的推論，演繹的推論を働かせることができる。

授業の流れ

1 2，4，6の2枚を並べてできる2桁の数の平均はいくつ？

最初に1から8までの数字カードを順番に提示していく中で2，4，6の偶数を取り上げ，平均を確認する。当然4である。次に2枚を並べてできる全ての2桁の数の平均を扱う。

1桁の場面で「平均」の意味とその捉え方を確認する。また，2桁の平均を扱う場面では，「場合の数」の考えを適用しながら6つの数を短冊カードに書く。そして，6つの数の平均の求め方に焦点を当てる。

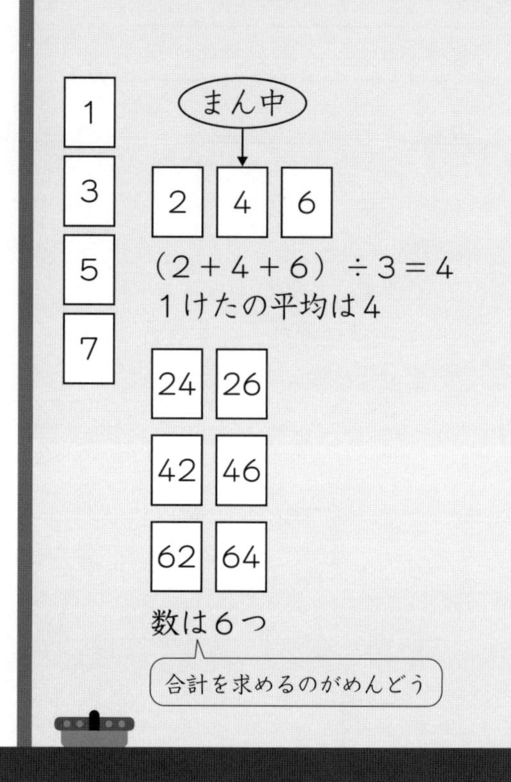

2 8を増やします。どんな2桁の数ができるかな？

2枚の数字カードを並べてできる2桁の数を調べると12個あることがはっきりする。

3枚のときの6個に，十の位が8の数（3種）と一の位が8の数（3種）が増えるという見方が意識される。また，十の位と一の位をそろえて並べれば（板書参照），落ちや重なりなく調べられるということも意識される。結果的に，小から大へと2桁の数が並べられる。

3 12個の平均は？

12個の数の平均は，数が多いので2，4，6のときと同様に工夫しようとし始める。

2，4，6の工夫を活用しようとする子どもは，類比的推論を機能させていると言える。

本時の評価

・偶数のカードでできる2桁の数の平均に共通することを見いだしたり，見つけた考えを生かして自分の考えを広げることができたか。
・発見した規則性の理由を説明することができたか。

準備物

・1～8までの数字カード（提示用）
・数字を書く短冊カード

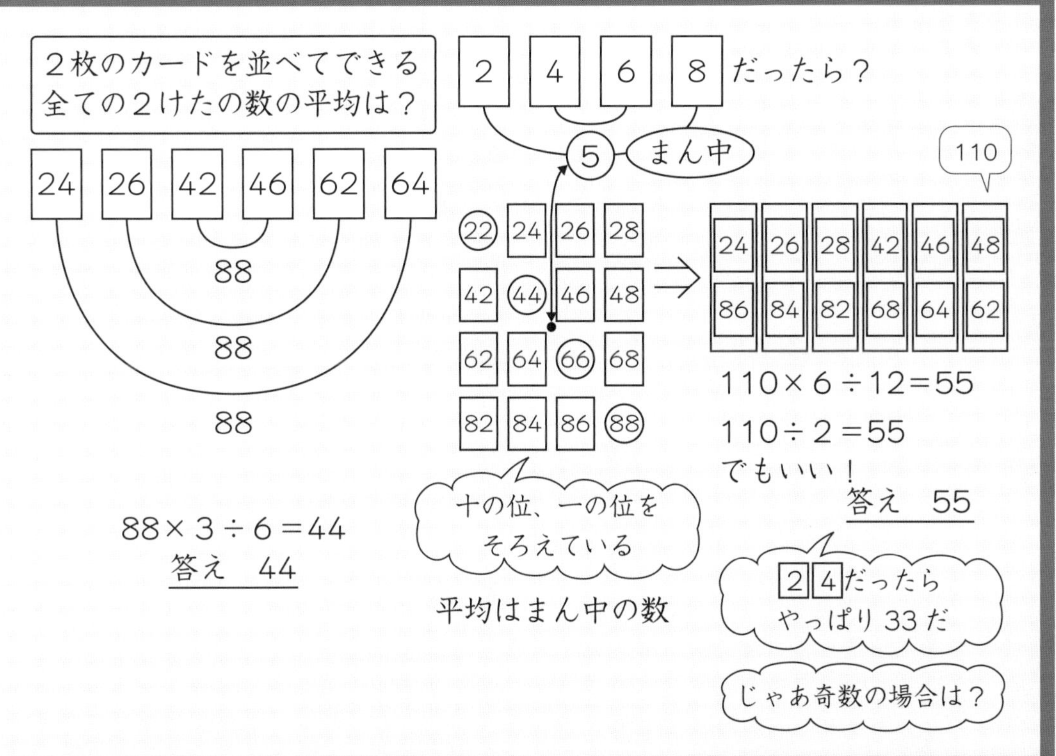

4 答えの数が面白い！

2，4，6のときの平均が44，2，4，6，8のときが55。この結果を「面白い」と見る子が現れる。帰納的推論を働かせて共通点を見いだした子どもである。どちらも「1桁の平均と同じ数字だ」とか「平均が2桁の数の真ん中の数になっている」と言う。

そこで，改めて十の位と一の位をそろえて配置していた2桁の数を見て，そのようになる理由に焦点を当てる。

まとめ

そうか，十の位も一の位も同じ数が同じ回数出てくる。だから1桁の平均の数が十の位と一の位の数になるんだ

理由を説明する中で演繹的推論が機能する。さらに，だったら「奇数の平均も分かる」とか，「3桁の数の平均も分かりそう」という類比的推論を働かせる姿も現れる。

本時案

コインゲームを しよう

本時の目標

・ゲームの点数の結果が平等でないということから，「点数の出方の仕組み」について問いをもつことで，コインの表裏の出方の組み合わせを，図や表に整理して表現することができる。

授業の流れ

1 コインを 1 回落としてみよう！

コイントスで表・裏が出る確率は同じである。だから，子どもは直感的に合計点数は平均的にばらつくと考える。その直感と結果のギャップから，裏・表の組み合わせと点数の関係を追究させるようにしていきたい。

まずはコイントス1回，すなわち，確率と点数が一致する場合に直面させ，その考えを共有するようにする。

コインゲームをしよう

ルール
コインを手にもち、手を上げて
コインを机に落とします。
落ちたコインが
オモテ→1点、ウラ→0点

〈コインを1回落とした場合〉
点数は？ ＜ 1点か0点
やってみよう!!

点	0	1
人数	16	16

すごい!!0点、1点が同じ人数

たまたまでしょ、もう1回やってみよう

点	0	1
人数	15	17

同じくらい!!

2 じゃあ，2回落としたら どんな結果になりそう？

コイントス2回の場合である。実際にコイントスを行う前に，コイントス1回の場合と同様に，各点数が等しい人数ずつになりそうだという考えを引き出しておく。

3 結果がおかしい。何回やっても 1点が多すぎる

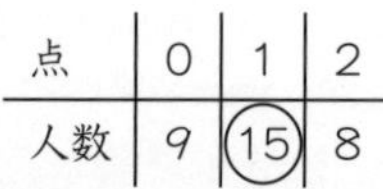

実際にコイントスを2回行わせ，その点数を集計する。すると，1点の人数が多くなっていることに直面する。そこから，各点数が平等ではないことへの疑問をもたせる。

本時の評価

・コインの表裏の出方は$\frac{1}{2}$という平等な確率であるにもかかわらず，ゲームの点数の結果が平等でないことから，「点数の出方の仕組み」について問いをもつことができたか。
・コインの表裏の出方の組み合わせを，「固定する」などといった方法を活用することで，図や表にするなど整理して表現することができたか。

準備物：コイン人数分

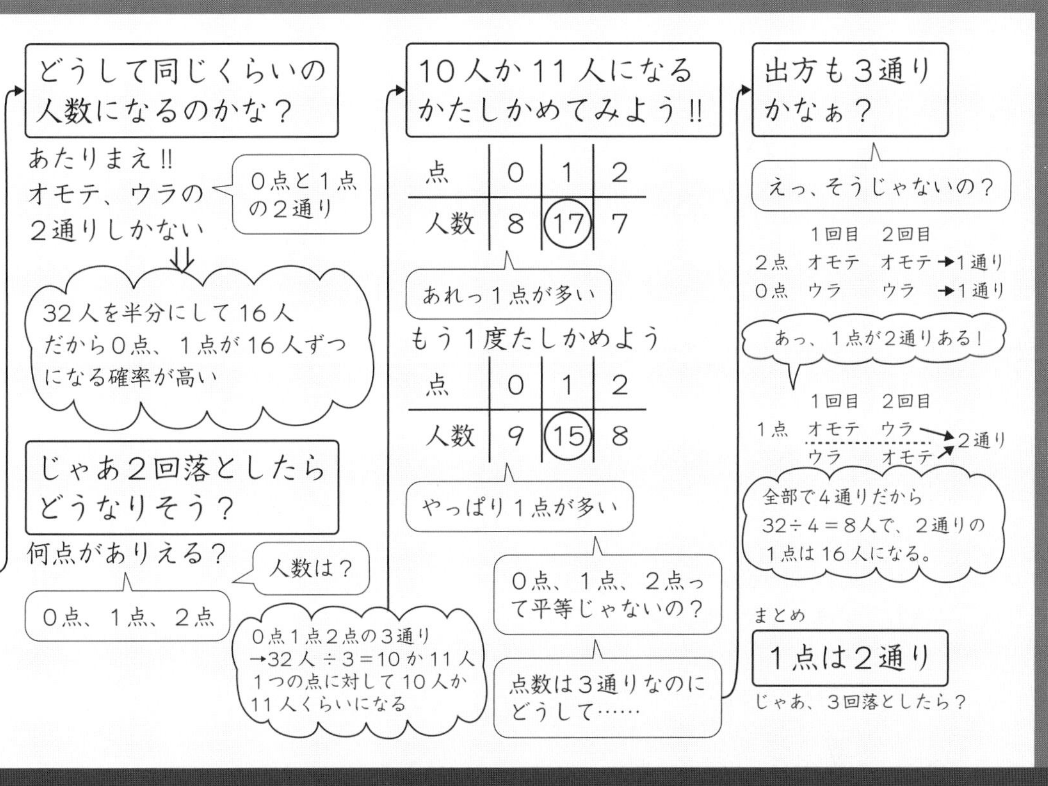

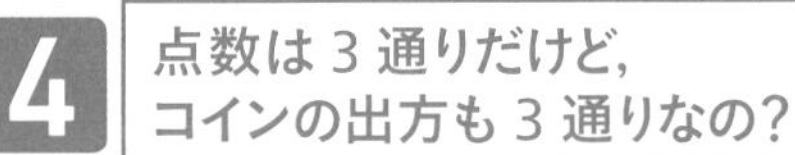

4 点数は3通りだけど，コインの出方も3通りなの？

各点数のコインの出方に着目させるため，点数と同様にコインの出方も3通りなのかを問う。そこから，1点は表・裏と裏・表の2通りあることに気付かせていく。

まとめ

1点は，2通りある

0点と2点はコインの出方が1通りしかなかったが，1点は2通りあったことの一連の学びを振り返り，それをまとめとして板書するようにする。また，発展として，「コイントス3回」の場合の点数と人数の関係はどうなるかなどについても取り組ませてもよいだろう。

本時案

かくしたオセロは白・黒どっち？①

23/25

本時の目標

・１回裏返した場合の色の当て方について，筋道立てて説明することができる。
・２回裏返した場合の色の当て方について，整理して考えようとすることができる。

授業の流れ

1 隠したオセロの色を当てるゲームをします！

白と黒のオセロが３つずつあります。これを，何人かに１人１個のオセロをひっくり返してもらい，色を変えてもらいます。ひっくり返すオセロは，どれでもいいです。前の人がひっくり返したオセロをまた戻してもいいです。そして，最後の人は，ひっくり返したら，それを紙で隠します。その隠したオセロの色を当てるのです！

２時間構成の「整理して考える」「偶数・奇数の活用」の授業である。６枚のオセロを□回ひっくり返し，１枚だけオセロを見えないように隠し，そのオセロの色を当てるというゲームを取り入れた活動である。

まずは，ゲームの仕組みがやや複雑なので，実際に見せながら丁寧に説明し，確実に理解できるようにする。

かくしたオセロは白黒どっち？①

オセロが白３つ黒３つで黒板にはってあります。

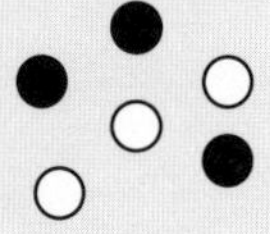

・□人が交代で、１人１個、オセロをひっくり返して色を変えます。
・ひっくり返すオセロはどれでもいいです。前の人がひっくり返したオセロを、またひっくり返し色をもどしてもかまいません。
・最後の人は、ひっくり返した後、そのオセロに紙をかぶせて、色が見えないようにします。

2 まずは１人がひっくり返す場合でやってみます。当てられそう？

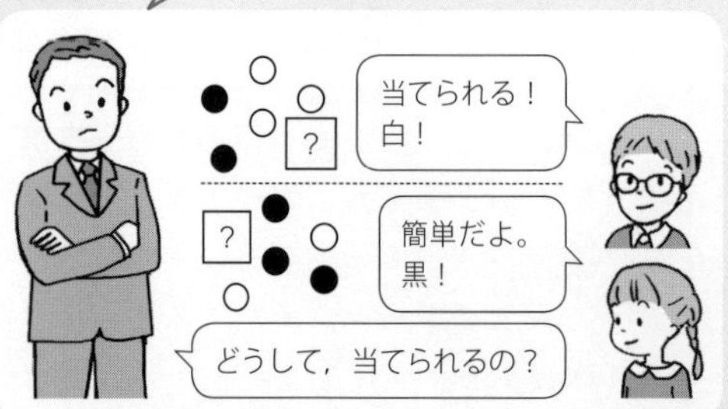

まずは１人（１回）ひっくり返す場合に取り組ませる。子どもには机に伏せさせ，教師がひっくり返して隠し，子どもに当てさせる。

3 ２パターンしかない

白４・黒２か白２・黒４しかありえない

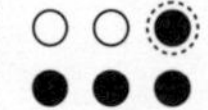

だから，隠してないオセロの色を見れば分かる

１人（１回）ひっくり返す場合を当てるのは困難ではないが，当てられる根拠を丁寧に説明させるようにし，「整理して，パターンを見いだす」という方法を共有する。

本時の評価

・1回裏返した場合の，隠したオセロの色を当てることができたか。
・「もし，白を裏返したら～」などと整理して考えたり，「白を裏返した場合と，黒を裏返した場合の2パターンがあって，～」などとパターンを考えたりして，隠したオセロの色を当てられる根拠を筋道立てて説明することができたか。

準備物：オセロ（掲示用）

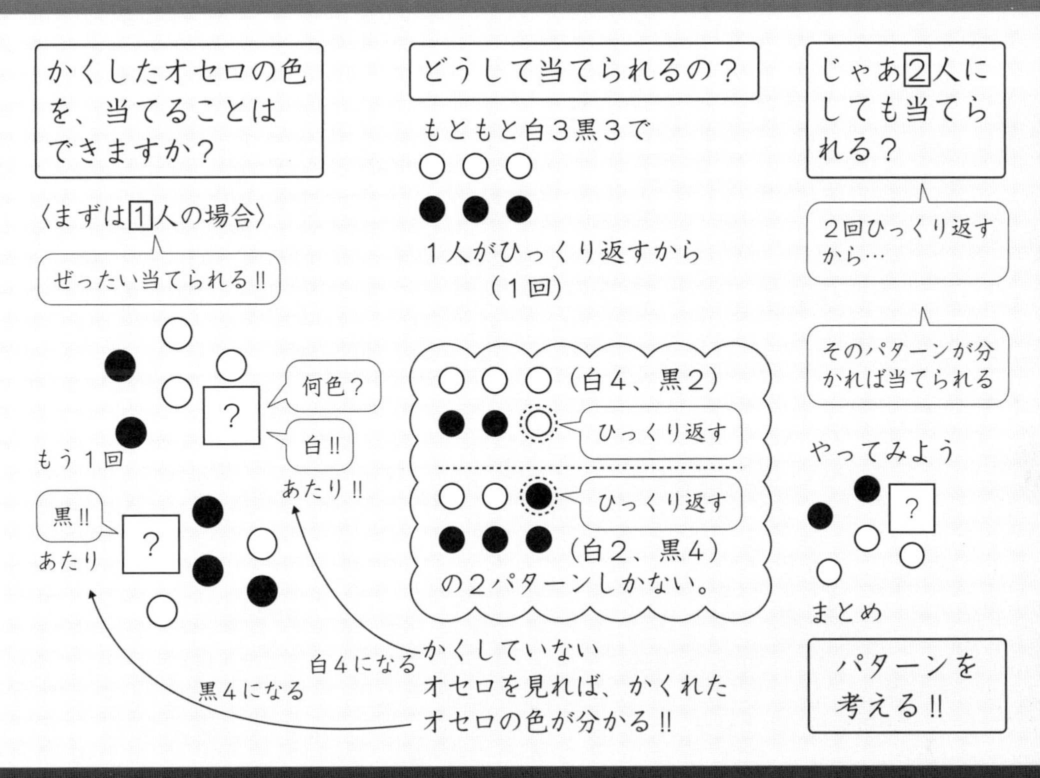

4

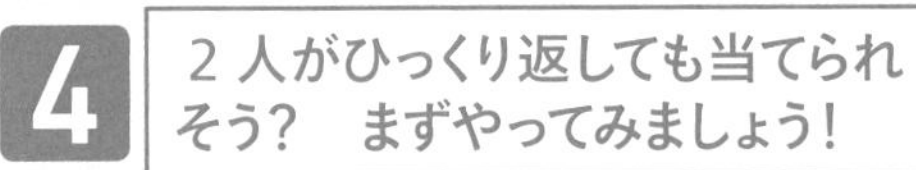

パターンが分かれば当てられるけど……。すぐには分からないな……

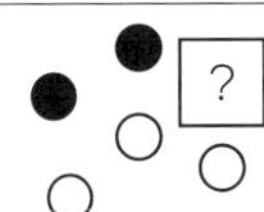

2人（2回）ひっくり返す場合である。前の場面と関連付けて，整理してパターンを考えようとする子どもが出てくると想定される。そのような姿を取り上げて，次時につなげる。

まとめ

パターンを考える

1回ひっくり返した場合の色の当て方を子どもとともに振り返り，「もし，白を裏返したら～」などと整理して考えることや，「白を裏返した場合と，黒を裏返した場合～」などとパターンを考えることのよさを確認し，まとめとして板書するようにする。

本時案 24/25

かくしたオセロは白・黒どっち？②

本時の目標

・隠したオセロの色が当てられる理由を説明するために，5回裏返した場合の白と黒のそれぞれの個数に着目することができ，白・黒どちらも偶数であることを見いだすことができる。

授業の流れ

1 2人の場合でも当てられる！

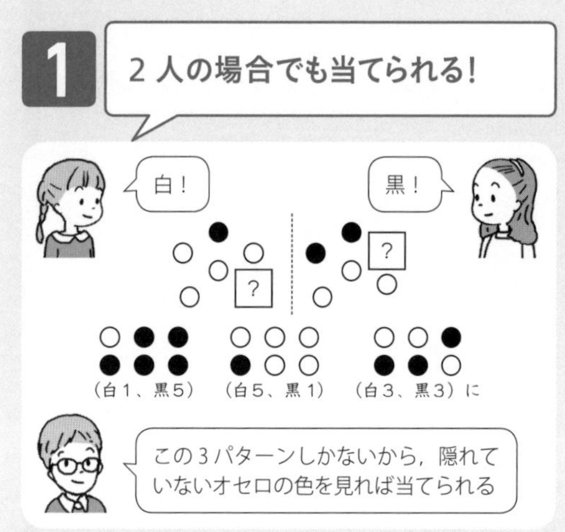

オセロの色当てゲーム活動の第2時，「奇数・偶数の活用」の学習である。

まずは前時の続きで，2回ひっくり返す場合に当てられる理由を筋道立てて説明させるようにすることから始める。その際に，（白1・黒5）と，色と個数を黒板に明示するようにする。

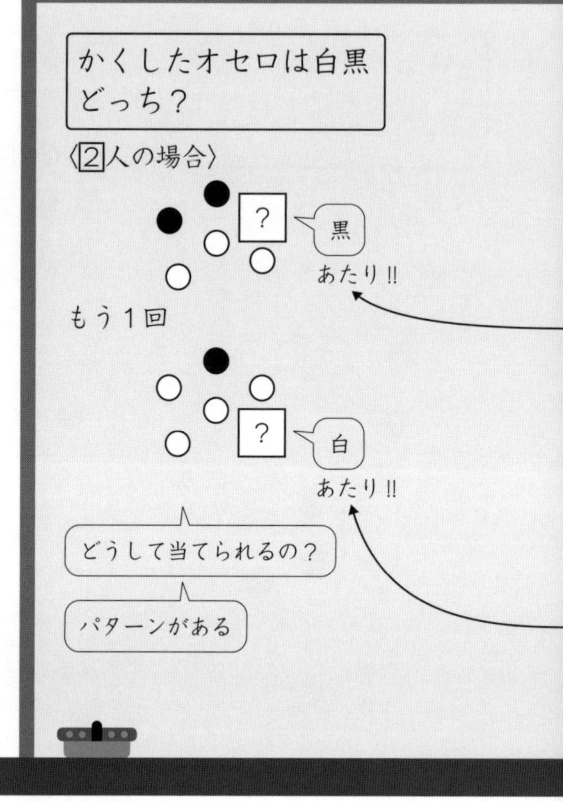

2 5人（5回）がひっくり返しても当てられそう？　やってみましょう！

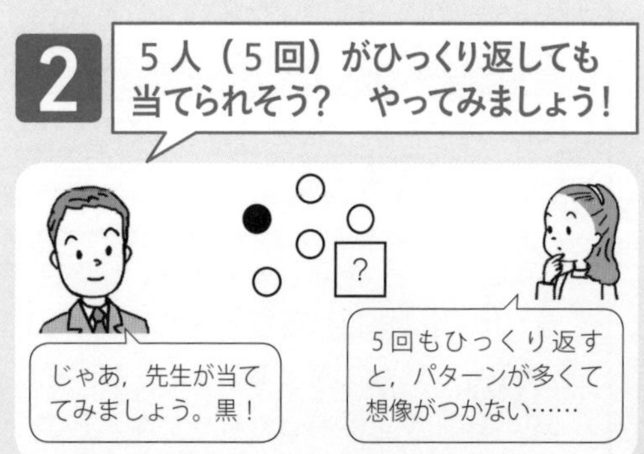

裏返す人数（回数）を多く増やし，5人（5回）でも当てられるかを問う。そこから，「パターンが多くて想像がつかない」といった反応を引き出し，疑問をもたせる。

3 黒！　白！　白！

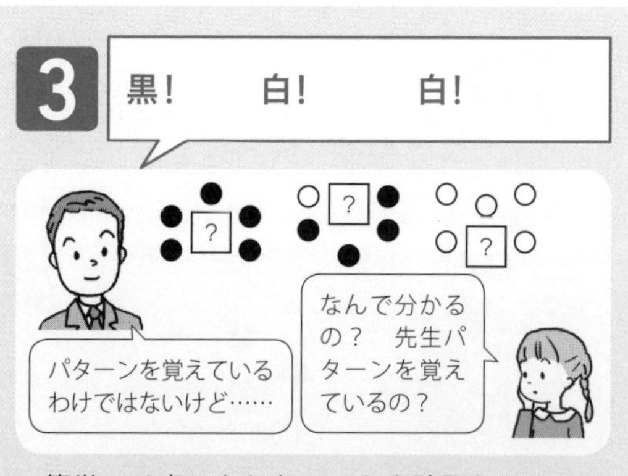

簡単には当てられないことを確認したところで，教師が当てる役になり，見事的中させる。何回か当て，そのオセロの様子を黒板に残しておくようにする。

本時の評価

・5回裏返した場合の白と黒のそれぞれの個数に着目することができたか。
・5回裏返した場合は，白・黒どちらも偶数であることを見いだすことができたか。
・3回，4回，6回裏返した場合で，回数と個数の偶数・奇数の関係を見いだすことができたか。
・「オセロ7個の場合」などに取り組み，理解を深めることができたか。

準備物：オセロ（掲示用）

2人（2回）ひっくり返すときは、どんなパターン？

（ちがう色をひっくり返す）

○○○ ●●● → ○○● ●●○

（白3、黒3）にもどるだけ

（同じ色をひっくり返す）

○○○ ●●● → ○●● ●●●

（白1、黒5）

○○○ ●●● → ○○○ ●○○

（白5、黒1）

この3パターンしかない

5人（5回）ひっくり返したら？

パターンが多くて想像つかない……

じゃあ先生が当ててみるよ!!

① ？ 黒

② ？ 黒

③ ？ 白

④ ？ 白

全部あたり!!

パターンを覚えているの？

全パターンを覚えてはいないけど……

きまりがあるの？

①（白4・黒2）
②（白0・黒6）
③（白2・黒4）
④（白6・黒0）

偶数だ!!

0・2 4・6 だけだ!!

はじめ（白3、黒3）で
奇数　奇数
5回ひっくり返すと（白偶数、黒偶数）になる!!

⇓

かくしていないオセロをみて白黒とも偶数になるようにすればいい!!

まとめ

タネは、偶数、奇数

4 じゃあ，何か決まりがあるの？

偶数だ。白・黒どっちも偶数にしかならない！

0，2，4，6しかない……

教師の当てた黒板のオセロの様子に着目させ，上のように，（白4・黒2）と数で整理させてみる。そこから，偶数（奇数）に気付かせていく。その際に，3回，4回，6回裏返した場合などにも取り組ませ，回数と個数の偶数・奇数の関係を見いださせる。

まとめ

タネは偶数・奇数

裏返す回数と白・黒それぞれの個数の関係には，その仕組みに偶数・奇数があったという一連の流れを子どもとともに振り返り，まとめとして板書する。また，発展として，「オセロを7個にした場合」などに取り組ませ，理解を深めさせる。

本時案

分け方は何通りあるのかな？

本時の目標

・6個の○を3つに分ける場合の数を，落ちや重なり無く数えることができる。また，その時に，5つの中から2つを選ぶ組み合わせの数の求め方が使えることに気付く。

授業の流れ

1 どんな分け方がありますか？

青山さん，加山さん，佐山さんという別々の子がそれぞれ柚子をもらうので，「4個・1個・1個」と「1個・1個・4個」は別の分け方とする。

最初は，思いつくままに分け方を言ってもらう。

ゆずが6こあります。
3人で分けます。

〈やくそく〉

・同じ数ずつでなくてもよい。
・「0こ」はなし
・切ってはいけない。
・あまってはいけない。

⇓

どんな分け方があるのかな？

2 分け方は，これで全部かな？

子どもから4通りぐらいの分け方が出されたところで，「これで分け方は全部ですね」と言ってみる。「まだある」と言う子や首を傾げる子がいるので，落ちや重なりがないように整理して調べてみることにする。

整理の仕方はいろいろある。

3 青山さんが1個の場合，2個の場合……と整理していけばいいよ

①青山さんが1個の場合（4通り）
（1・1・4）（1・2・3）
（1・3・2）（1・4・1）
②青山さんが2個の場合（3通り）
（2・1・3）（2・2・2）（2・3・1）
③青山さんが3個の場合（2通り）
（3・1・2）（3・2・1）
④青山さんが4個の場合（1通り）
（4・1・1）　　合計10通り

本時の評価

・6個の柚子の分け方を，落ちや重なりなく調べられるように整理することができたか。
・5つの中から2つ選ぶ組み合わせの数を求める問題と構造が同じであることを理解できたか。

準備物

・おはじき6個
・○を6個かいた細長いカードを10枚以上

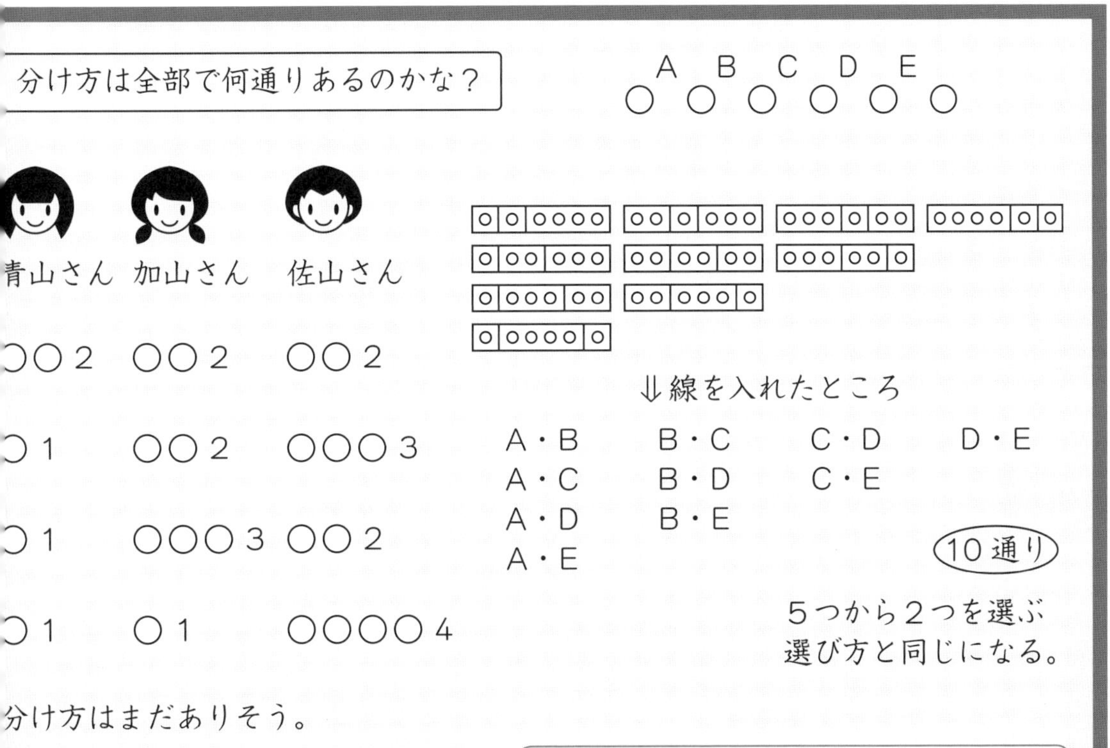

分け方は全部で何通りあるのかな？

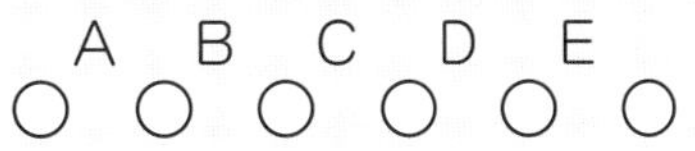

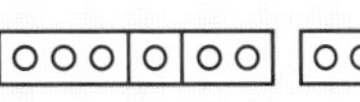

青山さん	加山さん	佐山さん
○○ 2	○○ 2	○○ 2
○ 1	○○ 2	○○○ 3
○ 1	○○○ 3	○○ 2
○ 1	○ 1	○○○○ 4

分け方はまだありそう。

⇓線を入れたところ

A・B　B・C　C・D　D・E
A・C　B・D　C・E
A・D　B・E
A・E

10通り

5つから2つを選ぶ選び方と同じになる。

間の数はA～Eの5か所。その中から2か所に線を入れるので，「5つの中から2つを選ぶ組み合わせの数」を考える問題と同じと見ることができる。

4 1と2と3の組み合わせ，1と1と4の組み合わせ……と考えていけばいいんじゃないかな？

①1と2と3の組み合わせ（6通り）
（1・2・3）（1・3・2）（2・1・3）
（2・3・1）（3・1・2）（3・2・1）
※3つの数で3桁の数を作る問題と同じ
②1と1と4の組み合わせ（3通り）
（1・1・4）（1・4・1）（4・1・1）
※4の位置が移動したと見るとよい。
③2と2と2の組み合わせ（1通り）
（2・2・2）　合計10通り

5 ゆずの間に線を引いて分けてみるよ

上の黒板の右側の図のように，6個の○（柚子）の間に2本の線を入れて，3つに分けた状態を表してみる。

例：（2個・1個・3個）の場合は，下の図のように線を入れればよい。

○　○|○|○　○　○
A　B　C　D　E

線を入れた位置は，BとCである。

14 数学へのかけ橋 （13時間扱い）

単元の目標

・小学校での学習した内容を少し膨らませることによって，中学校の数学の内容に体験的に触れる。

評価規準

知識・技能	○小学校での学習で獲得した知識・技能を活用することができる。
思考・判断・表現	○小学校の学習を通して身に付けた数学的な見方・考え方を働かせて問題解決に取り組むことができる。 ○自分の考えを伝えたり，他者の考えを取り入れたりしながら，新たな方法を見いだしていくことができる。
主体的に学習に取り組む態度	○新しい問題場面に対して，既習事項の中から使えるものを選択し，試行錯誤を繰り返しながら自分なりの解決方法や答えを見いだそうとする。

指導計画　全13時間

次	時	主な学習活動
第１次 数と式	1	素数と素数以外の数を仲間分けする活動を行う。
	2	２の平方根の近似値を求める活動を行う。
	3	すごろく遊びを通して，正の数・負の数の加法・減法の考え方に触れる。
	4	おはじきを使って問題場面を表し，連立方程式につながる解法を見いだす。
第２次 図形	5	２点から等距離にある点の集合を見つける。
	6	角を二等分する直線を見つける方法を考える。
	7	星形正多角形をつくる。
	8	さいころの出目でドットを打つ時，当たりの出る割合と全体に対する部分の面積の割合の関係に気づく。
	9	紙コップの展開図を考えたり作ったりする。
	10	正方形の封筒を作り，それを折って正四面休を作る。
	11	斜角錐の体積を求める。
	12	四角形の辺の中点を結んでできる形について考える。
第３次 関数	13	売上金額の最大値を求める問題について，そのグラフの形を予想しながら答えを求める。

この単元で取り組ませたいこと

子どもたちは春から中学校で数学を学習する。数学と言うと何か難しいイメージがあるが，内容的には小学校で学習したことを基礎として，新しい問題場面を解決しながら，新しい知識や考え方を学んでいくことになる。

そこで，小学校で学習したことを少し膨らませてみることによって，数学の入り口を少しのぞいてみる体験をさせたいと考えた。

本書に示した学習活動は全て行わなければならないというものではないし，子どもが興味・関心をもって主体的に取り組める活動は他にもたくさん考えられる。各教室の子どもの実態等に応じて，柔軟に取り組んでいただきたい。

(1)中学校数学科の領域について

小学校算数科第６学年の「A　数と計算」「B　図形」「C　変化と関係」「D　データの活用」の各領域は，中学校の「A　数と式」「B　図形」「C　関数」「D　データの活用」と対応する。

本書ではこのうち，「A　数と式」「B　図形」「C　関数」の内容につながる題材を取り上げている。

以下，本書で扱った内容のいくつかを例に挙げ，題材との関わり方を簡単に解説してみたい。

(2)「数と式」領域との関連

「素数」の学習は，平成20年版の学習指導要領では小学校第５学年で扱われていた。ここでは，素数の定義を教えることが目的ではなく，正方形のカードを敷き詰めて正方形や長方形をつくる活動と結びつけながら，数の仲間分けができるとよい。

「平方根」については，面積が２㎠の正方形が存在するわけだから，「２回かけて２になる数があるはずだ」と考えて，だんだんと２に近づいていくことに興味をもたせたい。

(3)「図形」領域との関連

第２次の前半では，円と関連させた学習を取り入れた。

中学校では，垂直二等分線や角の二等分線の作図について学習する。本書で紹介する活動の目的は，作図の方法を知ることではなく，ある２点から等距離にある点を見つける活動の中で，二等辺三角形が見えてきたり，等距離にある点の集合がはじめにあった２点を結ぶ線分の垂直二等分線になっていることに気付いたりしていく過程を楽しむことである。

後半では，円錐台や正四面体，角錐など，小学校では扱わない立体を作ったり，組み合わせたりする活動を取り入れた。身の回りにあるこれらの立体についても，関心をもって目を向けられるようにしたい。

(4)「関数」領域との関連

提示する問題は，中学校や高校でも扱えるものである。小学生でも，問題の意味が理解できれば，単価をいろいろと変えながら売上金額を求めてみることによって，グラフにした時の大まかな形がイメージできるはずである。その変化の特徴を問題解決に生かせるとよい。

いずれの活動も，知識を得ることよりも，活動を通して，算数・数学の面白さに触れさせたいと考えたものである。子どもがどんな発想をするのか，教師も一緒に楽しめるとよい。

本時案

長方形が１種類しかできない数（素数）

1/13

本時の目標

・正方形のカードを並べて正方形や長方形をつくる活動を通して，カードの枚数によって１種類しかつくれない場合があることに気付く。

授業の流れ

1 正方形のカードを12枚並べて，長方形や正方形をつくります

正方形のカードを12枚黒板に貼り，問題を伝える。中を全部埋めて並べることを，子どもとやりとりしながら理解させるようにする。

正方形が１２枚あります。
これを並べて、長方形や正方形をつくります。
何種類できますか？

・１２枚全部使うの？
・１２枚だと正方形は
できないよ。
・中が空いているのなら
できるよ。

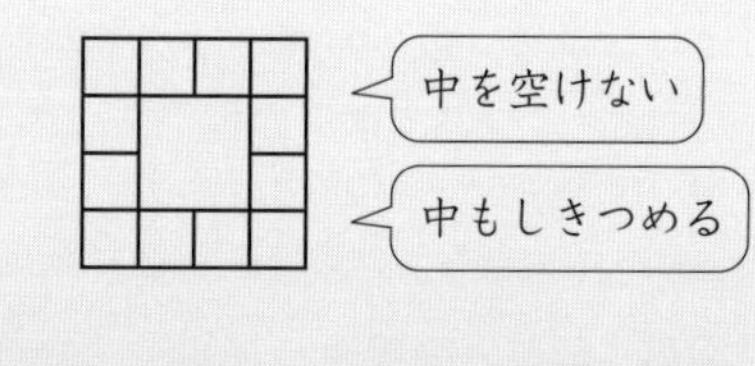

2 12枚では，どんな長方形ができますか？

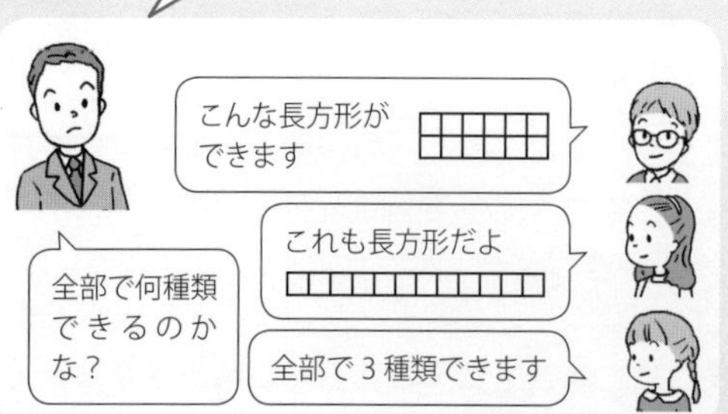

１×12，２×６，３×４の３種類の長方形ができる。1，2，3，4，6，12は12の約数である。

3 12枚全部使わなくてもよいことにするとどうだろう？

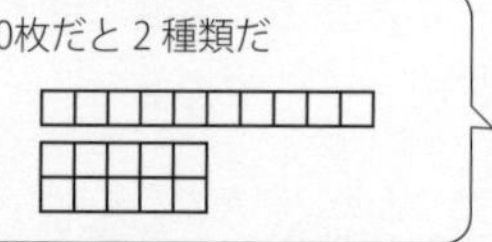

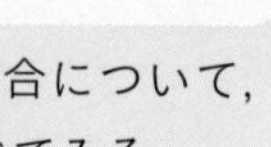

カードの枚数が１～11枚の場合について，できる正方形や長方形の数を調べてみる。

本時の評価

・正方形のカードを並べて，正方形や長方形をつくることができたか。
・カードの枚数によって，長方形が１種類しかできない場合と数種類できる場合とに分け，その理由を考えたか。

準備物

・正方形のカードを12枚（提示用と児童用。児童用は，30cm×10cm の工作用紙を配り，５cm×５cm に切らせるとよい）

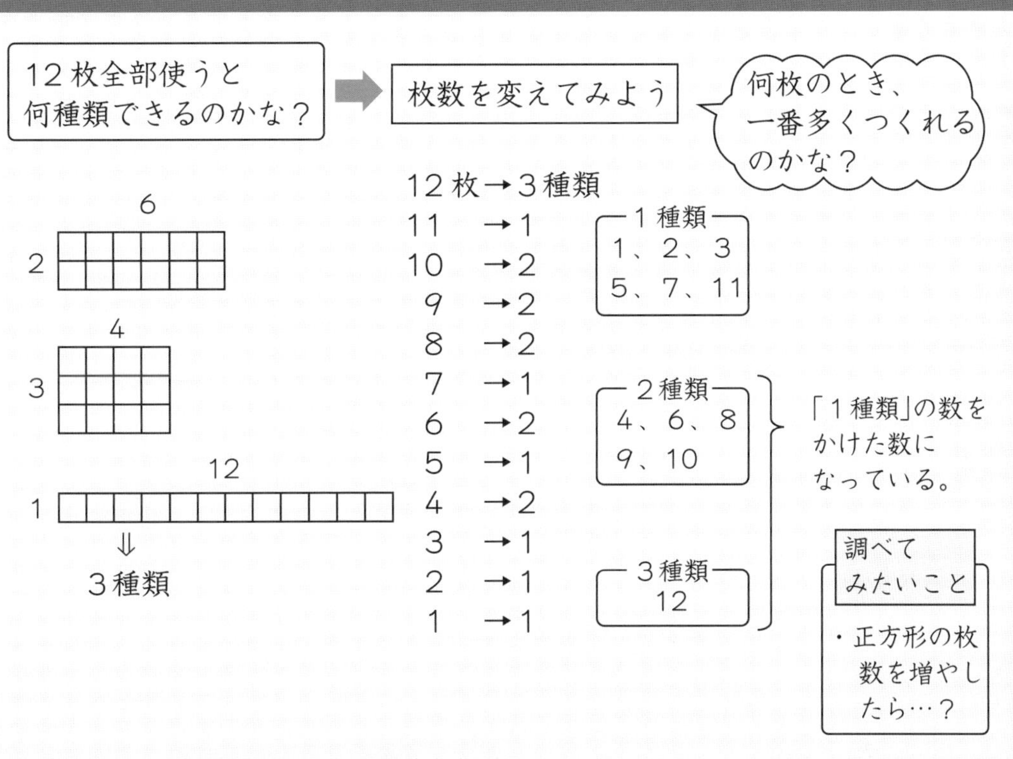

4 １種類しかできない枚数が結構たくさんあるね

1，2，3，5，7，11枚の時は
１列に並べる長方形しかできない

２種類や３種類できる枚数は，「１種類」の数をいくつかかけた数だね

　正方形や長方形が何種類できるかを調べ，できる種類の数ごとに，整理してみる。

　分類した後，どのような数の集合になっているかを話し合わせる。

素数について

　素数は，「１とその数自身以外には約数をもたない数」であり，１は含まない。

　平成20年版の学習指導要領では，第５学年で素数を扱っていたが，現在は中学校第１学年で扱い，自然数を素数の積として表すことを学習する。

　本時の授業では，カードを１列に並べた長方形の１種類しかできない枚数が素数ということになる。

本時案

2 cm^{2}の正方形の1辺の長さは？

2/13

本時の目標

・16個の格子点のうち４点を直線でつないでできる正方形の面積を求める。
・２cm^2（あるいは５cm^2）の正方形の１辺の長さの近似値を求める。

授業の流れ

1 16個の格子点があります。点と点をつないで正方形をつくります

点と点の間は１cmということにする。

たくさんの正方形をかくことができるが，ここでは大きさの異なる正方形をつくることにする。

点と点を斜めに結んでできる正方形が２種類ある。これらが，本当に正方形と言えるかどうかについて話し合わせてみても面白い。

16個の格子点があります。
点と点を直線でつないで正方形をつくります。

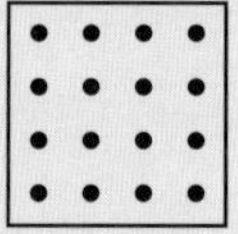

できる正方形の面積を求めましょう。

2 面積を求めてみましょう。それぞれ何cm^{2}でしょうか？

正方形の面積を話題にし，その求め方について話し合う。

3 1.96 cm^2？　2.25 cm^2？どちらも正しいのかな？

４年で学習した公式の他に，等積変形する考え方や，５年で学習したひし形の面積を求める公式を想起させたい。

本時の評価

・正方形の面積を求めることができたか。
・2 cm^2（あるいは 5 cm^2）の正方形の1辺の長さに興味をもち，2乗して2（あるいは5）になる値に近づいていくことを面白がれたか。

準備物

・16個の格子点が打ってあるプリント
・電卓

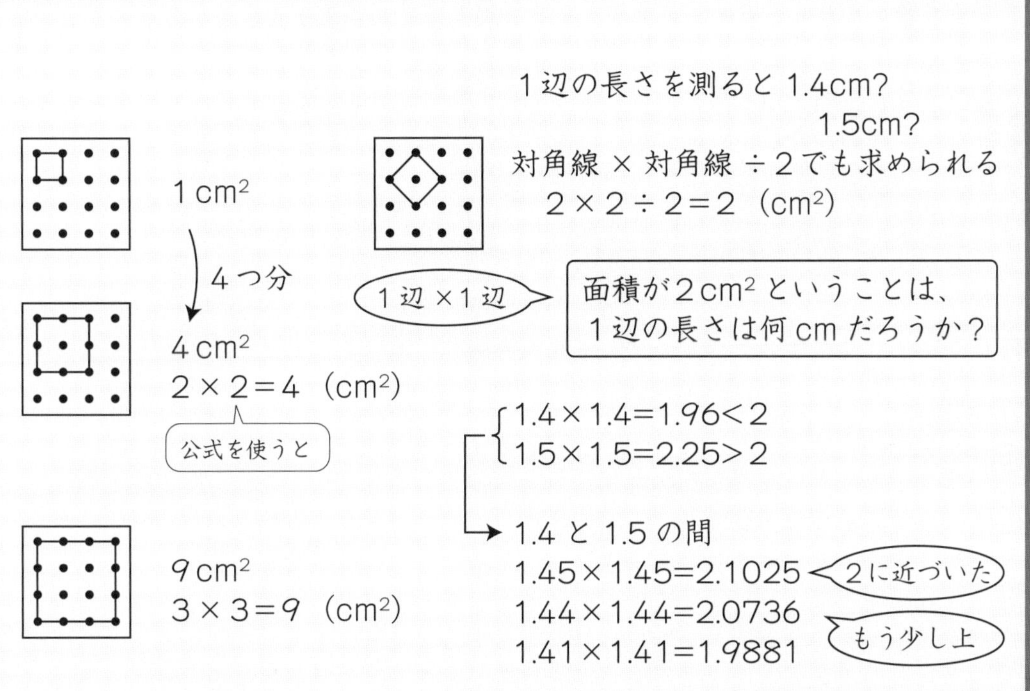

4 面積が 2 cm^{2}ということは，1辺の長さは何 cm なのかな？

1.4 cm だと 2 cm^{2}に少し足りないし，1.5 cm だと 2 cm^{2}を超えてしまう

ということは，1.4 cm と 1.5 cm の間ということだね

もし，1.45だとしたら 1.45×1.45＝2.1025

1.45 cm より短いということだね

正方形面積＝1辺×1辺の公式に当てはめて，面積が2になる1辺の近似値を求めていく（電卓を使わせてもよい）。

5 1.42×1.42＝2.0164 また少し2に近づいたよ

1.41×1.41＝1.9881になるから，1.41と1.42の間の値になるはず

物差しでは測ることができない長さだね

$\sqrt{2}$ の近似値を計算で求める活動である。

$\sqrt{2}$ ＝1.41421356……に近づいていくことを楽しみたい。

他に 5 cm^{2}の正方形もできるので，$\sqrt{5}$＝2.2360679……の近似値を求めさせてもよい。

本時案

すごろく遊びをしよう

本時の目標

・2種類のさいころを使ったすごろく遊びの仕方を理解し，コマの動かす方向を考え正しく動かすことができる。

授業の流れ

1 2種類のさいころを使って，すごろく遊びをします

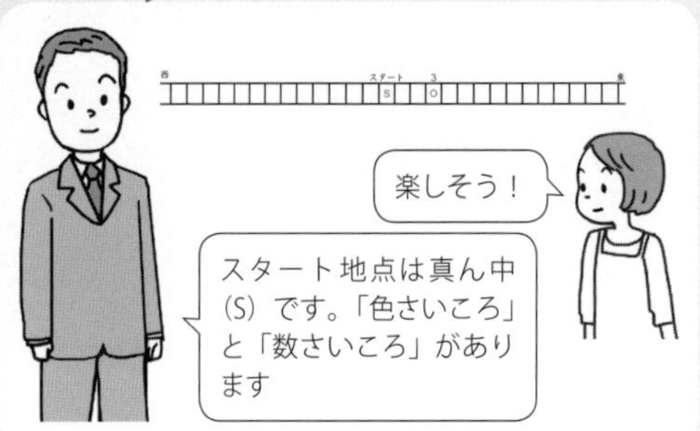

「色さいころ」には赤と青の面がそれぞれ3つずつある。青が出たら東（黒板の右方向），赤が出たら西（左方向）に進むことにする。

「数さいころ」は1から6の目がある普通のさいころである。「色さいころ」で出た方向に，「数さいころ」の出た目の数だけ進むことにする。

すごろく遊び

①2種類のさいころをふる

{ 色のさいころ（赤・青）　西←(赤)
{ 数さいころ（1～6）

西

②色さいころを2回ふる

1回目	2回目
青…東へ	青…すすむ
赤…西へ	赤…もどる

2 さいころを6回ずつ振って，スタートから離れている方の勝ちとします

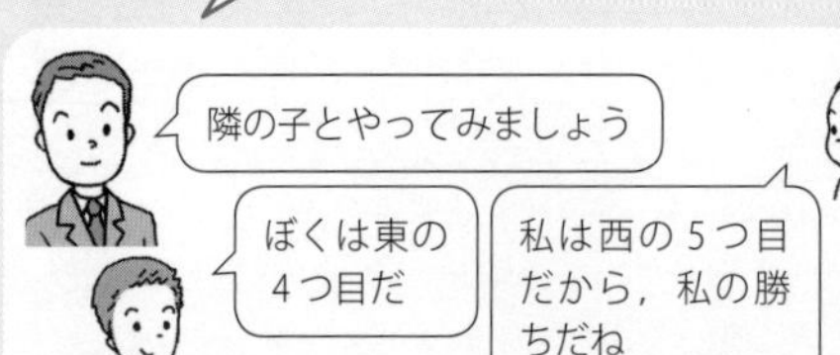

赤と青のマグネットがあれば，マグネットと数を使って，出た色と数を記録できる。その記録を手がかりにして，最終的に止まった位置が正しいかどうかを確かめてみる。

3 +と－を使って表してみよう

東方向を+，西方向を－で表すんだね

S（スタート）が0になるね

板書の（例）のように，S地点を0として，青だったら+，赤だったら－として表すと，たし算とひき算が混じった式になる。

最後に「西の5つ目」に止まったとすると，それは「－5」ということになる。

本時の評価

・遊び方を理解し，正しくコマを動かすことができたか。
・「色さいころ」を2回振って，同じ色が2回出たときには東へ，1回目と2回目が違うときには西に動くと捉えることができたか。

準備物

・「色さいころ」と「数さいころ」を2人組に1セットずつ。
・板書用に青と赤のマグネット

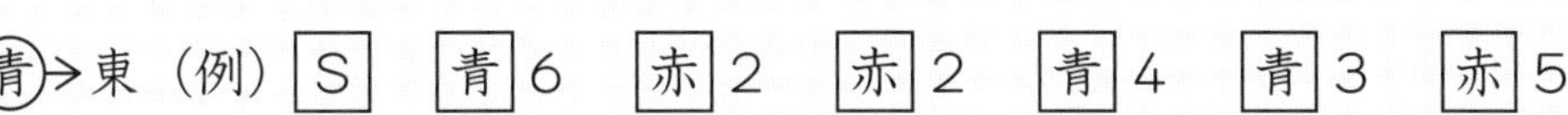

青→東（例）S 青6 赤2 赤2 青4 青3 赤5

0 ＋ 6 − 2 − 2 ＋ 4 ＋ 3 − 5 ＝ 4　東4

スタート　3　東

S　○

（例）S 赤赤2 青赤2 青赤4 青青6 赤青1 赤赤2

0 ＋ 2 − 2 − 4 ＋ 6 − 1 ＋ 2 ＝ 3　東3

西に進む ← 赤青 ← 青赤　赤赤 → 青青 → 東に進む

4 遊び方を少し変えます。「色さいころ」を2回振ることにします

「色さいころ」の1回目は，向く方向を決めます。2回目は進む方向を決めることにします

1回目に青で，2回目に赤だったら，「東を向いて，戻る」だから，西方向に進むことになるね

2つ目の遊び方では，「色さいころ」を2回振り，上記のような約束にする。

分かりにくいかもしれないが，隣同士で実際に遊びながら，進む方向について理解していけるとよい。

まとめ

上の板書の下段にあるように，「色さいころ」の色の組み合わせが「赤・赤」（「西の方向を向いて戻る」）と「青・青」の場合は東方向に進む。そして，「赤・青」と「青・赤」の場合は西方向に進むということを整理していきたい。

このことが，中学で学習する5−(−4)＝5＋4であることとつながることを期待しているが，深入りする必要はない。

本時案

かんづめと箱の重さを求めよう

本時の目標

・分かっていることを図に表して，缶詰１個と箱の重さを求めるための計算について考えることができる。また，その考え方を文字式と対応させることができる。

かんづめを箱に入れて重さを測りました。

６個入れた場合は 1090g
４個入れた場合は 810g でした。

かんづめ１個の重さと、箱の重さはそれぞれ何 g でしょうか。

授業の流れ

1 缶詰１個の重さと，箱の重さを求めましょう

最初に，1090から810を引けばいいんじゃないかな？

その計算をすると，何が分かるのかな？

図に表してみると，はっきりするんじゃないかな？

缶詰を○，箱を●のおはじきで表すと分かりやすいと思う

1090と810を「足せばよい」とか「引けばよい」といった意見が出されることが予想される。そこで，場面をはっきりさせるための方法を考えさせる。

2 ２色のおはじきを使って，問題文を表してみましょう

缶詰６個と箱で1090 g だから，○○○○○○●→1090 g と表せるね

缶詰４個の場合は，○○○○●→810 g となるね

問題文から分かる数量の関係をはっきりさせるために，２色のおはじきで表すアイデアを引き出したい。子どもから出なければ，教師が提案してもよいだろう。

3 1090－810の答え（280）は，何の値でしょうか？

図で考えると，残るのは○○です

○は缶詰１個だから，缶詰２個分の重さが280 g だということが分かります

ということは，缶詰１個分の重さは，280÷２＝140（g）だ

缶詰６個のときと４個のときの図を上下に並べその違いを見ると，○が２個残ることに気付かせたい。この結果から箱の重さも求められる。

本時の評価

・箱に缶詰が６個（４個）入っていて，その重さが分かっているときに，その場面を，おはじきを使った図や文字式に表すことができたか。また，表した図や文字式を使って，缶詰と箱の重さを求めることができたか。

準備物

・黒板用のおはじき２色（１色は10個，もう１色は２個）

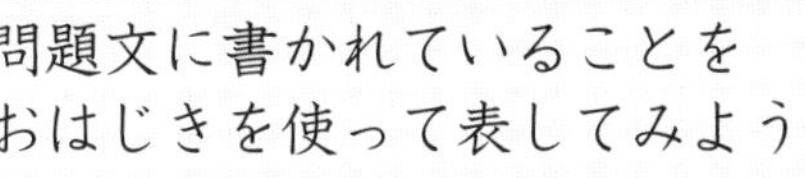

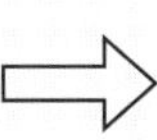

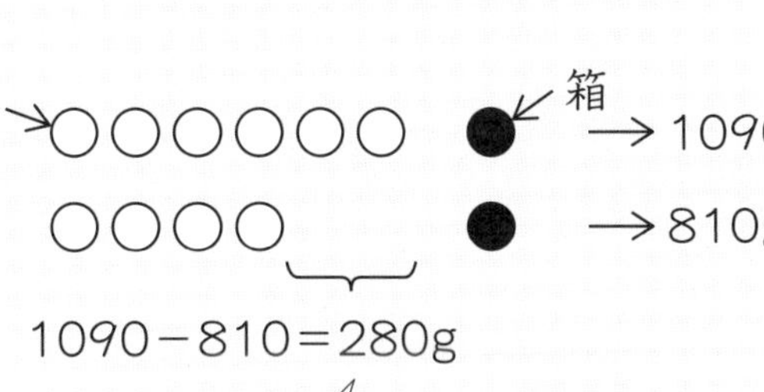

1090－810＝280g

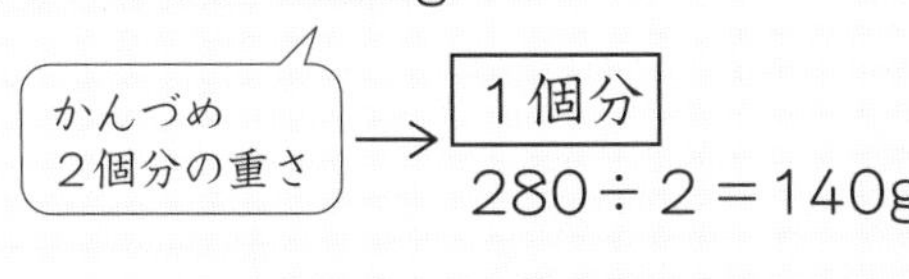

280÷２＝140g

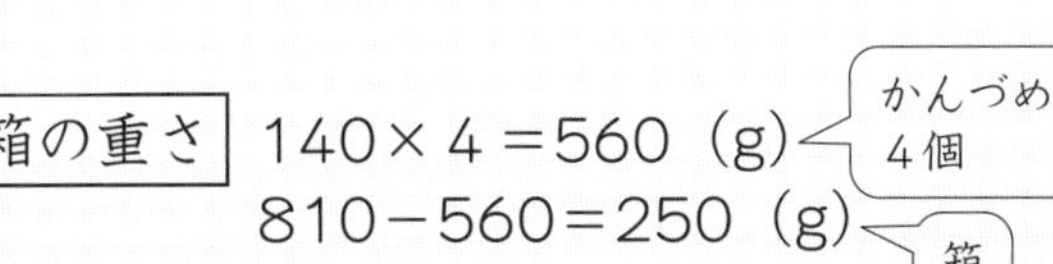

140×４＝560（g）

810－560＝250（g）

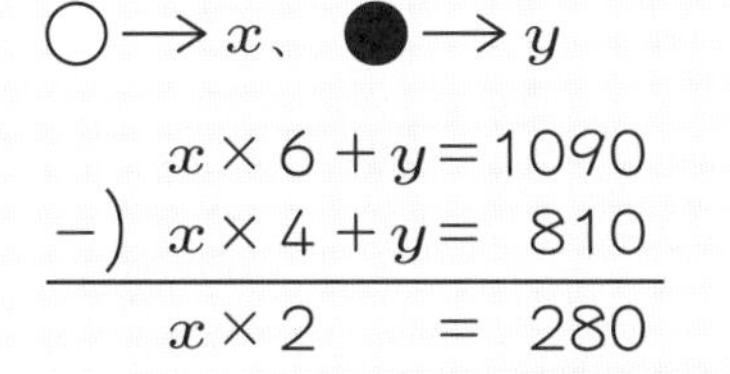

○→x、●→y

$$
\begin{array}{rl}
 & x\times 6+y=1090 \\
-) & x\times 4+y=\ \ 810 \\
\hline
 & x\times 2 \quad\ \ = 280 \\
 & x \qquad\ \ \ = 280\div 2=140
\end{array}
$$

かんづめ

$140\times 4+y=810$

$560+y=810$

$y=810-560=250$

箱

4 おはじきの図を，文字を使って表してみましょう

缶詰１個の重さを x とすると，缶詰６個の重さはどのように表せますか？

$x\times 6$ になります

では，箱の重さを y として，「缶詰６個と箱を合わせた重さは1090ｇです」という文を x と y を使って表すとどうなるでしょう？

$x\times 6+y=1090$

おはじきの図と文字式を対応させて，同じことを表していることを理解させる。

5 上から下を引いて残った○○→280ｇは，$x\times 2=280$ という式に表すことができますね

$x=140$ が分かったら，$x\times 6+y=1090$ の x に140を入れてみると，y を求めることができます

文字式だけでは難しいので，おはじきを使った図と文字式を行ったり来たりしながら，その表している意味を確認していくようにする。

この段階では，形式的な処理よりも，図と照らし合わせながら理解させるようにしたい。

本時案

2つの点を通る円をかこう

本時の目標

・2つの点を通る円の中心を見つけることができる。
・2つの点から等距離にある点の集合の性質について気付くことができる。

授業の流れ

1 2つの点Aと点Bがあります。両方の点を通る円をかくことができるかな？

小さな丸い磁石を3個用意し，そのうちの2個を点Aと点Bとして黒板に貼る。そして，もう1個を円の中心になる位置に置かせ，それをもとに2点から等距離にある点を見つければよいことに気付かせていく。

2つの点AとBがあります。両方の点を通る円をかきましょう。

どこにコンパスの針をさせばいいのかな？⇒点O

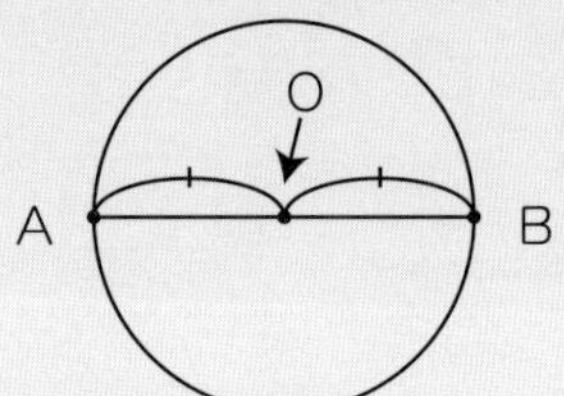

AとBのまん中
直線AB

点Aからも点Bからも等しい距離

2 では，かいてみましょう

任意の点を2つ打ち，その2点を結ぶ直線を引く。そして，その中点にコンパスの針を刺し，片方の点までコンパスを開き，実際にかいてみる。

黒板で一度やって見せてから，子どもたちにも自分のノート（あるいは無罫の画用紙など）上でやらせてみたい。

また，「コンパスの針を刺す場所（円の中心）は，この点以外にもあると思う」という声が出てくることを期待したい。

3 違う円もかけるよ

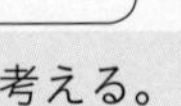

中心の位置を変えるといいよ

2点を通る円の中心は，他にもあるのかな？それはどこかな？

私は，正三角形になるようにすればいいと思う

2点を通る別の円の中心Oを考える。

例えば，上記のように，3つの点A，B，Oをつないだときに正三角形になるような点Oを中心とする円が考えられる。

子どもたちに自由に考えさせてみたい。

本時の評価

・２つの点を通る円の中心を見つけ，その円をかくことができたか。
・円の中心と点 A，点 B の３点をつなぐと二等辺三角形ができることに気付くことができたか。

準備物

・小さなマグネット３個
・コンパス，物差し

他にもあるよ

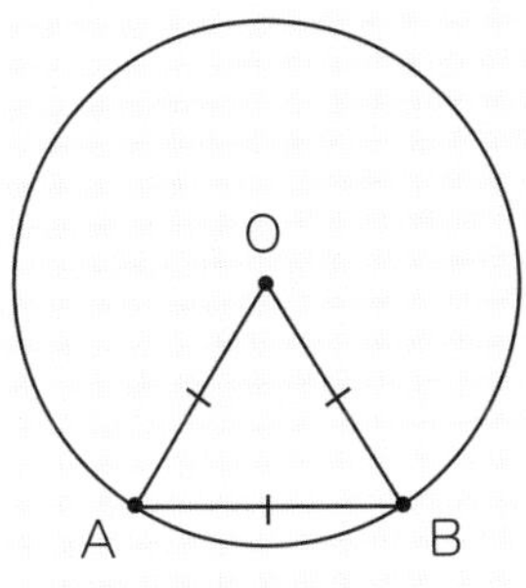

三角形 OAB が正三角形になるようにする

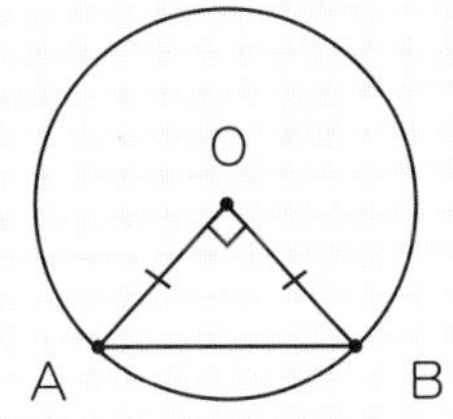

三角形 OAB が直角二等辺三角形になるようにする

二等辺三角形をぴったり重なるように半分に折ったときの直線

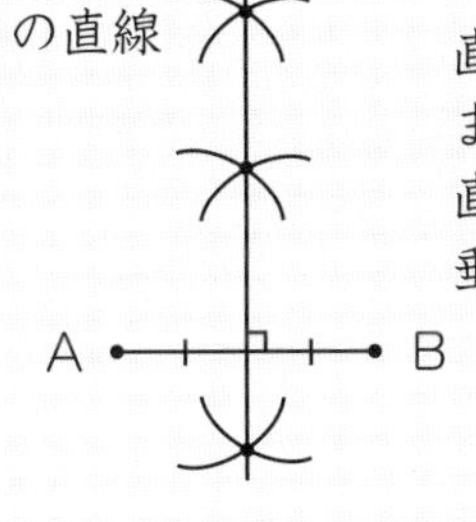

この直線上の点だったらどこでもよい

⇓

直線 AB のまん中を通り直線 AB に垂直な直線

・三角形 OAB が、二等辺三角形だったらよい。

・辺 OA と辺 OB が同じ長さになる。

4 中心になる点は，たくさんありそうですね

直線 AB を一辺とする二等辺三角形ができるような頂点 O を見つければよいことに気付かせたい。点 O の集合は，直線 AB の中点を通り，垂直に交わる直線（垂直二等分線）になる（右図）。

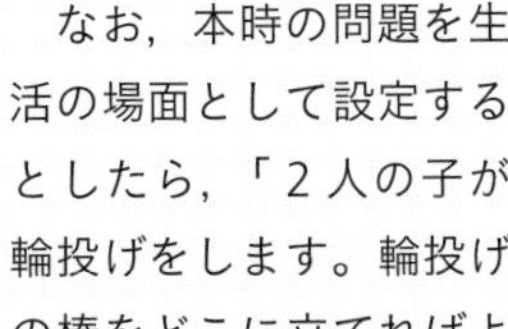

参考

点 A と点 B を通る円を重ねてかいていくと，右の図のようになる。

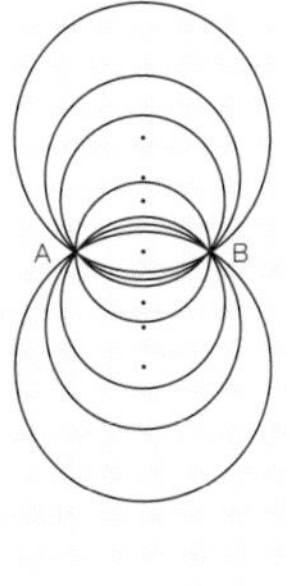

なお，本時の問題を生活の場面として設定するとしたら，「２人の子が輪投げをします。輪投げの棒をどこに立てればよいでしょうか」といった問題も考えられる。

本時案

ピザを等分しよう

本時の目標

・円形のピザを２等分，４等分，８等分する方法を考える活動を通して，角度を測らずに直角を二等分するための方法を見いだすことができる。

授業の流れ

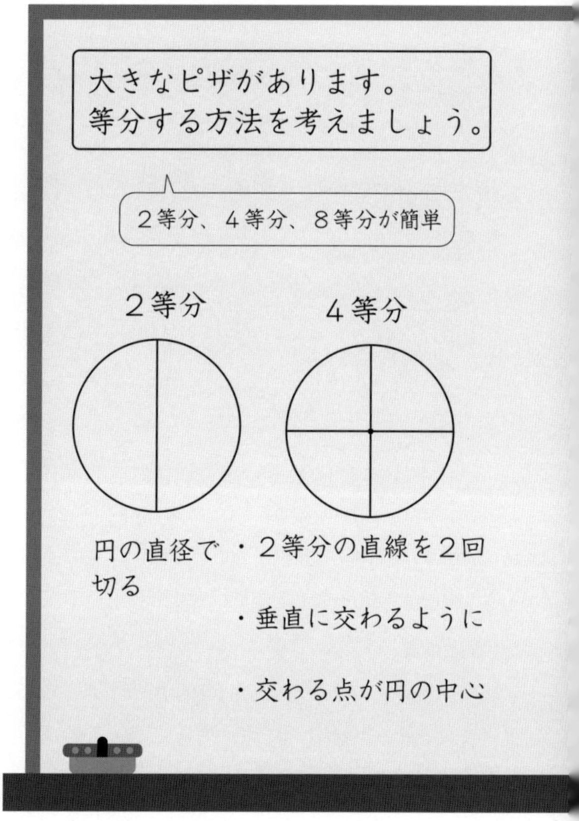

1 ピザを等分します。何等分が簡単ですか？

大きなピザ（円）を等分する場面を想起させる。

上記のような答えが返ってくることが予想されるので，円を正確に２等分→その２等分→さらにその２等分していくための方法を考えていくことにする。

大きなピザがあります。
等分する方法を考えましょう。

２等分、４等分、８等分が簡単

２等分　　４等分

円の直径で切る

・２等分の直線を２回
・垂直に交わるように
・交わる点が円の中心

2 ２等分するには，どのように分ければよいですか？

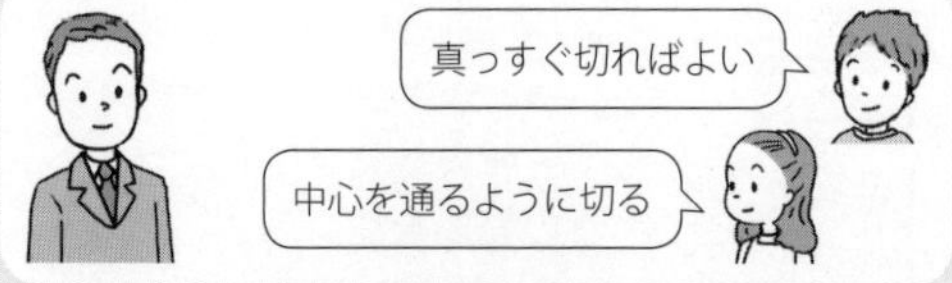

「直線」「中心」などの用語を正しく使って表現できるとよい。

子どもの中には，右図のように等分することを考えて，「半径が半分の円をかけばよい」と言う子もいるが，これではうまくいかない。

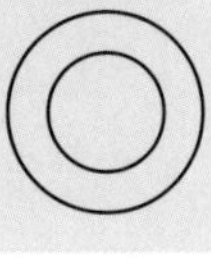

3 ４等分するには，どのように分ければよいですか？

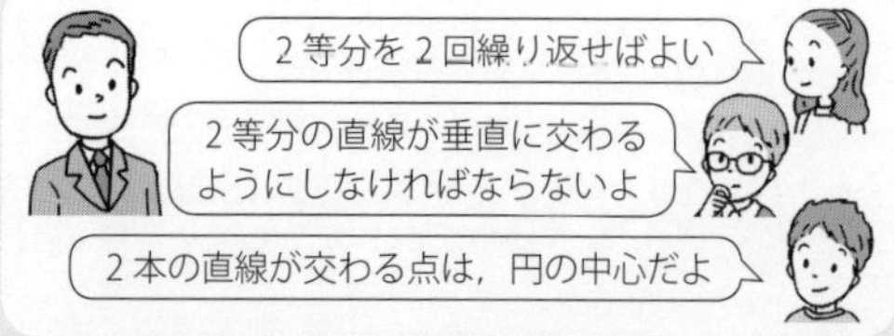

２等分した円をさらに２等分する。

「垂直」や「直角」の用語を使い分けられるようにしたい。

三角定規を使えば，１本目の直線に直交する直線をかくことができる。

本時の評価

・円を２等分，４等分，８等分する方法を考えることができたか。
・前時に学習した垂直二等分線の引き方を，角を二等分するときに活用する方法を理解できたか。

準備物

・コンパス，三角定規，分度器，物差し

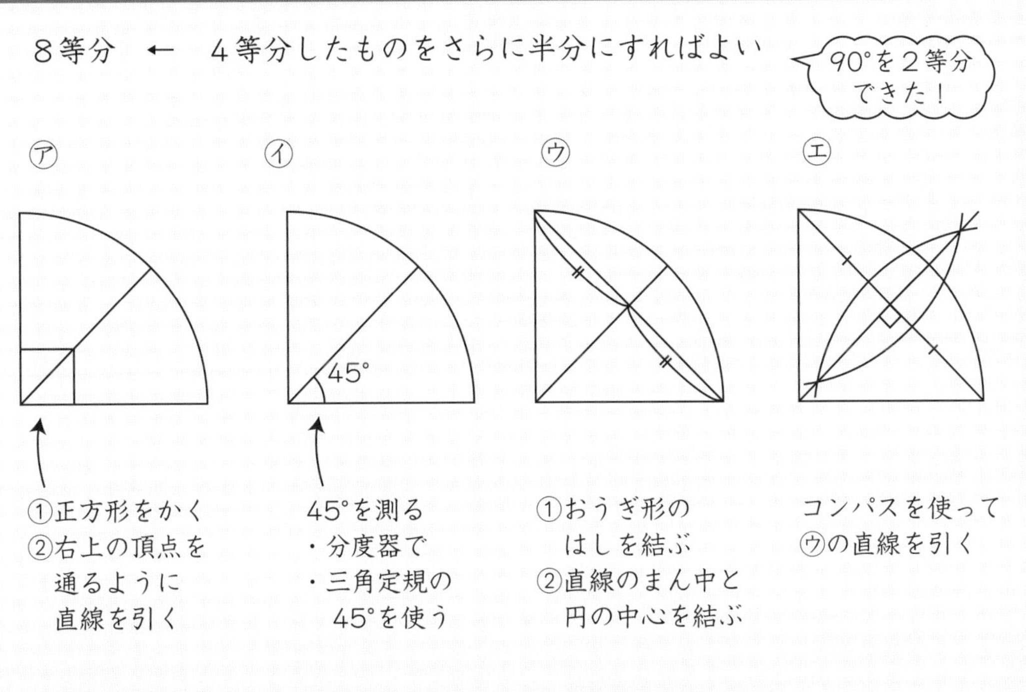

4 ８等分するには，どのように分ければよいですか？

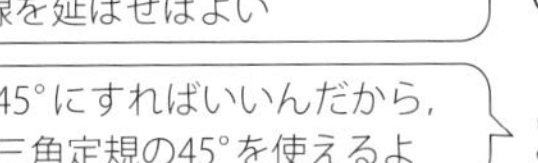

中心角が90°という特殊な場合である。90°を45°ずつに分ける方法は，様々考えられる。

その中からどんな角度でも使える方法が見いだされていけるとよい。

5 前の時間の方法が使えるんじゃないかな？

前時には，１本の直線を垂直に二等分する直線を引く方法について考えている。

おうぎ形の端を結んだ直線の中点と，中心を結ぶことによって，中心角が二等分されることに気付くと，前時の方法が使えることが分かる。

一般には，角 AOB の二等分線を引くには，右図のようにして点Ｐを決め，点Ｏと点Ｐをつなぐ。本時の学習は，この作図方法につながるものである。

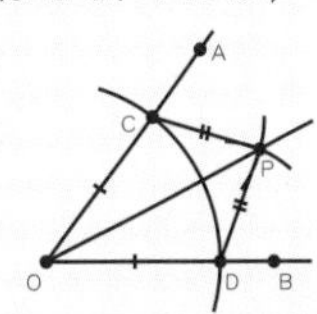

本時案

星型正 $\frac{12}{5}$ 角形？

本時の目標

・円周を12等分する点を「□つおき」に直線でつないでできる「正○角形」について，□と○の関係に気付き，星形正多角形づくりに興味をもつことができる。

授業の流れ

1 円を12等分する点を2つおきに直線で結ぶと，どんな形ができるかな？

ノートに円をかき，円周を12等分する点を打つように指示する。その点を「□つおき」に直線でつなぐ問題である。

このとき，例えば，「2つおき」の場合は，上図のようにつなぐと約束する。そして，□の中の数をいろいろと変えて形を作ってみることにする。

円周を12等分する点を
□つおきに直線でつなぐと
正○角形ができます。

（例）

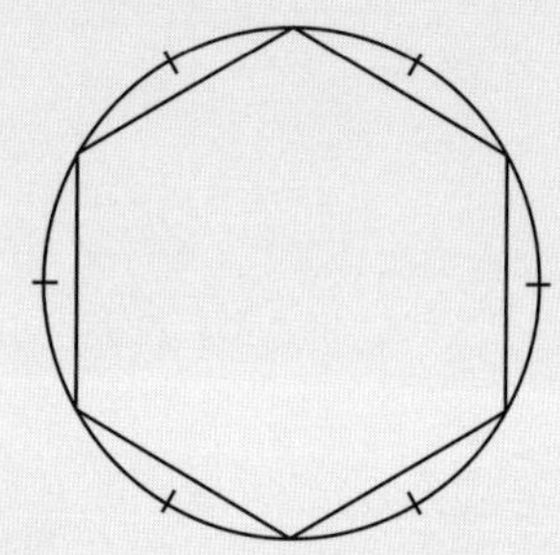

2つおき→正六角形

2 □の中の数を1から順に変えて，調べてみましょう

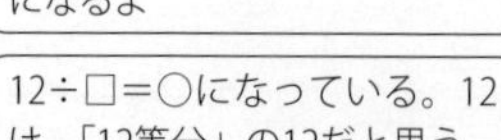

「円を12等分する点を2つおきにつなぐと正6角形」「円を12等分する点を3つおきにつなぐと正4角形（正方形）」のように，12を□の数で割ると○になることに気付かせたい。

3 □が5のときはどうだろう？

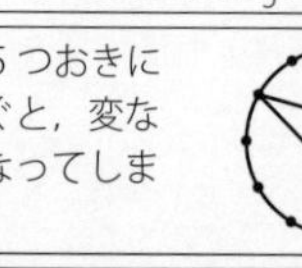

スタートの点（時計盤の12の位置）に戻るまで続けてみることにする。

本時の評価

- 形のつくり方を理解できたか。
- □と○の関係に気付くことができたか。
- 星形正多角形づくりに興味をもち，いろいろな形をつくろうとしたか。

準備物

- コンパス，分度器，三角定規
  (円周を12等分する点を打ったプリントを用意してもよい)

12等分する点を

1つおき→正12角形
2つおき→正 6 角形
3つおき→正 4 角形
4つおき→正 3 角形
5つおき→正 ? 角形

正$\frac{12}{5}$角形？？

1つの角度

12÷□=○だから

正$\frac{12}{5}$角形？

正n角形の1つの内角＝(n−2)×180÷n

$$\left(\frac{12}{5}-2\right)\times 180\div\frac{12}{5}=\frac{2}{5}\times 180\times\frac{5}{12}=\frac{2\times 180\times 5}{5\times 12}$$

=30(度) O.K.

4 きれいな模様ができました

正n角形の1つの内角を求める式は，(n−2)×180÷nである。この式のnに$\frac{12}{5}$を入れると30(°)になる。

円を12等分する点を5つおきにつないでできる形の1つの内角も30°になり，この公式にも当てはまることが分かる。

まとめ

円を△等分する点を，□つおきに直線で結び，起点に戻るまで繰り返すときれいな形ができる。この形を「星形正$\frac{△}{□}$角形」と呼ぶことがある。例えば，円を5等分する点を2つおきに直線で結ぶと下のような星の形ができる。この形は，「星形正$\frac{5}{2}$角形」である。

これまでの多角形の定義とは異なることに注意する必要がある。

本時案
当たりは何個？

本時の目標

・さいころの出た目をもとに，正しい位置に点を打つことができる。
・正方形に対する四分円の面積の割合を求め，「当たり」の個数との関連を考える。

授業の流れ

1 「当たり」は何個出ると思いますか?

方眼用紙（1mm）に，1辺が10cmの正方形をかく。そして，板書の〈やり方〉にあるように2個の十面体さいころを振って，出た目の数をもとに座標のように点を打っていく。

左下半分の斜線部分が「当たり」で，右上半分は「はずれ」である。

当たりは何個？

半分だから

予想 30回のうち15回

当たり　はずれ

Bさん　100 90 80 70 60 50 40 30 24 20 10 0

10 20 30 40 50 60 63 70 80 90 100

Aくん

2 実際にさいころを振って，調べてみましょう

ぼくは赤が6，青が3だから63

私は赤が2，青が4だから24

横軸の63と縦軸の24から線を引いて，交わったところに点を打つんだね

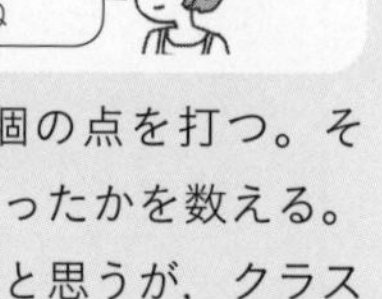

隣同士でペアになり，30個の点を打つ。そのうち何個が「当たり」になったかを数える。ペアによってばらつきはあると思うが，クラス全体で見ると，およそ半分が「当たり」になるはずである。

3 2回目は，おうぎ形でやってみましょう

今度は半分（15回）よりも多いと思うよ

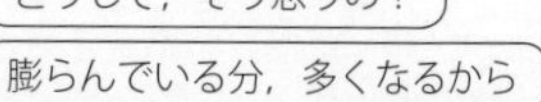

どうして，そう思うの？

膨らんでいる分，多くなるから

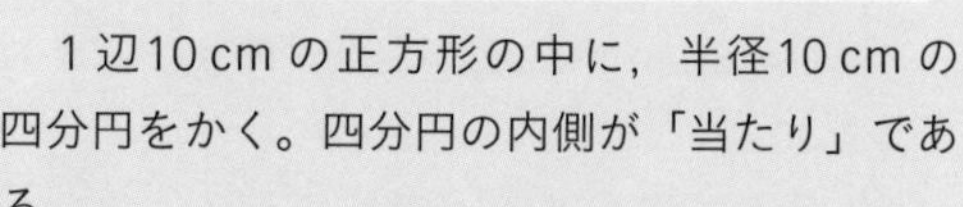

では，何回ぐらい当たると思いますか？

1辺10cmの正方形の中に，半径10cmの四分円をかく。四分円の内側が「当たり」である。

正方形全体に対する四分円の面積の割合が，「当たり」の割合と考えられる。

本時の評価

・さいころの出た目をもとに，正しい位置に点を打つことができたか。
・正方形に対する四分円の面積の割合を求めることができたか。
・面積の割合と「当たり」の個数との関連が理解できたか。

準備物

・1mm 方眼用紙
・十面体さいころ（赤と青，ペアの数と同じ個数）

〈やり方〉

①赤 と 青 の十面体のさいころをふる。
↓ 十の位　↓ 一の位

②となりの子とペアになり点の位置が決まる。

（例）A くん 63、B さん 24
↓
（63，24）に点を打つ

③30 回行う。
→当たりに入った数を数える。

2回目はおうぎ形

・15 回よりは多い。20 回ぐらい？
・面積を求めると

$10 \times 10 \times 3.14 \div 4 = 78.5$

$30 \times \frac{78.5}{100} = 30 \times 0.785 = 23.55$

78.5%

23～24 回ぐらい？

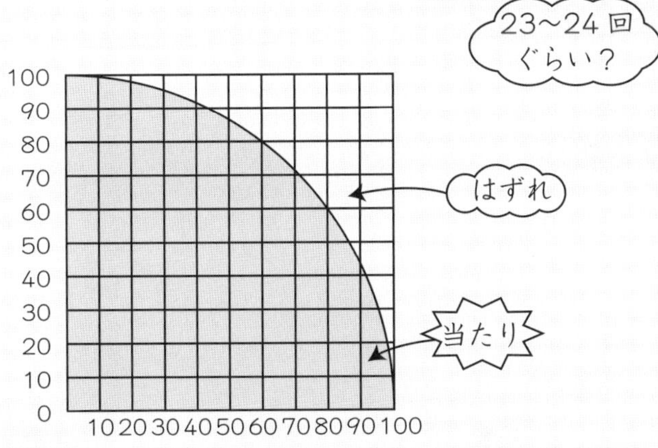

4 実際に調べてみましょう

実際にさいころを振って調べたら，全部のペアの結果を一覧表などにまとめてみるとよい。19～26個ぐらいの間に収まり，平均は23個前後になると思われる。

1回目の「当たり」の部分の面積が全体の半分だったことから，2回目も面積の割合が関係していると予想させたい。

まとめ

さいころを振って出る目は乱数なので，どの目も出る確率は同じ。

2回目は正方形をおうぎ形で分けている。このおうぎ形の面積は10×10×3.14÷4＝78.5（cm^2）なので，正方形の面積（100cm^2）に対する割合は78.5％である。

このことから，「当たり」はさいころを振った回数の78.5％（30回中23.55回）に近づいていくと考えられる。

本時案
紙コップを作ろう

本時の目標

・紙コップを観察し，この立体の展開図について考える。

授業の流れ

1 紙コップをよく観察してみよう

紙コップを1人に1個ずつ配る。観察して気付いたことを発表させる。

側面が曲面になっているとか，横から見ると台形の形をしている，だけでなく，上の部分が巻いてあったり（トップカール），上げ底になっていたりすることにも気付く。

紙コップをつくろう

上も円

上の円が大きい

円柱とはちょっとちがう

底が円

転がすともどってくる

2 紙コップを切り開くと，どんな展開図になると思いますか？

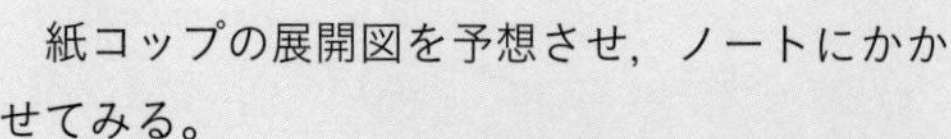

紙コップの展開図を予想させ，ノートにかかせてみる。

その後，ノートを見て歩き，子どもたちがかいた図を黒板にかいて紹介する。そして，その図を予想した理由について話し合わせる。

上の板書のア～エ以外にも様々な図が考え出されると思われる。

3 紙コップを切り開いて確かめましょう

こんな形になったよ

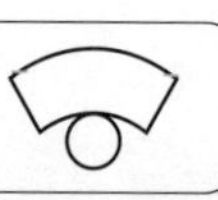

紙コップを実際に切り開いて，展開図を確かめる。側面は，大きなおうぎ形から小さなおうぎ形を取り除いた形になっている。

トップカールの部分は，紙コップの上の部分の円周なので，切り取って伸ばしてみると，紙コップを伏せて3個並べたよりも少し長い長さになっている。

本時の評価

・紙コップの形の特徴に気付くことができたか。
・紙コップの展開図を予想することができたか。
・紙コップの展開図が，おうぎ形をもとに作られていることを理解することができたか。

準備物

・紙コップ（人数分＋α）
・大きめの紙（厚めがよい）

どんな展開図になるのかな？

予想

ア

イ

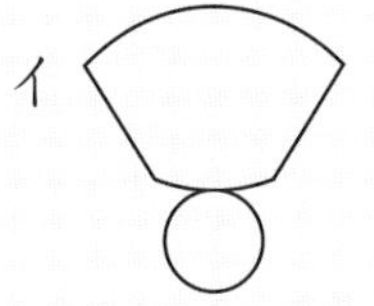

ウ

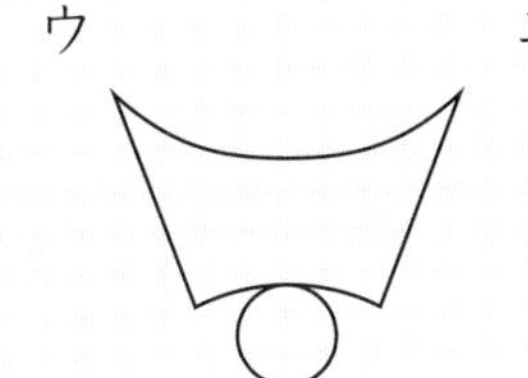

エ

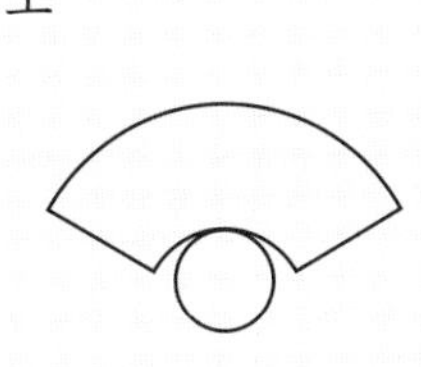

紙コップを開いてみよう

・エのような形になった

側面はどんな形かな？

写し取ってみると

おうぎ形2つ

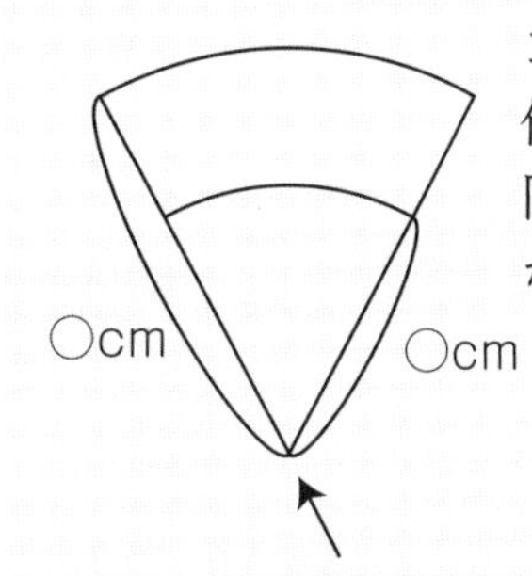

円の中心

コンパスを使って、同じ形をかいてみよう。

4 厚紙で作れるかな？

おうぎ形の中心は，どの辺りになるのかな？

側面部分のおうぎ形の半径や中心角などを計算で求めることは，小学生には無理なので，紙コップを切り開いた形を大きな紙に写し取ってみる。

直線部分を延長すると交わる点がある。その点が，側面部分のもとの円の中心である。意外と大きな円ができることに驚くだろう。

円錐の展開図の話に触れてみてもよい。

5 ア，イ，ウの側面図を組み立てるとどんな立体ができるのかな？

時間があれば，展開図の予想のところで違っていたア，イ，ウのような形を組み立てたらどんな立体になるかを確かめてみてもよい。

例えば，アの形を組み立てたらどうなるだろう？　底は円形にできるだろうか？　台形の斜めの部分をつなげると，平行な辺の部分はどのような形になるだろうか？　など……。

頭の中で想像したり実際に組み立てたりすることを行き来することによって，図形に対する感覚も豊かになるだろう。

本時案

長方形の紙を使って

本時の目標

・長方形の紙から，正方形や正三角形を作る方法を考える。
・正四面体づくりを通して，立体図形に対する関心を高める。

授業の流れ

1 A４の紙は長方形ですね。この紙から正方形を作ってください

合同な長方形の紙を２枚，右図のように向きを変えて重ねると，重なった部分が正方形になる。

全部の角が直角で，辺の長さが全て等しくなるからである。

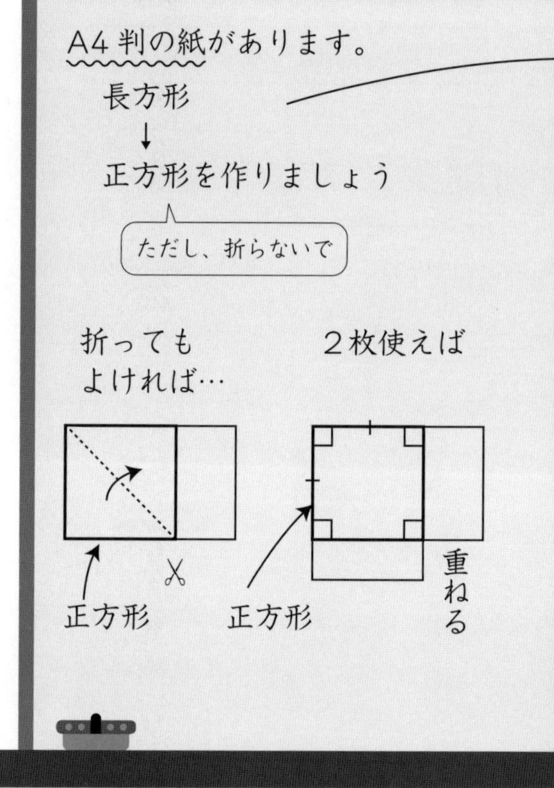

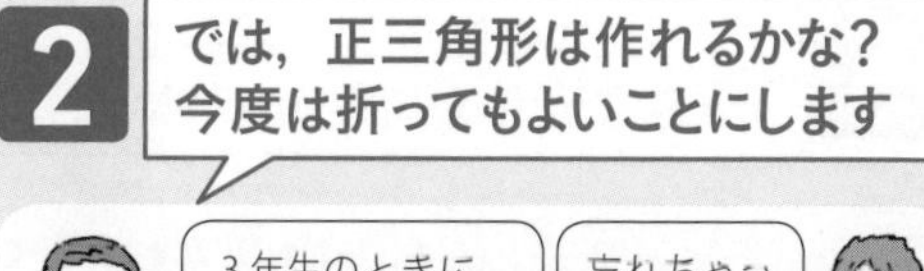

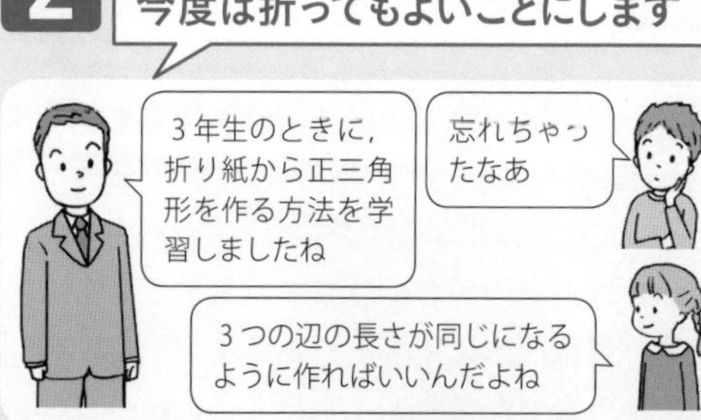

折り紙を折って作る方法は，『小学校学習指導要領解説 算数編』p.159〜160にも示されている。正三角形の性質を利用して作っていることを振り返っておきたい。

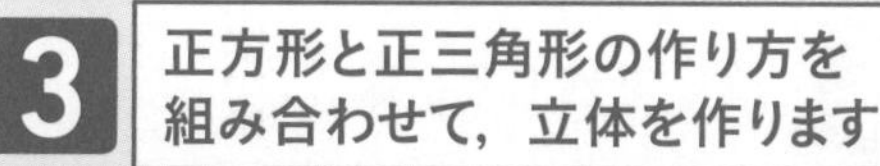

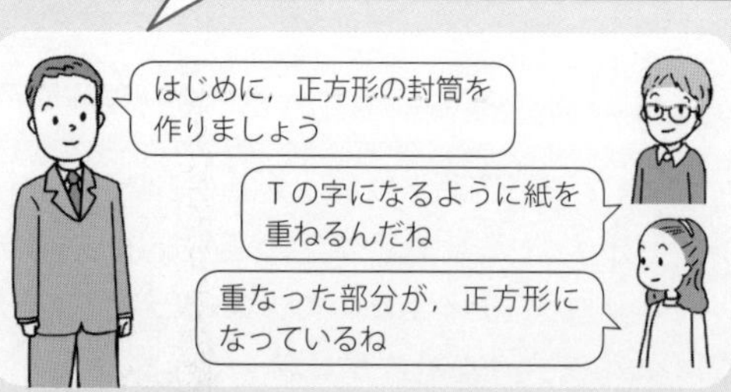

上の①のように，A４の紙をＴの字に重ね，はみ出た部分を折り返し，糊で貼る。すると，正方形の封筒ができる（図の上の部分が開いている。下の部分が底になる）。

本時の評価

・合同な２枚の長方形の紙を重ねると正方形ができるわけを説明できたか。
・下記の折り方で正三角形ができるわけを説明できたか。
・正四面体づくりを楽しむことができたか。

準備物

・Ａ４判の紙を児童１人に２枚以上
・糊，ハサミ

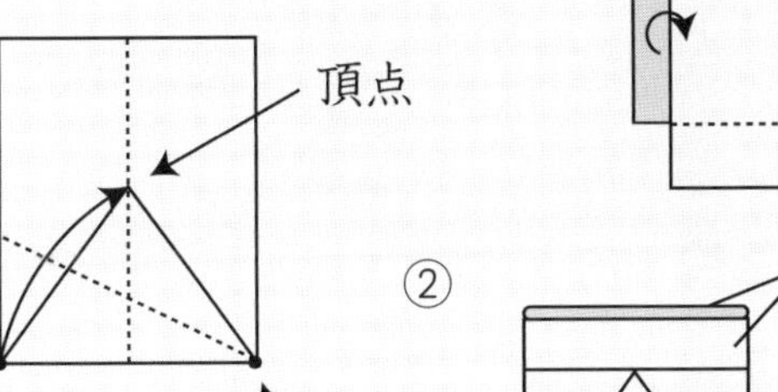

左の２つの方法を組み合わせて、立体をつくろう。

①正方形の封筒をつくる

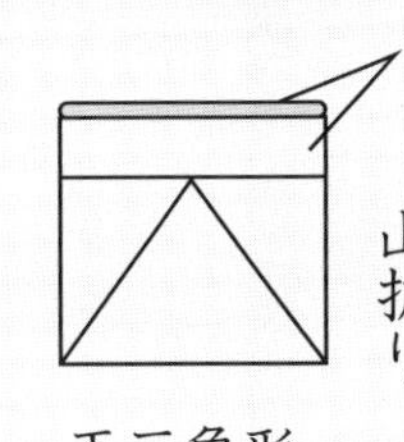
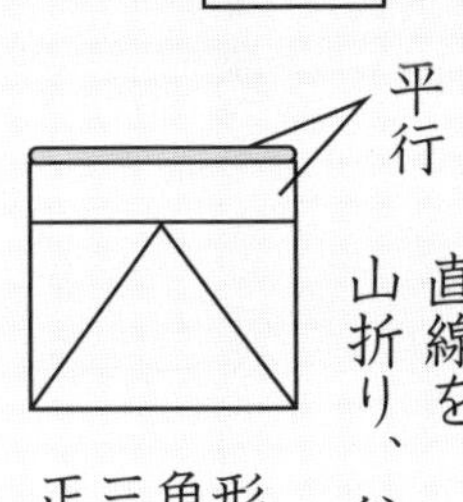

③折り目で折ってふくらませると完成！

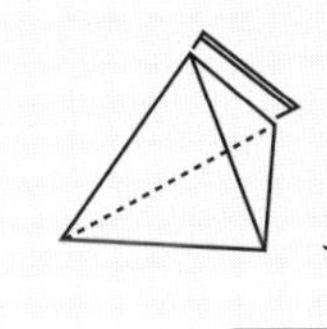

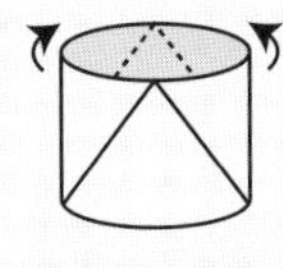

4 次に，正方形の封筒で，正三角形を作ります

正方形の封筒を折って正三角形を作る。

正三角形ができたら，右図の太線部分を山折りと谷折りをして，裏にも表にも折れるようにする。

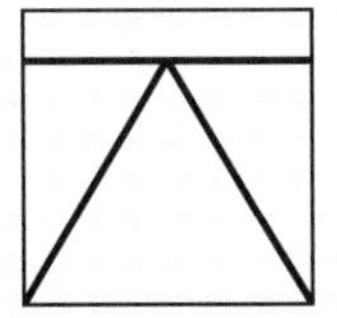

ここまでできたら，太線部分の折り目に沿って膨らませると正四面体ができあがる。

完成する瞬間の驚きを，みんなで共有できるようにしたい。

多面体について

左図の，正方形の辺に平行な太線を切り取ると，合同な４つの正三角形で囲まれた立体ができる。これを，正四面体という。

合同な正多角形で囲まれ，面と面の角度が全て同じ立体を正多面体というが，正多面体は全部で右の５種類だけである。

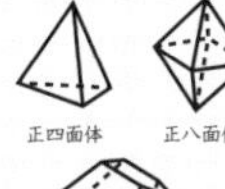

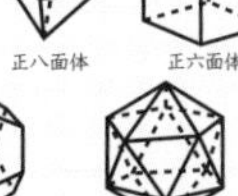

本時案

どんな立体ができるかな？

本時の目標

・説明通りに展開図をつくり，斜角錐を完成させることができる。また，その斜角錐の体積を計算で求めることができる。

授業の流れ

1 立体の展開図をかこう

工作用紙を15 cm×20 cm の大きさに切って子どもたちに配る（A 3 判の一般的な工作用紙 1 枚から，4 枚切り取ることができる）。

そして，展開図のかき方を説明する。板書の左側にある展開図や2の図を参照しながら，次の手順でかくとよい。

①（立体の底面に当たる）正方形（5 cm×5 cm）をかく。

②正方形の辺を 1 辺とする直角二等辺三角形を 2 つかく。

③②でかいた直角二等辺三角形の長い辺を 1 辺とする直角三角形を 2 つかく。このとき，直角をつくる辺の 1 つが 5 cm になるようにする。

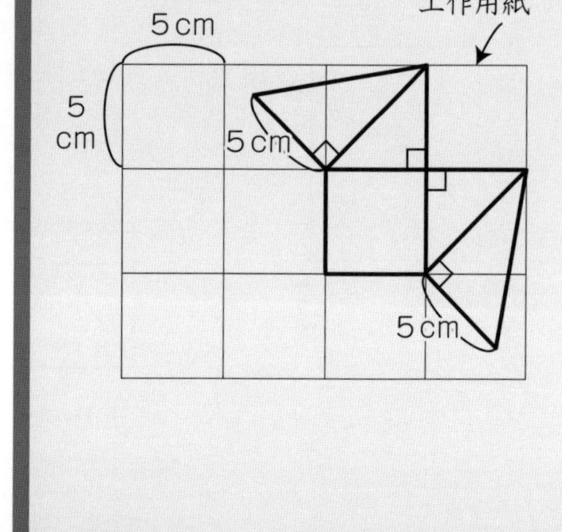

2 展開図を切って組み立てよう

1でかいた展開図の外側の線を切り取り，直線部分に折り目をつける。

そして，セロハンテープでつなぎ合わせると，下図のように，底面が正方形の斜角錐が完成する（図の①～③は，1のかき方①～③に対応する）。

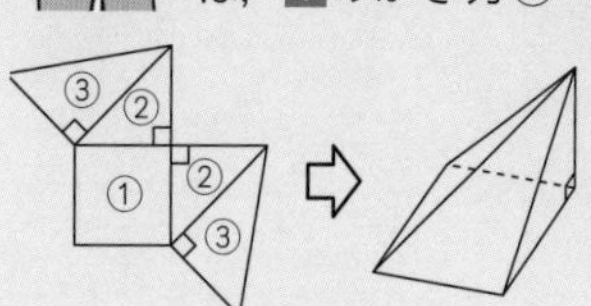

早く完成した子には，もう 1 個作らせてもよい。

3 他の子が作った立体と組み合わせてみよう

立体が完成したら，それらをいくつか自由に組み合わせてみるように促す。

3 個組み合わせると，1 辺が 5 cm の立方体ができる。

4 個組み合わせると，底面の 1 辺が10 cm で高さが 5 cm の四角錐ができる。

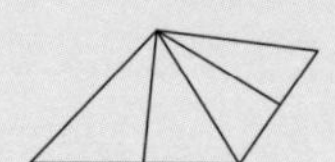

24個組み合わせると，1 辺が10 cm の立方体ができる。

本時の評価

・説明通りに展開図をつくり，斜角錐を組み立てることができたか。
・斜角錐を組み合わせて立方体などをつくることができたか。
・斜角錐の体積の求め方を考えることができたか。

準備物

・工作用紙（15 cm × 20 cm を児童数分）
・ハサミ，セロハンテープ

完成！

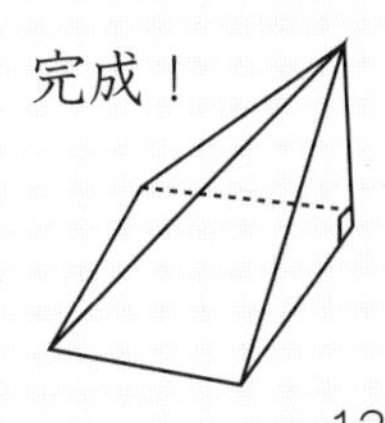

体積を求めてみよう

→3つ組み合わせると…

5 cm
5 cm
5 cm

立方体ができる。
（1辺5 cm）

ということは…

体積 $125 \div 3 = \frac{125}{3} = 41\frac{2}{3}$ (cm³) ← 体積 $= 5 \times 5 \times 5 = 125$ (cm³)

底面積と高さが同じ立方体の $\frac{1}{3}$

ピラミッドみたいな形

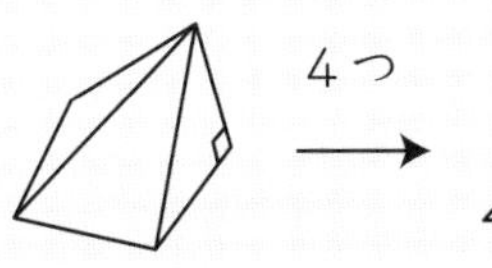

4つ →

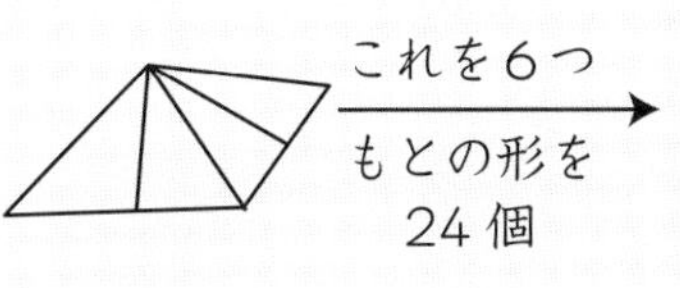

これを6つ →
もとの形を
24個

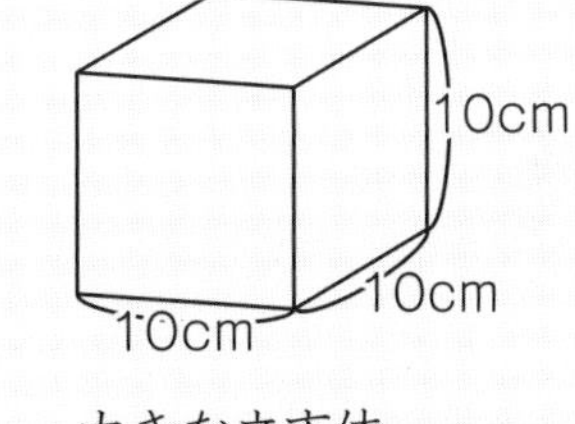

10cm
10cm
10cm

大きな立方体
（1辺 10cm）

ということは

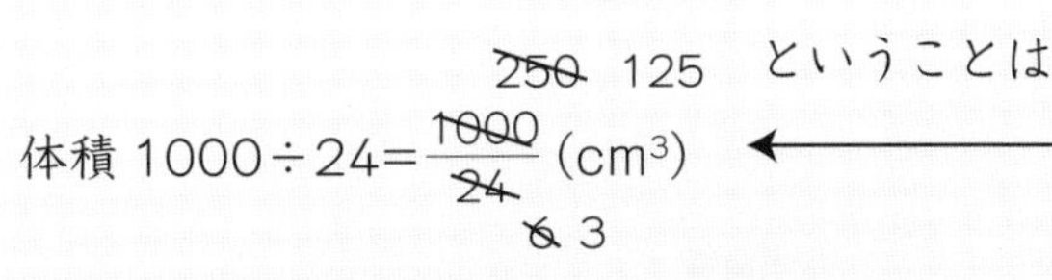

体積 $1000 \div 24 = \frac{1000}{24}$ (cm³)（250 / 6 → 125 / 3） ← 体積 $= 10 \times 10 \times 10 = 1000 = 1$ L (cm³)

4 この立体の体積を求めてみよう

こんな立体の体積は求められるのかな？

立方体なら体積が求められるよ

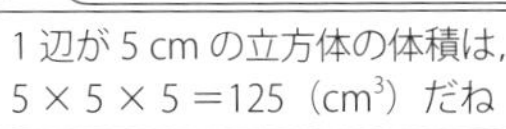

1辺が 5 cm の立方体の体積は，$5 \times 5 \times 5 = 125$（cm³）だね

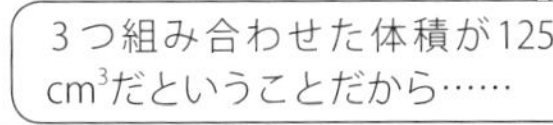

3つ組み合わせた体積が 125 cm³だということだから……

分かった！　この立体の体積は，125÷3 で求められるよ

最初に作った立体の体積は，1辺が 5 cm の立方体の $\frac{1}{3}$ になることに気付かせたい。

錐体の学習について

錐体については，中学校数学科の第1学年で初めて学習する。

錐体の体積は，それと底面積と高さがともに等しい柱体の体積の $\frac{1}{3}$ である。

授業の導入で組み立てた斜角錐を4個合わせてできる四角錐（3の図）の体積は，底面が 10 cm×10 cm で高さが 5 cm の直方体（これは元の斜角錐12個分）の $\frac{1}{3}$ と見ることもできる。

本時案

どうして正方形がてきるのかな？

本時の目標

・四角形の各辺の中点を結んでできる四角形と，もとにする四角形の対角線との関係について考える。

授業の流れ

1 2本の対角線がどちらも6 cm で，垂直に交わる四角形をかきます

四角形をかく前に，条件に当てはまる四角形を考えさせてみる。そして，頭に思い浮かんだ四角形を言わせてみたい。

意味がよく理解できない場合は，同じ長さの棒を2本黒板に貼り，その棒を直交させていろいろと動かしてみせるとよい。そこに，4本の辺をイメージさせるとよい。

2本の対角線がどちらも6 cm で、垂直に交わる四角形をかきましょう。

どんな四角形ができますか？

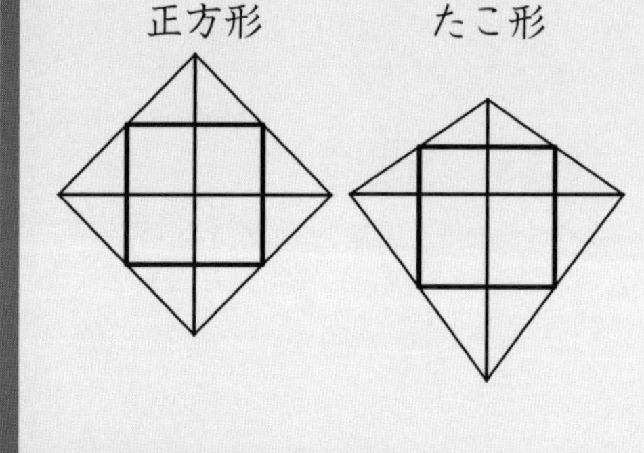

2 条件に合う正方形をかき，各辺の真ん中をつなぐと，どんな四角形ができるでしょうか？

まずは，対角線の条件に合う正方形とたこ形（たこ形という名前は未習）について，各辺の中点を結んでできる形を考えてみる。どちらも1辺3 cm の正方形ができる。

3 他の形の場合は，どうだろうか？

条件に合う四角形をかいて，各辺の中点をつないでみる。すると，どの四角形の場合も1辺が3 cm の正方形になることが分かる。

そこで，「なぜ，そうなるのか」を考えてみることにする。

本時の評価

- 条件に合う四角形をかき，その各辺の中点を結んでできる四角形をつくることができたか。
- 「どうしていつも正方形になるか」について考えることができたか。

準備物

- 提示用として，同じ長さの棒が2本あるとよい（黒板にくっつくもの）

できた四角形の各辺のまん中に点を打ち、その点を直線で結びます。

どうしていつも正方形ができるのだろう？

どんな四角形ができますか？
⇒全部、正方形

合同
辺の長さが3cm

対角線の半分

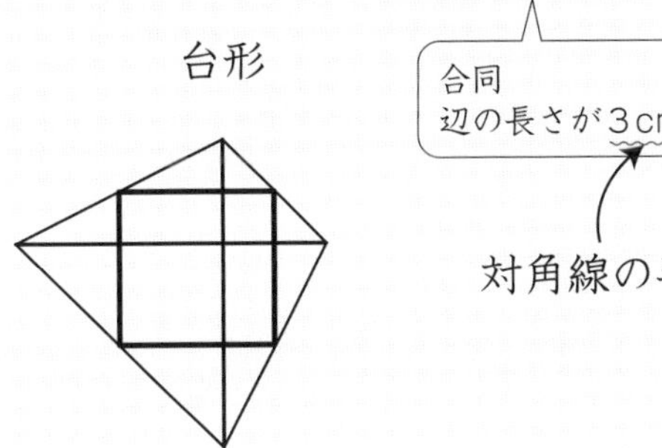

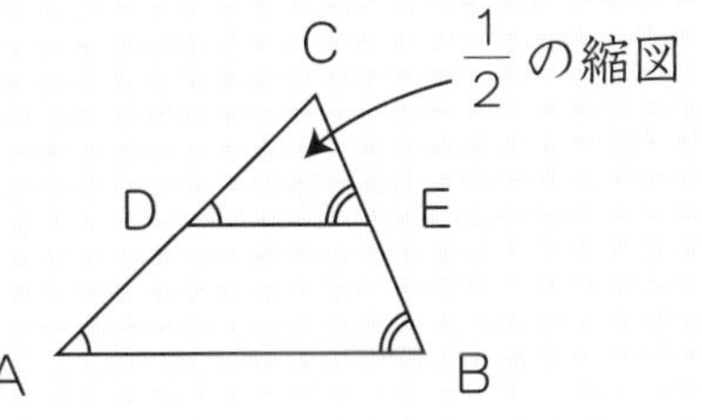

・DEはABの半分
・DEとABは平行

本題材は，中点連結定理を応用したものである。この定理は，「三角形の2辺の中点を結ぶ直線は，残りの1辺に平行で長さは半分」というもの。中学校第3学年で扱う内容である。

4 どうしていつも正方形ができるのでしょうか？

いつも3cmになるね。3cmは6cmの半分だね

向かい合う辺が平行になるね。対角線とも平行だね

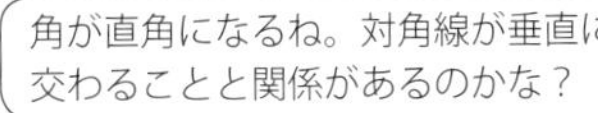

角が直角になるね。対角線が垂直に交わることと関係があるのかな？

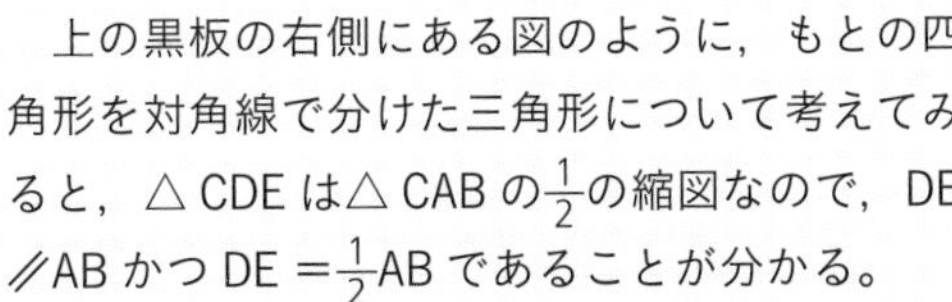

上の黒板の右側にある図のように，もとの四角形を対角線で分けた三角形について考えてみると，△CDEは△CABの$\frac{1}{2}$の縮図なので，DE∥ABかつDE＝$\frac{1}{2}$ABであることが分かる。

他の展開例

「対角線が4cmと6cmの四角形」を自由にかかせて，その各辺の中点を結んでできる四角形を調べてみる。すると，いつでも辺の長さが2cmと3cmの平行四辺形ができ，対角線が直交する場合は長方形になる。その理由を考えていくような展開も考えられる。子どもの実態に合わせて展開を工夫するとよい。

本時案

いくらで売るといいのかな？

本時の目標

・売上金額が最大になる単価を見つけることができる。
・単価と売上金額の関係を捉え，言葉やグラフなどで表現することができる。

授業の流れ

1 1個60円で売ったとき，売上金額はいくらになるでしょうか？

問題場面を把握させるために，「1個60円にした場合」の売上金額を計算で求めてみる。

ある商品を1個50円で売ると1日に400個売れます。

1個の値段		売上個数
1円上げる	→	4個減る
1円下げる	→	4個増える

①1個60円で売ったとき、売上金額は？

10円値上げ→40個減る
⇓
360個

（式）60×360=21600
答え 21600円

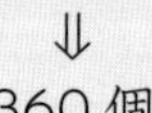

2 1個40円にした場合，売上金額は増えるのかな？　減るのかな？

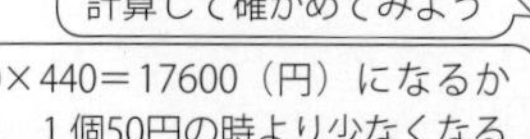
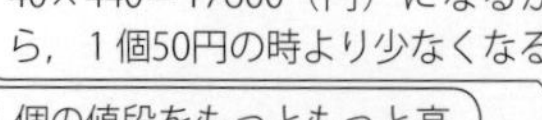
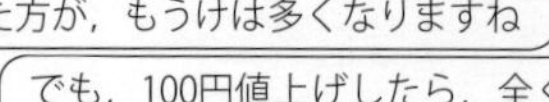
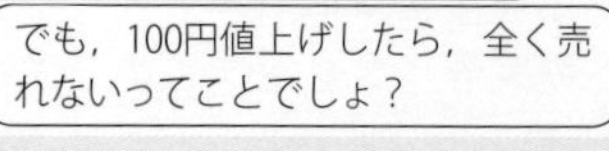

子どもたちは，「1個の値段」と「売上金額」の関係が気になり始める。

3 1個100円にした場合を調べてみたい

単価が50円の時と100円の時の売上金額が同じになるので，子ども達は驚く。そして，単価をいろいろと変えて調べてみたいと思い始める。

調べた結果を順に並べてみると，売上金額が同じになる場合がいくつか見えてくる。

本時の評価

・単価と売上個数の関係を理解し，単価に応じた売上金額を計算で求めることができたか。
・売上金額の変化の特徴を捉え，表現することができたか。
・売上金額が最大になる単価を予想することができたか。

準備物

・方眼黒板があるとよい（グラフの話題になったときに役立つ）

②1個40円のときの売上金額は？

10円値下げ→40個増える
⇓
440個

（式）40×440=17600
答え17600円

①と②の結果を整理すると

60円 → 21600円
50円 → 20000円
40円 → 17600円

1個の値段が高いと売上金額が上がる

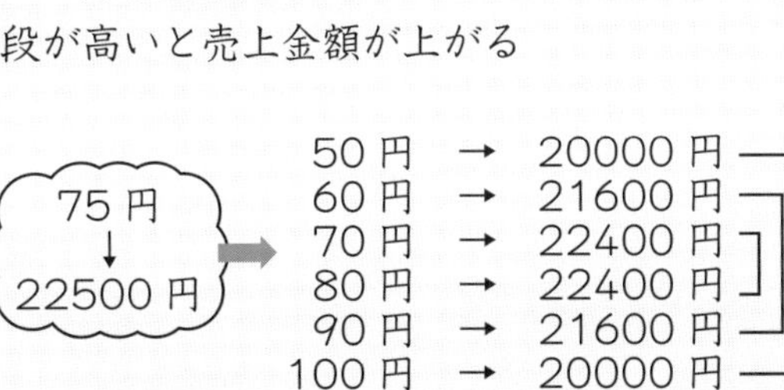

③1個100円にするとどうだろう？

50円値上げ→200個減る
⇓
200個

（式）100×200=20000
答え20000円

50円のときと同じ！？

こんなグラフになる

最大？
23000
22000
21000
20000
50 60 70 80 90 100
75

4 売上金額が一番多くなるのは，1個の値段をいくらにした場合だろうか？

50円と100円，60円と90円，70円と80円のときの売上金額が同じになるよ

だんだんと増えていって，途中から減っていくよ

70円と80円の真ん中の75円にした場合を調べてみたい

単価を75円にした場合，売上金額は22500円になり，70円や80円のときよりも高くなる。子どもたちはグラフの形を予想し，ここが最大値になるのではないかと考える。

グラフについて

1個の値段を x，売上金額を y とすると，x 円値上げした時に売上個数は400個よりも（$4\times x$）個減るので，次の式が成り立つ。

$y=(50+x)\times(400-4\times x)$

二次方程式で x^2 の係数が－4なので，グラフをかくと，上に凸の放物線を描くことになる。正確なグラフを作る必要はなく，変化の仕方に着目することに意味があると考える。

全12巻単元一覧

第 1 学年 ■ 上

1　なかまづくりとかず
2　なんばんめ
3　たしざん(1)
4　ひきざん(1)
5　ながさくらべ
6　せいり（表とグラフ）
7　10より大きいかず
8　とけい
9　３つのかずのけいさん
10　かさくらべ・ひろさくらべ

第 2 学年 ■ 上

1　表とグラフ
2　たし算
3　ひき算
4　長さ
5　1000までの数
6　かさくらべ
7　時こくと時間
8　三角形と四角形

第 3 学年 ■ 上

1　かけ算
2　時こくと時間
3　わり算
4　たし算とひき算の筆算
5　長さ
6　あまりのあるわり算
7　大きな数
8　かけ算の筆算
9　円と球

第 1 学年 ■ 下

11　たしざん(2)
12　かたちあそび
13　ひきざん(2)
14　大きなかず
15　たしざんとひきざん
16　かたちづくり

第 2 学年 ■ 下

9　かけ算(1)
10　かけ算(2)
11　1000より大きい数
12　長い長さ
13　たし算とひき算
14　分数
15　はこの形

第 3 学年 ■ 下

10　小数
11　重さ
12　分数
13　□を使った式
14　２桁のかけ算
15　倍の計算
16　二等辺三角形・正三角形・角
17　表とグラフ
18　そろばん
19　３年のまとめ

第 4 学年 ■ 上

1　大きな数
2　折れ線グラフ・資料の整理
3　わり算の筆算
4　角
5　２桁でわるわり算
6　倍の見方
7　垂直・平行と四角形
8　概数

第 5 学年 ■ 上

1　整数と小数
2　体積（直方体・立方体）
3　変わり方
4　小数のかけ算
5　小数のわり算
6　合同な図形
7　図形の角
8　整数の性質（偶数・奇数，倍数・約数）
9　分数と小数，整数の関係

第 6 学年 ■ 上

1　対称な図形
2　文字と式
3　分数と整数のかけ算・わり算
4　分数と分数のかけ算
5　分数と分数のわり算
6　比とその利用
7　拡大図・縮図
8　円の面積
9　立体の体積

第 4 学年 ■ 下

9　小数，小数のたし算とひき算
10　式と計算
11　分数
12　変わり方
13　面積
14　小数のかけ算・わり算
15　立方体・直方体

第 5 学年 ■ 下

10　分数のたし算とひき算
11　平均
12　単位量当たりの大きさ，速さ
13　面積
14　割合
15　帯グラフと円グラフ
16　正多角形と円
17　角柱と円柱

第 6 学年 ■ 下

10　比例と反比例
11　場合の数
12　資料の整理
13　６年のまとめ
14　数学へのかけ橋

監修者・著者紹介

[総合企画監修]

田中　博史（たなか　ひろし）

真の授業人を育てる職人教師塾「授業・人」塾主宰。前筑波大学附属小学校副校長，前全国算数授業研究会会長，筑波大学人間学群教育学類非常勤講師，学校図書教科書「小学校算数」監修委員。主な著書に『子どもが変わる接し方』『子どもが変わる授業』『写真と対話全記録で追う！ 田中博史の算数授業実況中継』（東洋館出版社），『子どもに教えるときにほんとうに大切なこと』（キノブックス），『現場の先生がほんとうに困っていることはここにある！』（文溪堂）等がある。

[編著者]

夏坂　哲志（なつさか　さとし）

筑波大学附属小学校教諭。青森県の公立小学校を経て，現職。筑波大学人間学群教育学類非常勤講師，共愛学園前橋国際大学非常勤講師，全国算数授業研究会常任理事，日本数学教育学会学術情報部常任幹事，理数授業研究会算数側代表，学校図書教科書「小学校算数」執筆・編集委員，隔月刊誌『算数授業研究』編集委員。主な著書に，『プレミアム講座ライブ 夏坂哲志の算数授業のつくり方』『夏坂哲志のつながりを意識してつくる算数の授業』『「協働的な学び」をつくる』（東洋館出版社），『板書で輝く算数授業』（文溪堂）等がある。

[著　者]（執筆順）

夏坂　哲志（なつさか　さとし）

第６学年授業づくりのポイント，単元13「６年のまとめ（第１～３，９，15～16，18～19，25時）」，単元14「数学へのかけ橋」

中田　寿幸（なかた　としゆき）　筑波大学附属小学校

単元10「比例と反比例」，単元13「６年のまとめ（第８，12時）」

森本　隆史（もりもと　たかし）　筑波大学附属小学校

単元11「場合の数」，単元13「６年のまとめ（第４，10時）」

盛山　隆雄（せいやま　たかお）　筑波大学附属小学校

単元12「資料の整理」，単元13「６年のまとめ（第14，20時）」

山本　良和（やまもと　よしかず）　筑波大学附属小学校

単元13「６年のまとめ（第５～６，13，17，21時）」

大野　桂（おおの　けい）　筑波大学附属小学校

単元13「６年のまとめ（第７，11，22～24時）」

『板書で見る全単元・全時間の授業のすべて　算数　小学校６年下』
付録 DVD ビデオについて

・付録 DVD ビデオは，中田寿幸先生による「単元10　比例と反比例　第10時」の授業動画が収録されています。

【使用上の注意点】
・DVD ビデオは映像と音声を高密度に記録したディスクです。DVD ビデオ対応のプレイヤーで再生してください。
・ご視聴の際は周りを明るくし，画面から離れてご覧ください。
・ディスクを持つときは，再生盤面に触れないようにし，傷や汚れ等を付けないようにしてください。
・使用後は，直射日光が当たる場所等，高温・多湿になる場所を避けて保管してください。

【著作権について】

【免責事項】
・この DVD の使用によって生じた損害，障害，被害，その他いかなる事態についても弊社は一切の責任を負いかねます。

【お問い合わせについて】
・この DVD に関するお問い合わせは，次のメールアドレスでのみ受け付けます。 tyk@toyokan.co.jp
・この DVD の破損や紛失に関わるサポートは行っておりません。
・DVD プレイヤーやパソコン等の操作方法については，各製造元にお問い合わせください。

板書で見る全単元・全時間の授業のすべて
算数　小学校６年下
～令和２年度全面実施学習指導要領対応～

2020（令和２）年８月23日　初版第１刷発行

監　　修：田中　博史
編　　著：夏坂　哲志
企画・編集：筑波大学附属小学校算数部
発 行 者：錦織　圭之介
発 行 所：株式会社東洋館出版社
〒113-0021　東京都文京区本駒込５丁目16番７号
営 業 部　電話 03-3823-9206　FAX 03-3823-9208
編 集 部　電話 03-3823-9207　FAX 03-3823-9209
振　　替　00180-7-96823
U　R　L　http://www.toyokan.co.jp

印刷・製本：藤原印刷株式会社

装丁デザイン：小口翔平＋岩永香穂（tobufune）
本文デザイン：藤原印刷株式会社
イラスト：小林裕美子（株式会社オセロ）
DVD 制作：株式会社 企画集団 創

ISBN978-4-491-04029-5　　Printed in Japan